解读黑格尔的主观逻辑和美学

吴江 著

华夏出版社
HUAXIA PUBLISHING HOUSE

图书在版编目（CIP）数据

解读黑格尔的主观逻辑和美学 / 吴江著. -- 北京：华夏出版社有限公司, 2025. -- ISBN 978-7-5222-0904-3

Ⅰ．B516.35；B811.01；B83-095.16

中国国家版本馆 CIP 数据核字第 20255X3Y37 号

解读黑格尔的主观逻辑和美学

著　　者　吴　江
责任编辑　李春燕
责任印制　周　然

出版发行	华夏出版社有限公司
经　　销	新华书店
印　　装	三河市少明印务有限公司
版　　次	2025 年 9 月北京第 1 版　　2025 年 9 月北京第 1 次印刷
开　　本	880mm×1230mm　1/32 开
印　　张	14.25
字　　数	312 千字
定　　价	69.00 元

华夏出版社有限公司　地址：北京市东直门外香河园北里 4 号　邮编：100028
网址：www.hxph.com.cn　电话：（010）64663331（转）
若发现本版图书有印装质量问题，请与我社营销中心联系调换。

CONTENTS 目录

导　言 ························· 001
1　愚　人 ······················ 010
2　完　美 ······················ 013
3　尘　埃 ······················ 018
4　世界的基座 ················ 021
5　不自由 ······················ 026
6　晕头转向 ··················· 043
7　弦外之音 ··················· 051
8　虫　洞 ······················ 056
9　心生万物 ··················· 060
10　过于真实 ·················· 069
11　机械装置 ·················· 078
12　孔　洞 ····················· 083
13　时代精神 ·················· 087
14　灵魂出窍 ·················· 097
15　创造力 ····················· 109
16　黑暗光芒 ·················· 116
17　情不自禁 ·················· 122

18	守护神	128
19	氛围朋克	141
20	编　码	153
21	文图生物	160
22	性　别	165
23	崇高救赎	180
24	个性宿命	189
25	滑稽英雄	199
26	表演生活	212
27	无用感	216
28	不可说	219
29	微　言	222
30	扁　平	225
31	等　待	227
32	净　化	229
33	失　神	234
34	轻　触	236
35	宿　醉	238
36	深　邃	240
37	多　彩	241
38	释　然	244

39	宣　言	246
40	刺　穿	254
41	越　界	257
42	匿名操劳	260
43	执　念	264
44	静心凝神	265
45	各尽所能	271
46	诱惑剧场	275
47	创　伤	281
48	三联画	283
49	身不由己	286
50	不期之美	288
51	平　台	291
52	诉　求	295
53	系　统	298
54	睡莲池塘	302
55	循　环	309
56	社会闭环	313
57	内稳态	320
58	介　入	326
59	奇　迹	329

60 草履虫 ……………………………… 335

61 生物工程 ……………………………… 337

62 印象之流 ……………………………… 341

63 吻 ……………………………… 344

64 痛　苦 ……………………………… 346

65 消　费 ……………………………… 350

66 实　验 ……………………………… 352

67 繁　殖 ……………………………… 363

68 那喀索斯 ……………………………… 365

69 机器学者 ……………………………… 370

70 亦虚亦实 ……………………………… 374

71 炼金术 ……………………………… 382

72 滑　动 ……………………………… 388

73 平行世界 ……………………………… 395

74 模糊地带 ……………………………… 397

75 人工智者 ……………………………… 403

76 尚未早已 ……………………………… 410

77 无限体验 ……………………………… 415

78 心　动 ……………………………… 423

参考文献 ……………………………… 430

导　言

这是双重虚幻：

一方面，我们是有限者，我们的时间和生命都是有限的，世间的万事万物也是有限的。我们追求无限，但似乎永远不可能得到。

另一方面，我们试图抓住和珍视有限东西，并且劝说自己不要奢求无限。然而，从无限世界中剥离出一个有限东西，似乎同样是不可能的。

黑格尔说："我们的爱恨情仇，我们的迷狂焦虑，大多源自这种虚幻，艺术的发展也大抵如此。"他还宣称："在跨智能的时代，你们也许会得到某种救赎。"哦，这些话好像都不是他说的……但我们可以想象，假如黑格尔生活在我们这个时代，他很可能会说出类似的话。

从有限走向无限的每一步都走得如此疲惫和惆怅，以至于，当无限在前方闪烁微光之时，我们并未感到宽慰，却反而感到无力。人们一次又一次地感觉自己没用了，一次又一次地感觉这个或那个东西在自己的时代终结了，人们以后想必还会有类似的感觉。当摄影术与绘画碰撞时是如此，当人工智能艺术与既有的艺术形式碰撞时亦是如此。

设想，我是一个印象派画家，令我心情复杂地感叹的是，老大师们已经做得足够出色了，人体解剖、透视、构图、线条、体量感……他们在所有这些方面的完美让人联想到无限，但这仍然只是处在可能状态的无限，而摄影术则以无比的精确性让无限变成了现实。

密纳发的猫头鹰只在黄昏时起飞，是因为世界历史中真正有意义的改变都已经发生了。后人不但已经没能力改变什么了，而且也确实没什么东西需要他们改变了。人们尚能做的，要么是无尽的静观、回味和反思，要么是无关紧要的微小修改——而这些微小修改，就它们改变不了多少现实而言，也无非等同于同样改变不了现实的反思。好无奈啊！

这不是密纳发的猫头鹰，这只是午夜粮仓里的老鼠。作为一个画家，我只能拼尽全力去模仿老大师们的技法，去追平摄影术的精细。

我不甘心。

我要的是竞争，不是模仿。

要不我试试分色法吧，据那些科学家们说，我们不用直接画出绿色，而是画出蓝色和黄色的斑点，观者会自动把它们看成绿色。这样可以让画面变得斑驳、跃动和诗意。唉，天知道这种合成是在眼睛里发生的，还是在大脑里发生的，还是纯粹心理上的，还是纯粹概念上的，天知道它是真是假！无论如何我可以先试一下，为什么不试一试呢？虽然我也无法精益求精了，但是反过来讲,我不是也不用承担精进技艺的负担了吗?这恰恰让我拥有了大胆尝试的自由。

如果我不能在世界之中改变它,那就在世界之外静观它,这是因为,我知道这种静观最终会累积成改变。康德也许错了,他也许会打比方说,静观无法带来实质的改变,就如同分析命题不会像综合命题那样带来新内容。但是,我相信,分析就是综合,我在等待那个转折点。

迈克尔·弗雷德(Michael Fried)说,现代主义追求的不是绵延,而是瞬间,瞬间即永恒,恩典可以在某个瞬间降临于这让人绝望的世界。同样,海德格尔说,人并非总是本真的,而只会在那么几个时刻变得本真,然后又沉入灰暗的生活。那我可否把一生的时间寄托在这些时刻上?安迪·沃霍尔也说,要让每个人出名十五分钟。

我不需要十五分钟,我只需要一个瞬间。一个得到救赎的瞬间!

不过,救赎谈何容易。

作为物导向本体论的理论支柱的扁平本体论(flat ontology)强调,世界上一切事物都是平等的,主观东西与客观东西、人工物与自然物……任何事物之间都没有高低区分,这既取消了任何等级化的权威,也取消了一切具有超越性的救赎性力量。

不再有天堂般的救赎,而只能指望眼前这个均质化的世界,唯一的福音就是沉浸在这种平等性中,在各个领域中无休止地与物、与他人打交道。要有耐心,因为你的成败都取决于由自己建立或被迫卷入的各种关联中,黑格尔将这种状态称为散文化。而在这种去中心化的状态中，黑格尔哲学俨然是众矢之的，因为他曾承诺说，主体与他者的撕裂最终会被统一所拯救，并且从低级到高级的一次次拯救最终会成为某种绝对的拯救。可是，人们厌恶他，人们再也不相信他了，再也不相信这种目的论的辩证法了。

它太沉重了。

人们想要的，无非是剥离了目的论这个重负并消灭了绝对理念和绝对精神的辩证法，人们想要的是所谓真正的异质性，是虽然蕴含生成性的力量但却永不愈合的伤口。好吧，要有关联，要有差异，要有张力，但千万不要许诺更高级的和谐一致；于是，到头来，这种救赎只是一种集合、装配或拼接，或是在各种拼接之间的滑动，它可能是物与物的拼接，也可能是人与工具或媒介等物的拼接，还可能是人类智能与人工智能的拼接，是活体机器人（xenobot）、生物混合机器人（biohybrid robot）或人类机器人（anthrobot）。我们能够从这种拼接中得到救赎，并且不再需要其他更高的救赎了。可是，这些拼接是否只不过是"后历史"的微小修改呢？

对黑格尔的厌恶造成的一个后果是，人们不屑于在他的哲学和现当代艺术之间寻找什么关联，并且极少借助前者来理解或评论后者。人们所能想到的，最多也不过是解释一下为什么所谓艺术的终结不代表未来不再有新的艺术作品，也不过是泛泛地宣称黑格尔的艺术哲学对后世的艺术有启发。然而，鲜有研究真正利用黑格尔哲学去阐释现当代艺术。

可以想到的是，人们会说，黑格尔与现当代艺术无关，是因为他根本没见过现当代艺术，更不可能对其发表观点。难道他见过马奈和莫奈的作品吗？难道他见过行为艺术吗？难道他与现代主义艺术评论者或极简主义者进行过理论对话吗？难道他知道什么是基因编辑或生物艺术吗？难道他的《美学》除了象征型、古典型和浪漫型艺术之外还包含其他类型的艺术吗？

都没有。

不过，被人们忽略的另一种可能性也是存在的：如果事实是人们低估了黑格尔哲学在阐释艺术方面的潜力呢？如果能找到黑格尔的艺术哲学的地方不是内容相对有限的《美学》而是他的其他著作呢？

发掘这种被忽略的可能性便是本书的任务。更具体地说，首先，我们将对黑格尔《逻辑学》中的主观逻辑进行解读，其次，我们将以这一解读为基础，提出一套涉及艺术本体论和具体的艺术作品的观点。这套观点处于一个模糊地带，一方面，它显然不是出自黑格尔之口，另一方面，我们坚持把这套观点称为"黑格尔的"，这是因为它以最彻底的方式忠实于黑格尔哲学。

简言之，它既是黑格尔的又不是黑格尔的。

黑格尔会欢迎我们这样做的，他会说：世界已经进入人工智能时代了，人们应该抓住这个契机，以新的视角看待和拓展既有的哲学理论。

当然，我们把《逻辑学》与现当代艺术联系起来，这并非因为我们只不过是做了一个任意的选择，而是因为，这部著作的议题——内在性与外在性、主观性与客观性、有限性与无限性、自由与不自由等等——虽然极具形而上学色彩，但却仍以不断变化的形式困扰着步入跨智能时代的人类。要说明的是，解读《逻辑学》的大多数作品都只涉及客观逻辑部分,而不涉及主观逻辑部分,这恐怕在一定程度上是因为黑格尔把化学、生命、感受性和痛苦等听起来跟本体论无关的东西都放到了主观逻辑中,这种做法让人们感到诡异和晕头转向。但事实上,主观逻辑恰恰体现了辩证法的魅力。

那么,黑格尔辩证法的魅力是什么?此处不是进行理论探讨的地方,因此我们仅举一例,看看在自由这个话题上辩证法会说些什么:

它会说,鸡尾酒中的冰块是自由的,这不仅因为它是晶莹剔透的晶体,而且因为它作为不变者出现在很多款酒中,就如同纯粹的主体性能够与任何内容相伴一样。

它会说,一块磁铁是自由的,因为它永远不用担心失去什么东西,你把它的 N 极或 S 极切去,它仍然拥有两极。

它会说,随机性是自由的,尽管它并不等同于人类精神的自由,但它毕竟是自然精神可以拥有的一种自由——当然,量子力学揭示的微观世界的随机性确实被一些哲学家视为自由意志的基础。

它会说,统计学中的自举法(bootstrap method)是自由的,这是因为,它允许人们通过对最初的样本进行多次随机抽样来获得稳健的计算结果,而不必依赖大量个案,不必对数据分布作出假设。这意味着,它是一种更高级的、更观念化的随机。

它会说,神是自由的,因为神是万能的,可以做任何事情。

它会说,斯多葛主义者是自由的,因为他们不害怕失去任何东西。如果你本来就不在乎什么东西,那就不会因为自己得不到它或别人把它抢走而感到困扰，这样一来，你就自由了。

它还会说，创造人工智能的人类是自由的，因为人类把属于自己的智能置入了原本没有智能的事物中，或者用黑格尔的话来讲，主体能够在他者中设定自身，这也是一种自由。

……

以上这些说法共同组成了一个以自由为核心的系统，并且，当我们宣称磁铁拥有自由时，我们既不用给自由一词加上引号，也不用将其看成一种运用拟人手法的表述，因为，对黑格尔而言，像磁铁这样的无生命物也可以拥有真真正正的自由——当然，这只是较低层面的自由。这个例子体现了辩证法的一个鲜明特点：它可以把一系列看起来毫不相关的事物串联起来，让人们获得新的洞察。

总而言之，黑格尔极具思辨性的哲学能够在深度阐释现当代艺术方面作出贡献并且融入艺术理论对话中。

但接下来的问题是，如果黑格尔哲学只能被用来对艺术进行反思，而不能真正为艺术做些什么的话，黑格尔恐怕是不会感到满足的，这就如同印象派画家不会仅仅满足于学习老大师们的技法一样。

也许还有另一种选择，一种内在的超越和救赎：塔罗牌！出现在大家面前的诚然是一本书，但它也是一副以黑格尔哲学为内容的塔罗牌。它是内在于人但高于人的决定者，黑格尔愿把它称为守护神。它不是用来作人生抉择的，但能够帮助艺术家利用偶然性寻找灵感。它适合在一个没有奇迹的时代筹划奇迹。约翰·凯奇（John Cage）还只是用偶然性来创造一系列音乐作品，而塔罗牌的偶然性虽然只能带来灵感而不能直接生成作品，但却可以被用在各种各样的艺术形式中。

不过，艺术家本身就很有想象力，他们又能从这副灵感塔罗牌中得到什么好处呢？好处有三个：第一个好处当然是更好地利用偶然性，就是说，艺术家在心里默念希望用作品呈现的主题，然后随机"抽牌"，被抽到的"牌"每次是不同的，它们跟艺术家心中的主题可以形成无数种组合。通过解读这些组合，艺术家就会发现更多可能性。第二个好处是，艺术家不再需要艺术评论家了，因为艺术家自己在解读塔罗牌的时候所说过的话直接就可以充当艺术评论的文本了。这样一来，人们就不用担心艺术评论跟艺术家的本意不契合了，因为艺术家本来就是在那些文本的指引下进行创作的。第三个好处是，艺术家甚至不需要亲自解读"牌"的含义了，因为，只要我们积累足够多的解读文本，就可以用这些文本来训练模型或智能体，以后，艺术家只要输入作品主题，人工智能就可以瞬间完成选择"牌阵""抽牌"和生成文本的任务。

这本书的内容并不是按章节编排的，而是被切分为78个片段，每个片段相当于一张"牌"。读者固然可以按顺序通读这些片段，但随意选取一些片段进行非线性的阅读也是可行的。更重要的是，读者可以使用这本书而不仅是阅读这本书，这意味着，这本书应该被看成一副真正的塔罗牌。这里的78张"牌"可被分为两类，第一类是51张"理论牌"，用"▲"标注，其中一部分是对黑格尔哲学的整体介绍，被称为"世界观牌"，另一部分与黑格尔《逻辑学》中的一个个具体的逻辑范畴相对应，被称为"范畴牌"；第二类是 27 张"作品牌"，用"●"标注，其任务是介绍与诸逻辑范畴相对应的艺术作品。如果艺术家抽中了"世界观牌"，那么他或她就需要思考一下它们所揭示的那些有可能改变世界观的议题；这种改变有可能从宏观上改变创作思路。如果艺术家抽到了"范畴牌"，那么他或她就可以尝试用作品来呈现那张"牌"介绍的逻辑范畴及其代表的精神形态。如果被抽中的是"作品牌"，那么它将从两个方面发挥作用：首先，鉴于它与某些逻辑范畴相对应，所以它会像"范畴牌"一样暗示艺术家去呈现相应的范畴；其次，它还会启发艺术家去模仿或致敬那些被提到的既有艺术作品。要说明的是，艺术家会为了组成"牌阵"而一次抽好几张"牌"，它们也许代表着非常不同的、碎片化的观点，但这种碎片化恰恰是艺术家所需要的——要让灵感充分发散开来。而黑格尔的辩证法又会确保这些碎片化的内容能够被整合成一个比较统一的创作理念。

▲ 1 愚 人

§ 成为一个追问"大问题"的愚人并不容易。

也许,一种理想的状态是,一个人的艺术观念的各个层面可以相互推导。

让我们来解释一下这种相互推导吧。艺术观念大致分成两部分:一是微观部分,包括艺术家对自己的作品可以呈现何种意义或艺术效果的想法,或者评论家对具体的作品或风格所发表的观点。二是宏观部分,它包括一个人对艺术的价值和功能等问题的看法,还包括它对宇宙中的万事万物的最基本看法,其中一大部分可被视为对本体论问题的或朴素或学术的思考,并且看上去与艺术无甚关联。我们可以非常不精确地把这部分观念称为世界观。而所谓可相互推导就是指,例如,古生物学家可以借助食肉动物的牙齿化石推测出该动物的头骨的形状和生活方式;建筑学家在看到教堂的柱子时就可以想象整个建筑的风格;涡虫的身体碎片可以长成一只完整的新涡虫；哲学家可以从黑格尔逻辑学中的范畴推导出在这个范畴之前或之后出现的其他范畴；现代主义抽象绘画是老大师们的传统绘画的符合逻辑的延续，而理解抽象绘画反过来有助于理解老大师们的追求；优秀的评论家对某个艺术流派的阐释映射出他对整个社会文化的评估，反之亦然……

可相互推导性意味着，人们要意识到那些宏观的"大问题"的存在，要敢于在觉得追问它们毫无意义的情况下仍然坚持追问，进而认识到这些问题与具体的艺术作品不仅能够在对方身上找到灵感和自身的根据，而且每一方都有生成对方的潜力。

在此，我们列举了本书将涉及的若干"大问题"并且给出了对它们进行论述的片段的名称，供心急的读者查阅：

（1）为什么我们需要艺术？

请阅读：2. 完美、3. 尘埃。

（2）为什么说艺术不是生活的投影，生活反而是艺术的投影？

请阅读：4. 世界的基座。

（3）什么是氛围？为什么塔罗牌可以被称为一种氛围？

请阅读：18. 守护神、19. 氛围朋克。

（4）为什么要用黑格尔哲学阐释艺术？

请阅读：6. 晕头转向、9. 心生万物。

（5）黑格尔的《逻辑学》到底讲了什么？什么是弦形态和神经元形态？

请阅读：7. 弦外之音、8. 虫洞。

（6）什么是概念？什么是物？什么是理念？

请阅读：10. 过于真实、25. 滑稽英雄、28. 不可说、59. 奇迹。

（7）什么是自由？

请阅读：4. 世界的基座、5. 不自由、12. 孔洞、78. 心动。

（8）自我是不是幻觉？认知与生命有着何种联系？

请阅读：11. 机械装置、66. 实验。

（9）什么是编码？什么是跨媒介？什么是跨智能？

请阅读：20. 编码、21. 文图生物、77. 无限体验。

（10）什么是绝对理念？它与所谓双重虚幻有何种关系？

请阅读：76. 尚未早已、77、无限体验。

（11）黑格尔哲学如何以充要条件的方式给出艺术的定义？

请阅读：14. 灵魂出窍。

（12）什么是善？什么是人工智能行为艺术？

请阅读：74. 模糊地带、75. 人工智者。

（13）两个对立的逻辑范畴能倒转它们的对立关系吗？

请阅读：6. 晕头转向、78. 心动。

天真的愚人迈出的下一步可能落在引向深渊的沟壑上，也可能落在会让人滑倒的香蕉皮上。但这也许正是愚人想要的。

▲ 2 完美

§ 艺术让人看到了完美，让人感觉再也不需要其他东西了。

即使所有艺术作品现在瞬间消失，想必很多人也依然过得很好。

那么，为什么我们还需要艺术呢？客观地说，世界上有太多比艺术更重要的东西了，有太多更值得我们花费金钱、时间和精力的东西了。而且，就算艺术确实能够发挥某种重要作用，假如其他什么东西同样可以发挥此作用，甚至比艺术表现得更好，我们也还是可以抛弃艺术。

还有人说，我们不需要艺术，因为艺术只不过是幻觉，不是现实。对此，黑格尔会反驳说，尽管人们会觉得只有经验生活才是现实的或真实的，但"这整个的外在和内在的经验世界其实并不是真正实在的世界，比艺术还更名副其实地可以称为更空洞的显现和更虚假的幻相"[1]。——简言之,艺术比现实更现实。然而,他的这番话恐怕对很多人而言并没有什么说服力。

对于为何需要艺术的问题,人们可以给出两种黑格尔式的回答,第一种简称为个人需要论,第二种简称为纯粹否定论。我们在此将先介绍个人需要论,后文会介绍纯粹否定论。

个人需要论的观点是,人们需要艺术,是因为人们需要有根据性、稳定性和漠不相关性。

(1)有根据性。我不喜欢身不由己。

我有这样那样的个性、观念、偏好、目的、冲动、欲望和意志,但也许我只是天生地、自然而然地拥有了这些属性,它们无理由地从外界进入了我的内心和生活中。或者,用黑格尔的话来说,我只是直接地、偶然地拥有了它们。

例如,当我要做某件事情时,我总是要搞清做它的根据。如果我是主动做这件事的,我要向自己说明为何要这样做;如果我是被外在力量强迫做此事的,我要追问做此事的根据以及那个外在力量的存在根据。如海德格尔所言,人是渴望领会自己的存在的存在者,人不但会在行事时追问这个或那个具体理由,而且还会为行动找到诸如幸福、善这样的终极理由,更会沮丧于自己的人生被抛入环境、制度和体系等不由自己决定的事物中。就像一些食肉动物只吃捕食到的猎物,而嫌弃本来就躺在那里的尸体一样,我也会质疑那些未经我们干预或未被加以解释就无缘无故地出现的东西。当然,即使当我最终承认"这件事就是偶然的"时,也仍然算是给出了解释,因为在很多情况下,偶然性本身足以成为一个好的解释。

如果事情的缘由没有被说明，那么陷入这件事情中的我自己就会分裂为两个东西，我打量着自己，感到无法与自己相处，或者说，我并非难以容忍他人或他物，而是难以容忍自己。仅当异物得到了解释并且成了可理解的对象，我才会认为它是有根据的，分裂才会消除。但问题在于，如果每个被看成是根据的东西又需要另一个根据的话，那我岂不是需要一个无限的、永远无法追溯到源头的链条么；更困难的是，我不但要发现这个根据，而且，为了宣称它是内在于我的，我还必须掌握它、拥有它。

当然，在某种意义上，我早已拥有了自己的根据：我发现，包括我自己在内的万事万物都只拥有一种有限的存在，它们并非在宇宙诞生之时就存在，也不会永远存在，它们受着不可抗拒的力量的摆布，又会让位于他物，我们暂且把这种有限性或必然消逝性称为否定性。各种事物都具有否定性，而我自己也拥有否定性，在这个意义上，我已经拥有了它们。我本可以满足了，让这种否定性提供生活的意义。但是，这只是空洞的根据，而我需要某种具体的根据。

（2）**稳定性**。稳定性一方面与应对各种不确定的限制有关，另一方面与开启行动有关。

限制性首先是指，一个事物总要受其他事物影响，正是通过与他物互动，事物才呈现出多种属性。但是，宇宙中存在着无限个可能与事物发生关联的他物，这样一来，事物就会永远处在被影响的动荡过程中。

与此相仿，现实生活中的我要与不计其数的他物和他人打交道，正是这些他者作为条件决定了我的生存和成败荣辱。但恼人的是，好的条件可能消失，坏的条件可能产生，与同一个东西打交道的方式也可能改变。它们要么变幻莫测，要么有着不听凭我的好恶的规律、规则或秩序，我必须时刻小心翼翼，生怕哪里出了问题，生怕还有什么微小细节是我没有注意到的。

我希望自己与世间之物的关系是稳定的。我希望自己不是消散在潮水中的那一小撮泥沙。我希望自己只与一部分条件打交道，并且只以特定的方式打交道，而把其他条件和打交道的其他方式屏蔽在外。

而且，我无奈地发现，就算我取得了些许成功，这种成功也只被局限在特定领域，而我则希望成功能拓展到生活的所有领域——真正做到这一点的毕竟只有少数人。

不过，更紧迫的是，我发现自己甚至无法开启任何行动。在黑格尔看来，当一切条件都具备时，可能性就会变为现实性，事情就会发生；反过来讲，如果现实还没有改变，那是因为使之可能改变的各种条件还没有凑齐。这意味着，为做一件事情而作的准备工作是无限多且无比细致的：每一个步骤都预设了其他步骤，每一个步骤本身也能分成更多小步骤。但这样一来，我就深陷到不断为行动创造条件的无限中了，永远无法真正开始行动。

我需要一个为我带来完美性的东西：一方面，它的完美性意味着，它是所有其他东西的代表，我与这个东西打交道就等同于我与所有其他东西之和打交道，我因而能得到片刻休憩和宁静；另一方面，这个完美之物代表了我为了某件事而作的最后一项必要准备，它为我免除了无限负担，给予我行动的信心。总而言之，这个完美事物尽管只是无数具体的、特殊的普通事物之一，但它同时也是具有无限性的普遍者。

（3）漠不相关性。比任何重要东西更重要的，是我敢于失去重要东西的勇气。

尽管我希望掌握某种根据，尽管我要维持自己与他者的关联，但是，这些根据或者关联都只不过是我的经历中的一些环节而已。它也许重要，也许不重要；它也许曾经重要，但现在不重要了；它也许现在仍然重要，但我即使失去了它也无所谓。不过，我虽然有这样的想法，但并不能真正如此淡泊。我因而希望某个事物能够让我在它之上看到我内心的淡泊，让它提醒我以一种漠不相关的态度对待一切。

综上所述，我需要一件完美之物，它必须让我感到：（1）只要拥有它我就拥有了生活的全部根据；（2）与它打交道就仿佛是在从容自在地与世间的一切打交道；（3）只要拥有它，我就会感到满足，而不再需要其他东西。

艺术无非是一种可以满足这些需求的东西。可是，黑格尔说艺术是一种绝对精神，这又是什么意思呢？

▲ 3 尘 埃

§ 尘埃还能做什么？尘埃还能化为绝对精神！

一切世间之物都会消逝，只有消逝本身不会消逝。

上文所说的个人需要论，如其名所示，强调的是艺术源自个人的主观需要；而接下来要介绍的纯粹否定论，出现在《精神哲学》对世界历史如何过渡到绝对精神的论述中，它宣称艺术无非是精神范畴演化历程中的一个环节。

纯粹否定论的大致含义是：在世界历史的发展中，大到文明、时代精神和历史阶段，小到各种意志、欲望、偏见、制度、习俗和形形色色的能动者，都会经历一个从产生到消亡的过程，会经受那些它们无法控制的力量的摆布，它们还会相互取代、相互对抗、相互消耗。它们无法逃避被历史否定或者相互否定的命运，从这个意义上来说，它们都是有限的存在者，它们共享**纯粹否定性**，只有否定性是无限的、普遍的。

精神因否定性而消亡，否定性因而是精神的对立面。然而，否定性与精神却是直接同一的：一方面，精神注定要消亡，用黑格尔的话说，精神的真理就是消亡，精神就是否定性；另一方面，反过来讲，精神的这个或那个环节体现着有限性，而否定性无非是这些有限东西的否定性，否定性就是精神。而所谓绝对精神，就是这两方面（精神就是否定性，否定性就是精神）的统一。

让我们换一种表述方式：精神与否定性是同一的，因而两者的统一不只是可能的，而且是现实的；但既然统一是现实的，那么它就会体现在一个第三者（即绝对精神）之上。那么这种统一又是如何实现的呢？鉴于精神无非是另一种形式的否定性，并且鉴于现实已然被这种否定性所否定，所以精神与否定性的统一不是任何现实中的操作，而只能是精神性的，是一种认识。在这种认识中，鉴于其他东西都已被否定，所以被认识的东西就只能是否定性而已。但是，否定性既是自身又是精神，并且，鉴于这种同一性，否定性潜在地就是绝对精神。由此可见，绝对精神是一种认识，并且就是对"精神就是否定性，否定性就是精神"这一点的认识，是精神对它自身的认识。简言之，绝对精神认识自身。

然而，绝对精神起初还只是空洞的、抽象的，除了能够认识否定性之外什么都不能认识，它因而有逐渐变得具体的诉求。具体化过程的第一步是艺术，后两步则是宗教和哲学。这个具体化的过程会把被绝对精神排斥在外的现实世界整合进自身，艺术因此并不仅仅是一个观念，而且是一个包含艺术作品、艺术家、观者、艺术体制等一系列要素在内的活动和社会现象。

那么，以上两种关于艺术的必要性的说法，个人需要论与纯粹否定论，到底有何不同呢？实际上，它们只是对同一个事情的两种表述而已。一方面，主体具有纯粹否定性；另一方面，世界历史把它包含的一切事物都当成可被否定的环节，因而也具有纯粹否定性。否定性是纯粹的，意味着它除了自身之外不拥有任何东西；然而，两个东西的差异必然是就某个属性而言的差异（例如，说两个杯子是不同的，是就它们在颜色方面一个是红色一个是黑色而言的）；我们因而没法说主体的否定性和世界历史的否定性是不同的。换言之，两种否定性是同一种否定性。这意味着纯粹否定论与个人需要论中的三个方面都形成了呼应：（1）我与其他事物，甚至与整个世界共享否定性，否定性无疑就成了我的生活的完美根据；（2）否定性作为主体的本质属性渗透到了万事万物中，两者之间的关联虽然是空洞的但却是稳固不变的；（3）纯粹否定性可以否定一切，因而具有完美的漠不相关性。

不过，相对于个人需要论，纯粹否定论更像是哲学层面的外在反思，因为人们事实上只会感受到个人需要论所提及的那些需要，而很难感受到纯粹否定论中的那种更具思辨色彩的否定性。

要强调的是，上述对黑格尔的绝对精神的概述似乎漏掉了一个关键主题：绝对精神是对自由的认识。那么，什么是自由？

▲ 4　世界的基座

§　生活以艺术为基础，而不是相反。

艺术是自由的，自由就是能够选择这个或那个，因此，艺术就是能够选择这个或那个，是这样吗？不！**自由不是选择，自由等于总体。**

为什么？最简单明了的回答是，作出选择太难了，要求我作出选择恰恰意味着不自由，但如果我不需要选择而是直接拥有全部的话，那么我就是自由的。不过，如果我们不满足于这个过于简单的解释的话，还可以作出更思辨的解释。

我们可以把根据性、稳定性和漠不相关性看作部分，把这三个部分之和看作总体。然而，这三个部分中的每一个本身就是总体。对此，我们可以从两个层面来理解。

在第一个层面，每个部分就其本来含义而言是总体：（1）有根据性意味着，我既然已经拥有了自己的根据，那么我就不需要世界上的任何他者了，可以自足地沉浸在自己的世界中，我已然是总体。（2）稳定性意味着，如果我能够安心地与他者建立关联并进行互动，那么我就能够容忍其存在，而用不着敌视或消灭它，总体性必然意味着我与他者的共存。（3）漠不相关性意味着，我不仅可以忽略或失去任何他者，而且甚至可以超脱前两个环节，这样一种否定性意在强调我是唯一真正圆满的东西。

在第二个层面，每个部分都潜在地包含其他部分，或者说，都能自动生成其他部分。（1）真正的有根据性一方面意味着我已经充分把握了与他者之间的关联，以至于他者成了我内在的根据的一部分，另一方面意味着我的有根据的独立性允许我在与他物打交道的同时对某些事物保持淡泊。（2）稳定性一方面意味着维系稳定的关联必然以某种根据为基础，另一方面意味着，一方之所以能够在与他者建立关联时不至于消融于他者并丧失独立性，乃是因为它仅仅有选择地在一些方面与他者互动而在其他方面保持疏离。（3）漠不相关性一方面俨然就是有根据的独立性的同义词，另一方面也是与他者建立关联的开放性，它未必会主动进行互动，但也不会完全拒绝互动。

上述两个层面中的每个层面都意味着，当我选择任何一部分的时候，就已经选择了总体。我们因而可以把以上分析总结为一个奇怪的等式组合：

有根据性 + 稳定性 + 漠不相关性 = 总体

有根据性 = 总体，稳定性 = 总体，漠不相关性 = 总体

有根据性 = 稳定性 = 漠不相关性

这个组合尽管看起来不合逻辑，但却直观地说明了何为总体以及何为自由。

不过，为方便后续分析，我们现在要把上边使用的词语替换一下：鉴于我们已经把自由等同于总体了，所以我们就用"自由"代替"总体"；但更重要的是，我们还要用"自我返回性"代替"有根据性"，用"关联性"代替"稳定性"，用"否定性"代替"漠不相关性"。尽管这两套词语的字面意义不同，但我们在此强调的是它们在哲学层面的共性：(1)自我返回性等同于有根据性，因为，我作为有根据的东西能够在剥离他物的状态下独立持存，我在这个意义上回到了自身。(2)关联性等同于稳定性，因为，所谓稳定性当然是指我与那些界定我的他物之间的关联的稳定性。这种关联性可以解释为：一方面，我承认我的存在的两个方面，即在我自身之中存在与在他者之中存在是没什么两样的，或者说，我愿意承认他者并把它视为我自身的存在；另一方面，我拥有自己的存在固然是好事，但同时我也被这种存在所束缚，因此有时我宁愿把它转移到外界，从而获得自由。(3)否定性等同于漠不相关性，因为，如以上分析所言，漠不相关性实际就是对包括前两个环节在内的他者的否定。

在明确了这两组词语就其哲学含义而言是近义词后，我们重写一下等式组：

自我返回性 + 关联性 + 否定性 = 自由

自我返回性 = 自由，关联性 = 自由，否定性 = 自由

自我返回性 = 关联性 = 否定性

这样一来，我们便更具体地理解了自由与总体的关系。现在让我们再来看艺术与整个世界的关系。胡塞尔的生活世界是一个涵盖艺术、科学、宗教等一切具体领域且不断扩展的普全视域，我们可以据此推测，胡塞尔的艺术观可能是保守的，因为在它看来，艺术的领地小于生活世界，或者用数学语言来说，艺术只不过是高维空间中的生活世界的投影，其典型就是再现三维现实的绘画平面。

　　然而，如果真实情况是相反的又怎样？如果艺术才是包含无限可能性的完美总体，而生活只不过是艺术的有限而枯燥的投影又怎样？当然，类似的观点王尔德早已提及了，他在《谎言的衰朽》(The Decay of Lying)中宣称："生活模仿艺术远甚于艺术模仿生活。"[2]我们可以使用在艺术理论中更常见的"再现"代替他所说的"模仿"，不过，鉴于大量现当代作品不属于具象艺术，我们可以采用一种包含但又不限于再现性的表述：**艺术并不是生活的投影，生活反倒是艺术的投影**。

　　艺术是总体，是整个世界，这一点在皮耶罗·曼佐尼（Piero Manzoni）的那个倒置刻印着"SOCLE DU MONDE（世界的基座）"的长方体基座上得到了绝妙体现：对于这件以这行文字命名的作品而言，值得被它承载并真正成为艺术的，正是整个地球。

　　这种观点有助于解读罗杰·弗莱（Roger Fry）的以下观点："想象生活的与众不同之处就在于，它的感知有着更高的清晰度，它的情感有着更大的纯粹性和自由。"[3]在日常生活中，人们只会看到事物那些跟自己的需求和目的相关的方面，这种观看是有局限的；相反，艺术家会看到丰富得多的方面，他们尝试超越有用性的束缚从而获得自由，他们尝试超越有限性从而接近无限性，而清晰性和细致性便是这种尝试的成果。或者换一种说法：一方面，事物具有无限多的属性，而它有限的几种属性作为有用性代表了所有其他属性——某物代表他物（"represent"的第一种含义）；另一方面，这几种属性确实存在于事物之上，在这个意义上，我们又必须承认它们与事物本身相似——某物再现他物（"represent"的第二种含义）。弗莱因而可被视为是在宣称：生活既代表又再现一个无限总体，而这个总体便是艺术。

我们现在明白了，某种无限的总体是值得追求的。不过，我们一定要用艺术来呈现这个总体吗？

▲ 5 不自由

§ 要在自由中发现不自由。

绝对精神是对自由的认识。相对于艺术和宗教这两个环节而言,哲学是对自由的终极认识。但这里的问题在于:如果真是这样,那么我们只要从事哲学研究就足够了,为什么还需要艺术呢?

为回答这个问题,我们采取分步骤的方法:先抛出一个简单的最初答案,然后质疑它并给出回应,最后给出更合理的答案。

这个简单但有缺陷的最初答案便是:艺术固然试图向我们揭示自由,但它需要诉诸感性,而感性并不是恰当的呈现方式。因此,我们无法在艺术中真正认识自由,我们认识到的毋宁是不自由。因此,对不自由的揭示恰恰是艺术的特点。

质疑 1：说艺术让我们认识到不自由，这到底是什么意思？哲学是否也可以揭示不自由？

对黑格尔而言，艺术是一种解放，是对自由的呈现，它"要把主体和对象两方面的片面性取消掉，因而也就是把它们的有限性和不自由性取消掉"[4]。既然如此，艺术又怎么可能呈现不自由呢？

艺术中的不自由，有时体现为流连忘返的感觉，有时体现为禁闭感，而更多的时候则体现为这两者的混合体——前者显得愉悦，令人沉醉，后者显得痛苦，让人难以忍受，但它们本来就是不自由的两种体现方式。

我们在后面会多次提到艺术中的不自由这个问题。而在此，我们暂且只列举若干个案，以便说明艺术会使用何种方法来揭示不自由。

让我们从伦勃朗开始。现代社会是黑格尔所说的有着散文气息的社会，我发现自己的存在并不属于我，而是分成环节散落在一个机械化的、分工异常细致的社会中：当我走进咖啡店时，我意识到咖啡豆的种植和品鉴、店铺的运营等都各自是一个相当完善且庞杂的领域；当我购物时，我联想到这件衬衫是经过了无数人的手才出现在我面前的，而用于支付的 App 背后有着何种通信技术和金融安排也远超我的知识范围；当我工作时，我发现不但任务目标不是由我决定的，而且我还必须与处在其他工作环节上的人协作；当然，无论何时我都要遵循道德和法律等社会秩序。总之，我受限于诸物，也依存于诸物。在这样的社会中，我也许能整合各种因素并取得成功，但这种成功却是相当有限的、短暂的。这种转瞬即逝感被伦勃朗表现了出来：在他的一些画作中，人物周围是令人绝望的黑暗，而人物就从黑暗中凸显出来，被光线照亮，享受着高光和自由，但似乎随时都可能再次被黑暗吞噬。这包裹着人物的黑暗代表的正是现代社会中的无尽羁绊。

同样是呈现散文化的社会，包括印象派画家在内的其他艺术家则是采用了捕捉瞬间的方式。我生活中的时间被分解成一个个的瞬间，而我并不是为所有瞬间而活，因为绝大多数瞬间都是枯燥乏味的，只有极少数的瞬间是美好、有意义的，我只为这样的瞬间而活。尽管某个这样的瞬间无非是众多瞬间之一，但它却如此不同，如此地超越它的之前和它的之后，以至于我可以为了这片刻的自由而忍受生活中其他时间的黯淡、不堪和无意义。一方面，生活只需要被那些快乐的瞬间所定义，而莫奈和雷诺阿等人所做的正是让这样的瞬间凝固；但另一方面，他们使用了碎片化的笔触，使画面遍布颜色斑点，使形象变得模糊，这种凝固因而事实上是凝固与解体的统一。快乐即虚幻，自由即不自由。

塞尚采用了更激进的方法：被他描绘过多次的圣维克多山是某种精神性的超越世俗之物，画面中无数的矩形——限定性的框架——象征的则是散文化社会中方方面面的规则性束缚，正是它造成了精神之物令人惆怅的瓦解。

对立体主义而言，事物能够自由地在一个绘画平面中并置自己的多个维度；或者说，尽管现象学宣称事物作为一个跨越时间的持存只能每时每刻从特定的视角中显现，但是事物却要征服时间，实现永恒，它已不满足于每次只出现在一个视角中，而是试图在每个瞬间中都作为一个整体出现。但是，首先，画面上那些原本隶属于同一个形象的碎片似乎只是勉强拼凑起来的，很难真正让形象统一起来，因而透着一种诡异的撕裂感；其次，这些碎片似乎也可以被视作是隶属于背景的，而不属于事物。这两方面恰恰说明了不自由：并置那些碎片的不可能性和作为一个统一整体而持存的不可能性。而这种不自由恰恰是散文化的特征：随波逐流，感觉自己消解在社会中，找不到自我。自我是不可能存在的，因此，一个典型的毕加索式的面孔——正脸与侧脸的拼接——恰恰是列维纳斯式的面孔，那是一个体现着不可能性的面孔，人们从中看到了追求永恒的失败，看到了时间的毁灭力量。

达利在《盖拉的三个宏大谜语》(*The Three Glorious Enigmas of Gala*)、《偏执狂面孔》(*Paranoiac Visage*)和《脸的幽灵和沙滩上的果盘》(*Apparition of Face and Fruit Dish on a Beach*)等画作中使用了双关的手法。例如，在《盖拉的三个宏大谜语》中，曲线外形和黑色阴影的结构显现出了人的鼻子和嘴的形状。然而，与其说人形从这些作品的整个风景中浮现出来，不如说人形只因行将溶化在风景中而若隐若现，而这无非象征着社会环境对主体的消解。

在当代艺术领域，艺术家也要与策展人、评论家、经纪人、买家、决策者等各色人士周旋，而这一点也成了一些艺术家试图呈现的内容。例如，在赵赵的行为和影像作品《塔克拉玛干计划》中，一行人最后打开冰箱喝冰镇啤酒的场面无疑显示了某种自由，然而，为了将通电的冰箱和啤酒带到沙漠中，艺术家不得不大费周章地与向导、司机、技术人员、当地居民和管理者等各类人员联络和协调。而这其中的不自由映射出的正是人们为了生存和成败要跟各种行为体打交道的操劳。

我们从以上例子中发现，艺术可以用多种方法表现不自由。那么，哲学是否也表现不自由呢？当然！不自由就体现在，每个范畴都被一个在它自身之中的他者困扰。让我们看几个简单的例子。

在黑格尔逻辑学中，人们最熟识的个案是**存在**与**无**的关系：尽管**存在**坚持自身的唯一性，但如果当我们谈起一个东西时，除了说它存在之外就再也说不出它的特点了，那么这个东西就相当于不存在，**存在**因而直接就是它的他者：**无**。

另一个例子是**他者**这个范畴：**某物**有一个不同于它的东西，这个东西就是**他者**；但是，**某物**自己也是它的他者的他者。**某物**即**他者**。

这种某物与他者的等同性还体现在**根据**与**有根据者**的关系上。如果 A 的存在依赖于 G 的存在，我们称 A 为有根据者，称 G 为根据。G 在直观上被认为比 A 更真实、更具本质性、更重要。然而，根据必然至少是一个有根据者的根据，它必须为其他东西提供根据，这样看来，G 反倒是依赖于 A 的。根据即有根据者。

最后一个例子是**现象**与**规律**的关系。表面上看，现象往往被认为是仅存在于表层的、多样的、偶然的和易变的；而现象所遵循的规律则被认为有着更深层次的存在，是单一的、更具本质性且不变的。然而，辩证地看，一方面，不仅同一现象会受多种规律的影响，而且，当任何一个规律被揭示时，人们也许会认为它还不够深刻，需要不停深挖以便找出更深层次的东西……这样一来，我们就拥有了多种规律。就此而言，规律也是多样的，并且处于相互否定的运动中，规律即现象。另一方面，现象世界中层出不穷的新环节不断否定旧环节，而正如前文所述，规律世界同样表现出新规律不断否定旧规律的特点，就作为共性的这种不停歇的否定而言，现象即规律。

以上例子说明，哲学范畴的不自由体现为它无法摆脱那个内在于它的不一致的他者。从自由的三个环节来看：（1）这个在我内部的他者的降临和存在是偶然的，它使我无法成为我自己，我对此感到恼怒，我排斥它，但却无法消灭它；（2）当这个他者明确地成为我的对立面时，我发现它只是另一个我，我似乎同时也是另一个它，因而我无法简单地与它对抗；（3）我固然可以对我自己的存在和他者的存在漠不关心，但这种漠不关心似乎是一种强加给我的禁锢，我除了让自己保持淡漠之外似乎也没什么好办法了。

综上所述，艺术和哲学这两者都既揭示自由，又揭示不自由。

质疑2：人们也许会宣称哲学的认识方式比艺术的认识方式更好，果真如此吗？

简单来讲，如果说艺术和哲学在揭示的对象（自由和不自由）上没什么区别的话，那么它们的差异就只能体现在认识方法上了：艺术被认为因诉诸非思维的方法（具体而言，是灵魂、直观和表象）而只能模糊地表达精神，人们不能完全确定一件作品到底要表达什么；相反，哲学通过基于概念的思维来认识，能够无歧义地把事情说清楚。

让我们以两者对漠不相关性的认识为例，看看哲学是怎样

"说得清"而艺术又是怎样"说不清"的。漠不相关性体现在黑格尔逻辑学的多个范畴中。一个例子是**存在**与**本质**的关系：**存在**把自身视为唯一的真理，对它而言，一切事物只要存在就足够了，任何其他的特征都不重要，都是可以被否定的；严格来讲，它甚至禁止我们宣称"事物存在"，因为这句话的主谓结构已经暗示事物是不同于**存在**的他者了。然而，**存在**还不够漠不相关，因为，假如它有着最彻底的漠不相关性，它就应该敢于否定自己，并且对自己漠不相关。当**存在**真正达到这种彻底的漠不相关性时，它就变成了**本质**。这个例子典型地体赋了黑格尔哲学"胡搅蛮缠"的特点，但要强调的是，黑格尔哲学包含大量此类论述，这是大家需要适应的。当然，我们还可以看一个容易理解的例子：**量**与**质**的关系。量不在乎自己被赋予哪一种质，同一个数字可被用来描述任何事物的任何属性，同一个数学定理可被用于解决许多学科中的问题。可见，量也具有漠不相关性。总之，作为哲学家的黑格尔可以对漠不相关性给出清楚明白的解释。尽管人们可能不认同黑格尔的分析，但不得不承认，他确实借助概念思维明确地表达了自己想要表达的东西。

那么艺术这边又是怎样的呢？一个最明显的例子是音乐：有时，如果人们不清楚曲子的名字、歌词或表演情境，就很难说清它到底要表达何种情感，一段幽婉的旋律似乎既可以表现走出失恋痛苦的乐观，也可以表现漂泊他乡之人在追忆过往经历时的豁达。其他的艺术形式也是如此：黑格尔在评论缪里洛（Murillo）的《两个吃甜瓜和葡萄的男孩》（*Two Boys Eating a Melon and Grapes*）时指出，画中的小乞丐"浑身都流露出一种逍遥自在、无忧无虑的神气","像奥林匹斯山上的神人们一样泰然自若地蹲在地上"[5],此时,他心中所想的很可能就是这种漠不相关性。在现当代艺术领域,我们同样能够从贫穷艺术家有意使用的破衣服、麻绳、轮胎等废旧物品或工业产品之中感受到这种漠不相关性。又或者,当沃霍尔用丝网印刷这种媒介复制玛丽莲·梦露等人物的头像时,重要的不是被复制的内容,而是媒介的这种无限复制的过程本身,媒介对它所传播的内容是漠不关心的。这意味着,缪里洛的小乞丐与沃霍尔的梦露呈现着同样的淡泊之美。

然而,对艺术作品的解读是多种多样的且可质疑的,我们固然可以用漠不相关性来解读这些作品,但缪里洛对小人物的描绘也可被视为呈现着雅克·朗西埃(Jacques Rancière)所说的"歧感",贫穷艺术也可被视为对传统手工艺的怀旧,丝网印刷也可被视为意在引发人们对公众人物的微妙神情的关注。这种意义模糊性恰恰是众多艺术作品的重要特征。甚至,艺术家会有意追求模糊性,确保对作品的解读保持开放态度,典型例子是达米安·赫斯特(Damien Hirst)的《死亡在生者心中的肉体不可能性》(*The Physical Impossibility of Death in the Mind of Someone Living*),作品中的那只泡在福尔马林里的鲨鱼既可被解读为无论多么强大的个人在死亡面前也是脆弱的,也可被解读为那些看上去可怖的权力实则是僵化无能的。

综上所述,与哲学思维把事情说得清晰明白的能力相比,艺术作品的含义似乎确实是模糊的,人们很难确认一件作品到底要表达什么。

接下来的问题是,哲学思维为什么拥有这种"说得清"的能力？

对于精神如何从表象过渡到思维这个问题，黑格尔给出了一个听起来相当奇怪，并且也只能在他的辩证法体系内才能说得通的理由。表象的最高形态是机械记忆，也就是一字不差地背诵。一方面，背诵出来的一连串文本多多少少是有含义的，这种含义体现了语言的主观性。另一方面，尽管我知道背诵内容是有某种含义的，但我事实上根本不理解它到底有什么具体含义，换言之，文本就像物自体一样，它与任何含义、任何程度的理解都切断了联系（也就是通常所说的"不以我的意志为转移"），而这恰恰就是最抽象、最空洞、最顽固的客观性——语言是客观之物。机械记忆中的语言既是主观的又是客观的，因而已经是主客观的统一了；只是，按照黑格尔通常的逻辑，这种统一必然以一个新形态出现，这个新形态就是概念，或者说，是基于概念的思维。（当然，说思维基于概念，只不过是因为我们采用了简单方便的表述；稍严格的说法是，思维基于概念及概念的两种拓展形态，即判断和推论，我们在后文中会对此详加论述。）

概念是主客观的统一，这意味着：一方面，凡在客观里的，都同时在主观里，事物对我是明晰可见的，表述包含了表述对象的一切要素；另一方面，凡在主观里的，都同时在客观里，表述所提及的一切都可以在表述对象中找到对应。概念和思维因而具有明晰性，以思维的方式认识精神的哲学亦然。相比之下，艺术与它要表达的精神之间的关联是模糊不定的，对于一件作品表达了什么，人们很难说清，更别提形成确定无疑的共识了。

质疑 3：哲学"说得清"的那个东西到底是什么？

人们通常把思辨性归于哲学，但事实上艺术同样也可以是思辨的，只是这种思辨性只能诉诸非思维的方式。我们以人们对思辨性最朴素的理解——对立面及它们的统一体——为例来说明这一点。

尽管斯拉沃热·齐泽克（Slavoj Žižek）借助马列维奇的《白底黑方块》（*Black Square on White Background*）说明了何为最小差异，[6] 但《白上加白》（*White on White*）无疑更明确地说明了这一点。世界上最小的差异，不是两个事物之间的一个尽可能小的差异，而是事物与自身的差异；这一点还可表述为，当我从一个视角观察事物时，这个视角与其他视角是不相容、不可并置的，因此，我在其他视角中看到的东西现在只能显示为空无。对于已经被去除了丰富细节和其他颜色的白色而言，与它有着最小差异的不正是另一个它自己——另一个白色吗？看出白色与白色的不同不正是对克莱门特·格林伯格（Clement Greenberg）所赞赏的那种敏感的趣味的充分体现吗？艺术家与哲学家不同，前者不会明确表述事物与自身的对立和差异，而是会把对立面放在画作中并以此使它们统一。这种差异是难以说清的——既然差异根本不存在，那么我当然难以说清，我实在不清楚《白上加白》这幅画要表达什么——但是，这种不清楚作品要表达什么的茫然恰恰就是作品要给予我们的感受，白色与它自身就在我们的茫然中抽象地统一了。

对立面及其统一还出现在贾斯珀·琼斯（Jasper Johns）的《国旗》（*Flag*）中。这个通过对报纸碎片进行染色和粘贴得到的美国国旗图案，与一面以工业方法制作出来的普通国旗有何差异呢？乍一看，两者确实没什么差异，或者说，两个对立面之间只存在所谓最小差异，而这一点在更广的意义上似乎也在暗示艺术与生活的差异也无非是某种最小差异，暗示艺术家或许可以弥合这种差异。不过，这件作品在另一个层面体现了统一：一方面是对国旗的感召力的认同，另一方面是对国旗所代表的权力的质疑和由此引发的疏离感，这两个方面就统一在这件作品中，并且统一于我们对意义的两重性的困惑中。

绝对精神是对自由的认识，而就自由而言，思辨性就是指，自由的三个环节（自我返回性、关联性和否定性）构成了一个总体。我们说艺术是对自由的认识，当然是指它对这个作为总体的自由的认识。然而，正如我们在前文中对自由所作的哲学阐释所显示的那样，只有哲学才能明确地把这种思辨性表述出来，即：不仅三个环节加起来的总体是自由，而且它们中的每一个都已经是自由了，它们相互之间亦有着互动关系。

不过，艺术、宗教和哲学还存在一个差异：尽管总的来讲绝对精神的这三个形式都可以认识作为总体的自由，但实际上它们仍会对这个总体的三个环节有所偏好。这是因为，认识着自由的这个认识，其本身也是自由的，而既然它是自由的，它就应该包容带有这样那样的片面性的认识方式以及与这些方式相对应的认识内容。我们因而就得到了平等的、无高下之分的三种绝对精神的形式。

（1）艺术更多地体现自我返回性。这是因为，如上所述，艺术使用的是非思维的认识方式，它的那些形象、颜色、情节、象征意义等各方面要素是分散的、破碎的，艺术就此而言似乎承认了自己在把自由说清楚这个任务上的失败。然而，这种失败只是相对于概念所提出来的衡量标准而言的，而从这些非概念的要素自身的角度来看，模糊性同样也带来了持存和不可穿透性（具体而言，就是不可被概念完全掌控），或者说，是自我返回的。与此同时，对于我这个观看着的主体而言，艺术的自我返回性意味着我赋予它的意义仅仅是我主观地、外在地强加在它身上的，并且因而只属于我，不属于它，就此而言，我其实也是返回自身的。但这样一来，我和艺术作品都具有自我返回性了，这种共性意味着主客观的统一。

我只属于我，这在某种意义上说是一种不自由，一种禁闭感，然而，这种自我返回性在现代主义中却以更积极的新方式被理解并阐述了出来，即，艺术要追求绝对的自律性，它不应当依赖外在现实或发挥现实功能，而应当找寻内在的依据，从而返回自身。

（2）在宗教中，尽管我承认主体是自由的，但这个自由的主体不是我，而是他者，或者说，自由的不是内在的主体而是外在的主体——完全处在彼岸的神，神的充分自由体现为拥有各种神奇的能力。宗教体现了作为自由的第二个环节的关联性，这里的关联一是指神与万事万物的关联（例如，神可以掌握万物或化身为万物），二是指神与我的关联（例如，我崇拜神或神庇护我）。当然，宗教的不自由也很明显：首先，这体现为，自由毕竟属于他者，并不真正属于我；其次，神固然可以庇护我，但是他掌握着我的生死成败，他变幻莫测，他让我恐惧。

（3）哲学更多地体现否定性。在最简单的第一层意义上，这当然是指哲学否定了艺术和宗教的非思维的认识方式及认识对象，并且只把艺术和宗教当成主题和灵感的来源，把它们当成借以通达哲学认识的可抛弃的手段而非目的。不过，哲学还在第二层意义上体现否定性——这里要说明的是，我们必须承认黑格尔是个自恋的人，对他而言，哲学就等同于他自己的哲学，更具体地说，等同于他自己的辩证法，对他而言，研究辩证法就足够了，即使是研究自然哲学也无非是在研究辩证法，因为自然本身就是辩证的，自然只不过是以特定形式出现的辩证法。有鉴于此，说哲学具有否定性，就等同于说辩证法具有否定性，这后一种说法当然很好理解，因为辩证法恰恰体现为一个范畴可以否定其他范畴。不过，反过来看，这个否定着其他范畴的范畴也会被内在的分裂所困扰并由此转化为他者，这意味着它同样是不自由的。

综上所述，尽管哲学和艺术都是对自由的认识，但哲学更可能"说得清"的那个东西是自由中的思辨性。然而，哲学和艺术亦有分工，哲学更善于表现自由中的否定性，而艺术则更偏向自我返回性。当然，鉴于哲学和艺术各自都是对不自由的认识，因此以上所说的思辨性和分工也同样适用于不自由。

质疑4：哲学的认识方式就没有缺点吗？艺术确实"说不清"吗？

总的来看，前面的分析更多地谈及哲学的优势，但接下来我们会提到两个相反观点：哲学的认识方式没那么自由，艺术的方式也没那么不自由。

第一，如上文所言，概念是主客观的统一，在一方之中的东西同时也在另一方之中,而哲学是涉及概念的,因此是一种自由的认识方式。但问题在于,在黑格尔看来,哲学(特别是黑格尔自己的哲学)可被视为一种玄学:

> 纵使它也能按照现实事物的基本特殊性和客观存在去认识事物,也毕竟要把这些特殊性提升为一般的观念性的因素,……造成一个和现象世界对立的新世界。这个新的世界固然也显出现实世界的真理,但是这种真理在现实世界本身里却显不出自己就是它所特有的灵魂或使它成其为它的那种力量。玄学思维只是真理和现实世界在思维中的和解……[7]

简言之,哲学要求我们必须进行符合逻辑的抽象思维,而这种思维在一定程度上脱离了现实生活,这样的要求本身就意味着不自由。相反,艺术允许我们以感觉等非思维的方式体验自由,在这个意义上它反而比哲学更自由。

第二,艺术作品被认为包含多种解读,这些解读掺杂在一起,以至于作品的意义是模糊的,难以被说清。但问题在于,我们也时常感到"一图胜千言"——我感到自由是因为我发现自己看到了一切想看的东西而并不用再付出更多努力,而使这种明晰性得以产生的原因是,作品中的所有要素和效果都被完美地整合起来,从而产生出简单且强烈的统一感。至于作品表达了何种意义以及这种意义是否能用语言来表达,在此都是完全不重要的。这种统一感无疑体现在那些试图让观者直观地理解教义的宗教绘画上,也体现在唐纳德·贾德(Donald Judd)的极简主义作品中,这些作品的整体感使得它的各个组成部分可以被忽略。而在当代艺中,一个具有明晰性的典型个案是克里斯·奥菲利(Chris Ofili)的《圣母玛利亚》(*The Holy Virgin Mary*),它利用大象粪便、杂志碎片以及种族、性别和宗教元素这些毫不相关的东西,以高度统一的方式表达了无须解读就可被观者迅速意识到的嘲讽和批判。这种统一感还体现在弗雷德的追求中(尽管他在其他方面与极简主义者观点相悖,但他们却有着微妙的共性)——在《艺术与物性》中,当评论艺术作品时,他宣称:

> 正是这种似乎达到了永恒的自我创造的连续与完整的在场性(presentness),被人们当作一种瞬间性(instantaneousness)来加以体验,仿佛人们只要再敏锐些,那么,一个单纯的瞬间就足以令他看到一切,体验到它的全部深度与完整性,被它永远地说服。[8]

这种完整的、无遗漏的、无比明晰的、统一于一个瞬间的观看,不也是哲学要追求的吗?

综上所述,一方面,尽管哲学思维具有明晰性以及由此带来的自由,但思维的严格性恰恰也是它不自由的地方;另一方面,艺术作品的统一性亦体现了它对明晰性的追求,只不过这种明晰性不同于哲学的明晰性。

质疑5:艺术确实可以让我认识自由,但是,为什么仅让我认识一次还不够,还要用多件作品让我反复认识?

设想,某人不知道自己是自由的,于是我把这一点告诉他(用日常话语或哲学话语均可),这样他就认识到自己的自由了,并且不需要我再告诉他第二次。与此相反，人们好像不会满足于一生只看一件艺术作品，而是要看很多作品。我们真的需要用很多作品来反复认识自由吗？

  答案是肯定的。这是因为，自由不可能总是抽象的自由，还要具体化为能够做什么的自由。能够做什么与人们在各个时代所处的自然和社会环境有关：一方面，每个时代都有新的目标和行为选项。另一方面，既有的目标和行为也会不断按照新的逻辑重组。例如，人们现在更多地在网上购物，这看上去是一种便捷和自由；但电子商务本身也需要庞杂的软硬件、组织体系和制度体系来支持，这其中的某些要素也许会在未被我们意识到的情况下减少我们的自由。这说明，我们不断需要某些东西——艺术就是一个不错的选择——来提醒我们觉察新的不自由及其与自由的关系。20世纪中后期，电视的普及以及相关的制作、传播体系的发展促进了信息流通，带来了丰富的视听内容，这无疑意味着自由；然而，不自由之处在于，一方面，人们未必能意识到他们接受的某些内容其实是经过筛选、操控和设计的，另一方面，人们因为看电视而更多地待在家里并减少了外出社交等活动。在这一背景下，白南准的《鱼在天上飞》(*Fish Flies on Sky*)和《电视床》(*TV Bed*)就发挥了引发我们反思自己所处的媒介环境的作用：前者是一组铺在天花板上的屏幕，允许观者躺在下方的长椅上观看，但这种观看姿势似乎谈不上舒适，反而相当别扭和怪异；后者用屏幕组装成一张床，这显然是把躺着看电视这种令人沉迷的行为中的躺和看以怪异的方式直接结合在一起了。尽管我们不知道是否有人设想过创作一件《手机床》，但的确有不少作品意在反思当下纷乱的媒介环境。

对以上质疑和回应的总结。

我们很难用一句话简单地回答为什么认识自由不光需要哲学还需要艺术这个问题，因此我们把以上分析总结为几句话作为完整回答：

第一，哲学和艺术各自都不仅揭示自由，而且揭示不自由——当然，为了表述方便，我们可以只说"哲学揭示自由"或"艺术揭示自由"，但务必不要忘了不自由的那个层面。

第二，哲学运用概念和思维，所以在揭示自由（和不自由）时比艺术更具明晰性。

第三，对上述第三个质疑的回应表明，与艺术相比，哲学更可能揭示自由（和不自由）的总体性。

第四，艺术更善于揭示自由的返回自身性，哲学更善于揭示自由的否定性。

第五，一方面，哲学对思维的要求（特别是黑格尔哲学对思辨性的要求）本身也是一种不自由；另一方面，艺术的统一性也可被视为一种明晰性和自由。

第六，我们需要一次次地欣赏艺术作品，是因为社会发展不断创造出新的自由和不自由。

以上分析意在阐明艺术与自由的关联，但要进一步回答的问题是：把艺术和自由联系起来的理论家已经很多了，我们为什么还要借助黑格尔哲学对此作分析？

▲ 6 晕头转向

§ 不仅认识世界的我们是晕头转向的，世界自己也是晕头转向的。

不屑一顾者会宣称，黑格尔哲学，说好听些，是脑洞大开，说难听些，就是诡辩胡扯。可是，我们其实一开始就在运用黑格尔的观点，所以，现在到了厘清一些质疑的时候了：黑格尔哲学到底有哪些值得我们利用的优势？就算黑格尔能帮到我们，其他那些在当代被热烈探讨和追捧的哲学家似乎也能做同样的事，那我为什么还要选择黑格尔？黑格尔哲学有什么特点使其适合被用来阐释艺术？对上述问题的回答可以概括为：在人工智能时代，黑格尔哲学能够帮助我们更新对世界的本体论认识。这体现为以下三个方面：

第一个方面是，世界是怎样的决定了我们能否以及如何认识世界，或者说，本体论要求认识论与之相匹配。就此而言，黑格尔的本体论增强了致力于发展人工智能的人类的信心,它能够使人们确信,人工智能对世界的认识只不过是人类对世界的认识的某种延伸,并且是适合世界的本来面貌的,人工智能对世界的认识因而是可被接受的。而就艺术而言,黑格尔的本体论有助于我们认识到,人工智能艺术也无非是在实现一些人们早已拥有的、表面上与人工智能无甚关联的梦想。

  第二个方面是,黑格尔可以消解扁平本体论和人工智能伦理这两条研究路径之间的对立。第一条路径是由布鲁诺·拉图尔(Bruno Latour)、格拉汉姆·哈曼(Graham Harman)和曼努埃尔·德兰达(Manuel DeLanda)等学者所倡导的扁平本体论,其基本主张可被归结为:一切事物是平等的,它们之间只可能存在基于这种平等的组合关系,而强调高下之分的等级制即使存在也不过是虚假的。例如,哈曼在介绍物导向本体论(object-oriented ontology)时强调,人们应当"一开始就以同样的方式对待物,而不是预先默认不同类型的物需要完全不同的本体论"[9];德兰达在介绍所谓装配理论(Assemblage Theory)时亦宣称:"装配体(assemblages)的本体论是扁平的,因为它除了包含不同尺度的、个体的单个事物之外不包含别的东西。"[10]在人工智能时代,此类扁平本体论的意义已不仅在于强调人工物与自然物以及两者的混合体之间的平等,而且还在于承诺一幅人类与拥有不同水平的人工智能的事物"扁平地"和谐相处的图景。第二条路径是人工智能伦理:哲学家宣称,他们在人工智能时代的重要任务就是在伦理层面以一种着眼于人类本性和人类社会发展的视角探讨人工智能,从而给人工智能的发展施加必要的伦理限制。

这两条理论路径之间的对立在于：如果如第二条路径所言，人工智能需要被哲学家施加伦理限制，那么这就相当于默认哲学家在本体论层面处于更高地位，并且因此违背了第一条路径所要求的平等——这难道不是哲学家的自大吗？不仅如此，还要看到，哲学家也许意识到自己在数学和科学方面逊于人工智能研发者，意识到这种弱势导致自己不太可能在本体论层面有所建树了，于是就宣称自己的真正价值在于探讨人工智能伦理——这难道不是在通过束缚他人来给自己刷存在感吗？这难道不是一种混合着自大的自卑吗？

黑格尔为我们提供了一条出路，使得哲学家不用放弃本体论这个理论阵地。

第一，人们应该花更多精力构建一种适合人工智能时代的本体论，其作用即使不在于能够为人工智能研发者带来深层次启示，至少也在于作为对万物本源的理解而使人们更有信心、更心安理得地研究和应用人工智能。一种基于黑格尔哲学的本体论会将世界的扁平性看成一种虽然片面但仍具有一定意义的特征，对此我们将在后面介绍逻辑学的部分加以说明。

第二，在黑格尔的思辨哲学中，物具有超越自身的冲动，这意味着伦理学可以是内在于本体论的，本体论就这种超越性而言本身就是伦理学，而不需要将伦理学设定为一个更高的东西。换言之，研究本体论等同于研究伦理学！当然，要强调的是，这里所说的伦理学并不是《精神现象学》和《法哲学原理》包含的伦理学，而是蕴藏在逻辑学里的伦理学！

第三，如果变化首先出现在认识论上，那么这些变化就会引发我们质疑既有本体论的正确性,进而对其进行修正。尽管人工智能的运作能否被视为认识是有争议的,但是,我们不仅要看到这种运作在功能和效果方面与人类认识活动的相似,而且还要看到未来由人工智能增强的人类认识——这条路径被认为能够部分地保留传统意义上的主体性——对认识的重构。这些改变不仅迫使我们反思认识论领域的问题,而且还会进一步颠覆对世界的本体论构造的理解。而以思辨性为核心特征的黑格尔本体论不仅提供了丰富且有待利用的议题和观点(其中很多都被人们忽略了),而且提供了一套足够灵活的话语体系来表述新观点。就此而言,黑格尔本体论能够成为构建新理论的有力工具,并且有助于我们在接受颠覆性思想时做好心理准备。从学术研究的角度讲,哲学理论的产生以继承前人的思想为前提,因而很少有理论敢于宣称自己是真正具有颠覆性的。不过,我们在此想到的是那些在哲学界以外的日常生活或科技领域产生颠覆性影响的思想。一个很好的例子是恩斯特·马赫(Ernst Mach),他宣称,人们只要认识到"并不是物体产生感觉,而是要素的复合体(感觉的复合体)构成物体",认识到物体只是代表这些复合体的"思想符号"时,就会"见不到物体和感觉之间,内部和外部之间,物质世界和精神世界之间有以前所指的那种鸿沟了。"[11]简言之,他不仅倒转了物体与感觉之间的关系,还试图借此倒转其他对立面的关联,而这正好体现了我们在此所说的颠覆性。与马赫相比,黑格尔哲学包含了更多鼓励我们颠倒地看世界的观点,有限性与无限性、事物与属性、形式与内容、根据与有根据者、现象与规律、原因与结果、概念与物、身体与器官……这些平时被我们用来认识世界的范畴都可以被加以重新考量。

当然，思想上的颠覆性意味着对极端的差异或断裂的思考，因此并不是所有人都相信黑格尔哲学具有颠覆性的潜力。在吉尔·德勒兹（Gilles Deleuze）看来，真正的自在差异应该拒绝同一，拒绝"被还原为单纯的概念性差异"，拒绝与可知世界建立联系，并且以"游牧"的形式分散存在；而黑格尔则根本没有承认过这种真正的差异，他只会用同一去消除差异，用更高层次的统一去弥合断裂，黑格尔的概念演化运动只不过是"虚假的戏剧。"[12]

对于这种质疑，黑格尔可以用简单得惊人的"诡辩"来反驳。

反驳一：设想即统一。

我已拥有了一些可理解、可实现的可能性，但我还相信并设想一些与可知世界有着绝对差异的可能性。此时，虽然我对那个差异的认识完全是空洞、抽象的，虽然我除了知道它存在以外不知道任何其他特征，但是，要知道，对黑格尔而言，完全空泛和抽象的认识同样也是认识，因此，我在这种空洞的设想中就已经认识了差异，差异因而不再是自在的了。反过来讲，假如它完全是自在的，我甚至都不可能意识到它的存在。此时，把可知世界与差异联系并统一起来的那个第三者不是别的，正是我的认识。总之，当我说"黑格尔不承认存在自在差异"这句话时，差异就已经被我认识并不再是自在的了，而既然自在差异本来就不存在，我就没理由批评黑格尔没能认识自在差异。

反驳二：游牧即统一。

诸自在差异以游牧的方式分布，它们与可知世界之间的关系以及它们内部各部分之间的关系都体现着相互排斥性和漠不相关性。然而，对黑格尔来说，事物之间的任何共性都可以使它们统一起来，即便它们除了相互排斥之外什么都不做也是如此。因此，诸差异共同拥有的游牧性就是它们的统一之处，尽管由此形成的统一是空洞的，但空洞的统一同样是统一。

以上两种反驳意味着，当人们批评黑格尔所谓的统一时，低估了黑格尔的"疯狂"程度：他试图在虚无中抓住些什么，试图把绝望变成救赎——我们自己不是每天也在做着与此相同的事吗？对他而言，空洞抽象的统一也是统一，空洞抽象的认识也是认识，是可知与未知之间的桥梁和统一。换言之，批评者没有意识到，那些通常不被我们看成是统一的情形，在黑格尔那里却可以成为统一，而这种在可知与未知之间建立关联的尝试不恰恰体现了人的自由吗？同理，尽管我们可以说艺术能够揭示异质可能性，但严格来讲，当一件艺术作品被创作出来之时，日常可能性与异质可能性之间的裂缝，以及各种离散的异质可能性之间的裂缝，就已经被这件作品弥合了，异质的东西已不再异质。

当然，可以想到的是，上述两种反驳会被人们认为是典型黑格尔式的"强词夺理"，所以此处再给出第三种反驳。

反驳三：承认自在差异只是看待差异的一种视角，但不是唯一视角。

对黑格尔的批评具有如下逻辑：A 包含 A_1 和 A_2，A_1 与 A_2 之间有着某种断裂；但是，A 与 B 之间有着更深刻的断裂，这种更深刻的断裂以及完全异质的他者 B 的存在是黑格尔无法想象的。让我们把上述批评重新表述一遍：A_1 与自身之间有着绝对差异，它包含一个内在的异质性他者；A_1 将他者排斥在外并使其成为 A_2；就 A_2 原本是 A_1 的一部分而言，A_1 和 A_2 在 A 中得以统一；但因为这种排斥的存在，A 内在地就是断裂的；这种断裂揭示了异质性他者 B 的存在，德勒兹所说的自在差异就存在于 A 和 B 之间。

以上所作的重新表述说明，A 包含断裂，并且异质性他者 B 无非是源自这种断裂。换言之，我们得到了看待自在差异的三种视角：第一种视角将差异看成是内在于事物之中的（即差异内在于 A_1）；第二种视角将差异性看成是对立性（即 A_2 是 A_1 的对立面），对立面之间的互动被德勒兹指责为虚假的运动；第三种视角将差异看成是处在绝对彼岸的（即差异使 B 成为完全异质的）。其实，从三个视角看到的差异无非是同一种差异的不同侧面而已，三种视角共存于黑格尔哲学中，我们可以在任意选择一种视角的同时不去否定别的视角。就此而言，那种宣称黑格尔无法设想真正差异的批评是不必要的。

综上所述，黑格尔哲学在当下人工智能时代仍具有价值的原因在于：一方面，黑格尔本体论内在的超越性使得哲学家对本体论的研究直接拥有伦理学的内涵；另一方面，黑格尔哲学有助于构建一种颠覆性的本体论，黑格尔对待差异的方式并不意味着他否定某种颠覆性的异质东西，反而确认了我们通达异质东西的可能。不过，即使承认黑格尔哲学具有某些优势，人们也仍要追问：为什么要用它来阐释艺术？

对此的回应是：尽管很多哲学家都对艺术作品有自己的见解，

但他们大多都在阐释那些已被认定为艺术作品的东西。让我们设想：人工智能的发展启发我们更新对世界的本体论认识，这一本体论作为整体包含着作为部分的艺术本体论，前者的变化必然导致后者的变化。如果黑格尔哲学有助于我们更新艺术本体论的话，我们将能够以新的方式认清何为艺术以及哪些东西会被认定为艺术作品，将有机会分析那些原本不被视为艺术作品的事物，甚至可以设想尚未在现实中看到的艺术形式。

可是，就算黑格尔能够帮到我们，我们也仍要确定他的哪一部分哲学适于阐释艺术。难道会是《逻辑学》吗，难道不应该是专注于艺术议题的《美学》吗？看来，我们先要弄清楚《逻辑学》到底讲了什么。

▲ 7 弦外之音

§ 弦形态意味着，逻辑组成了弦，而世界是弦音。

  黑格尔《逻辑学》中的范畴演化过程在何种意义上可以被看成是扁平化的，又在何种意义上是等级化的？对这个问题的回答至关重要，因为它有助于去除那种把黑格尔哲学看成是在宣扬等级体系的刻板印象。我们在此提出两种视角，第一种视角把诸范畴看成一个有着弦形态的体系，第二种视角则认为这个体系有着神经元形态。

  众所周知，黑格尔逻辑学是以此为书名的专著《逻辑学》（"大逻辑"）以及同样被人们称为《逻辑学》（"小逻辑"）的《哲学科学百科全书》第一卷的主题。我们在此以"大逻辑"为研究对象，这是因为它的论述与"小逻辑"相比更加精细。逻辑学包含**存在论**、**本质论**和**概念论**三部分。其中，存在论和本质论合并起来被称为**客观逻辑**，概念论则被称为**主观逻辑**。

存在论包含的范畴有：**存在**、**无**、**质**、**他者**、**无限**、**量**、**一**、**多**、**节点线**、**诸因素的反比例关系**……

本质论包含的范畴有：**本质**、**反思**、**同一**、**差异**、**根据**、**矛盾**、**形式**、**内容**、**必然性**、**实体**、**相互作用**……

概念论或主观逻辑包含的范畴有：**概念**、**判断**、**推论**、**机械物**、**化学**、**生命**、**认知**、**分析认知**、**综合认知**、**绝对理念**……

对黑格尔逻辑学的既有研究大多针对的是存在论和本质论，而较少涉及概念论，因而本书把概念论作为主要分析对象。至于为什么人们较少论及这一部分，相信大家从上边列举的范畴中已经看到一部分原因了：有着认知能力的生命体可以认识逻辑范畴，但是我们不会说认知和生命本身是逻辑范畴；然而，让人们感到诡异且难以接受的是，黑格尔恰恰宣称生命、认知这种通常不被看成是范畴的东西也是逻辑范畴。但愿本书有助于读者理解黑格尔这样做的原因。

形象地讲，逻辑范畴的演化过程可以被视为一条线段，范畴就是上边的节点，这些节点有所谓的低级和高级之分，因而是等级化的。然而，是否有看待这个过程的其他视角呢？

一种视角是在形态上把范畴演化看作许多根弦，而不是一条完整的线段。如其名所示，**弦形态**的视角受到了弦理论的启发，其大意是：三个范畴合并为一个三元组，这个三元组就是一根弦，而三个范畴就是这根弦上的三个节点，逻辑学所论述的无非是一根根独立"漂浮"着的弦，正是这些弦使得整个世界和我们的认知被结构化。

弦形态也许会受到两方面的质疑：

质疑一：为什么每一组都必须有三个范畴？

这个质疑实际上就是人们传统上对黑格尔的做法的质疑：为什么一定要把事物都看成是一组又一组的正题、反题、合题呢？——当然，鉴于这三个名称会误导性地引发对黑格尔哲学的过度简化，我们将其替换为：**知性环节**、**辩证环节**和**思辨环节**。说得更直白些，我们只是反对使用"正题""反题"和"合题"这种极具误导性的词语，但并不排斥把范畴每三个分为一组这种做法。这种备受质疑的做法也许会被批评为过于僵化，被批评为忽视了范畴的辩证演化的多样性，但事实上，不但黑格尔自己就是这样做的——甚至可以说，他沉迷于在各种议题中寻找三元组结构，而且对黑格尔文本的深入分析显示，这种分组方式恰恰是辩证法的绝佳呈现。现在，让我们从必要性和可行性两方面回应上述质疑。

一是必要性：尽管人们承认黑格尔哲学中的范畴的前后接续具有思辨性，但却未必认为把范畴进行严格分组有什么必要。然而，我们要看到，黑格尔的哲学阐释通常会提及事物所处的与上述三个环节相对应的三种状态：首先，事物是直接的。我们可以这样来理解这里的所谓"直接的"：黑格尔哲学中的每个范畴是自大狂，它把自己的存在当成天经地义的事情，相信自己即使不是世界上唯一存在的东西，至少也是唯一重要的东西，因此它否认在自己之外有任何他者或特征。不过，这个事物发现在自己内部有个异于它本身的他者。其次，现在，那个潜在地存在于第一个事物之中的他者不但被外化成明确存在的事物，而且还宣称自己可以取代第一个事物，两个事物因而展开竞争与互动。换言之，事物此时的状态可以归结为，它一方面宣称自己不是他者，另一方面又试图取代他者，而这就相当于宣称自己也可以是他者。再次，统一状态就是事物为与他者和解而作的尝试，先前事物与他者相互就是对方这个事实现在被明确承认了，并且，借助这一明确承认，作为统一的这第三种状态有权宣称自己高于前两个状态。也仅仅在这个意义上，我们才可以说范畴所处的状态是等级制的。

总的来说，黑格尔所做的工作无非就是拿着放大镜在世界的各个领域、从各个角度确证这三种状态的存在，因此，把每个范畴按其属于知性环节、辩证环节还是思辨环节分配到一个三元组里完全是自然而然的操作。另外，要强调的是，尽管人们也许会不屑一顾地把辩证法看成是一种外在地强加到事物上的"方法"，但是，上述分析显示出，辩证法所要辨识的矛盾和统一无非是事物本身所拥有的，换言之，辩证法严格来讲不是一种"方法"，而是事物的内在规律，外在的就是内在的。

二是可行性：我们有时发现很难把范畴每三个合并成一组，但我们可以合理地把一个以上的范畴合并到一个环节，从而把四元组、五元组都转化成三元组。例如，自然哲学中的气、火、水、土虽然表面上是一个四元组，但黑格尔把火和水合并为辩证环节，从而得到了由气、火/水、土所构成的三元组。要说明的是，大卫·卡尔森（David Carlson）已在《评黑格尔的〈逻辑学〉》（*A Commentary to Hegel's Science of Logic*）一书中对《逻辑学》中的所有范畴进行了分组，这已然证明了分组的可行性，而我们在分组时亦在很大程度上参考了该书。

质疑二：每根弦真的有独立性吗？范畴由低级向高级演化的单一过程难道不会使那些弦衔接起来变成一根弦吗？

每个三元组中的思辨环节（最后一个范畴）都可以演化出下一个三元组中的知性环节（第一个范畴），这两个前后相继的范畴之间如果有着很强的关联，那么后一根弦无疑就会接到前一根弦上。幸运的是，这个关联并不牢固：一方面，知性环节的确能够使它前边的思辨环节变得更加具体，但是它只能片面地把握思辨环节，而思辨环节排斥这种片面性；另一方面，知性环节如自大狂一般排斥一切他者，因此，尽管它来自上一个思辨环节，但是它却排斥这个来源。这两个方面意味着这两个范畴之间——以及它们所在的两根弦之间——只有微弱的吸引力，因此每根弦都拥有相对独立性。

从对上述质疑的回应可以看出，范畴演化体系可以是扁平化的。只不过，处于扁平结构中的不一定是游离着的单个范畴，而可能是游离着的一根又一根弦，每根弦上的范畴彼此强力吸引，而每根弦之间只有松散的联系。换句话说，因这种松散的联系而认为诸范畴会联结成单一的、有高下位置之分的线段只是看待范畴的一种视角，而将这个体系看成有着弦形态的东西则是另一种视角。

▲ 8 虫 洞

◆◆◆◆◆

§ 神经元形态意味着,任何逻辑范畴都可以通过虫洞般的结构瞬间连通。

◆◆◆◆◆

奇迹不会出现在将范畴演化看成单一线段的传统视角中,因为在这条线段中,低级范畴遵循等级制,如果它要与高级范畴建立关联,唯一的方法就是慢慢演化,直至自己变成高级范畴。然而,**神经元形态**却允许关联即刻产生。

众所周知,神经元由胞体、轴突和树突组成,一个神经元的轴突与另一个神经元的树突能够接触并形成一个突触,由此形成的两个或多个神经元的序列就是一条可传送信息的通路。受此启发,我们把范畴比作节点,并进一步将其比作神经元胞体;再把范畴之间的关联比作节点间的线段,并进一步将其比作两个神经元之间的接触(我们不但高度简化地将树突、轴突和突触合并起来看成线段,而且还允许双向关联,而在神经系统中,信号传递是单向的）。在此，重要的并不是范畴之间的初始结构，它可以是点状的（范畴之间毫无联系，只是单个的点），可以是单一线段（等级化的传统视角），可以是网状的，当然也可以是弦状的；真正重要的是它们可以自由地建立关联，从而建立起一个比初始结构复杂得多的网络。

神经元形态的视角使得演化过程中的以下三个现象凸显了出来。

第一个现象是，一个低级范畴能够与一个或多个跟它内涵相似的高级范畴连通起来。一个简单易懂的例子是逻辑学中那些与**无**一样共享否定性或对立性的那些范畴，它们都是在以不同方式呈现无，因而可以与之建立关联，这包括：**他者**、**排斥**、**反比例**、**特殊**（对**普遍**的否定）、**痛苦**（对**需要**的否定），**恶**（对**善**的否定）等等。要强调的是，范畴还可以打破领域界限而联系起来，因此，在自然哲学中，与逻辑学中的无关联起来的范畴有**运动**（对单个位置的否定）、**黑暗**（对**光**的否定）等等。另一个明显体现出这种"无视距离"的连通性的例子是，存在论中的**应当**与接近演化过程尾声的**善**之间存在关联，因为善无非就是一种应当，只不过在后者之上添加了实现主客观统一的尝试；而精神哲学中的**道德**同样可以与**善**连通起来。一个有趣的例子是，**反思**是逻辑学中的范畴；与之相关联的自然哲学中的范畴是**晶体**，因为后者的微观结构处处相同，因而如前者一样不断地否定他者并回到自身；我们甚至可以加上一个黑格尔不曾提及的东西——**分形**，它在不同尺度上是自相似的，因而同样是一种**反思**。

第二个现象是，在元哲学层面，逻辑学体现出异因同果性。

正如两个神经元之间的通路不止一条一样，范畴的生成所依托的根据也是多种多样的——尽管这些根据并不一定是由黑格尔亲自表述出来的。例如，两种相对独立的解释路径说明了**选言推论**为何会转化为**物**，我们既可以说转化源自内容与形式的统一带来的直接性，也可以说它源自主观性的崩溃——读者可以在后文关于推论的部分找到详细的解释。

第三个现象是，仍是在元哲学层面，逻辑学具有同因异果性，即，对同一件事情从不同视角给出的不同表述会导向不同结论。打个比方：我们既可以说"杯子里有半杯水；装半杯离装满差远了；所以杯子里的水不够"，也可以说"杯子里有半杯水；装半杯总比没有强；所以杯子里的水足够了"。在此引向不同结论的两个大前提（"装半杯离装满差远了"和"装半杯总比没有强"），以及在哲学中我们表述同一件事的不同方式，都可以被比作同一个轴突与多个树突相接从而形成的多条通路。在黑格尔逻辑学中，此类情况数不胜数。一个典型的例子是，**本质**的同一个特征使其与**存在**处在不同的关系中：一方面，**本质**通过不断否定自身抵达深层次的东西，因此**本质**不是**存在**；另一方面，就**本质**始终坚持否定自身而言，它是自身等同的，但在这种坚持自身的过程中否定其他一切特征的东西其实就是**存在**，因此**本质**就是**存在**。回想起来，我们在前边的分析中其实已经使用了同一特征导向不同结论的原理：一方面，哲学的认识方式是思维，可以更明确地说清思辨性，所以，哲学是自由的；另一方面，哲学强求我们抽离于现实并思考抽象概念，所以，哲学又是不自由的。

综上所述，以上三个现象具体地表现了神经元形态所允许的建立关联的自由，并且正是由于这种自由的存在，我们才可以说该形态具有扁平性。那么，在弦形态和神经元形态之间，到底该选择哪一种呢？回答是：我们不妨让两者相互补充：首先，范畴体系具有弦状的初始结构；其次，由神经元形态所要求的网络结构可以被添加上去。

▲ 9　心生万物

◆◆◆◆◆

§ 艺术与黑格尔逻辑学的共性是它们都可以为自己生成内容。

◆◆◆◆◆

为什么要用黑格尔逻辑学中的原理来阐释艺术？理由很简单，黑格尔已经在运用自己的逻辑学阐释艺术了。假如逻辑学中的**自在**、**无限**、**反思**、**矛盾**、**条件**、**实体**等概念不存在，他就无法原创性地展开对自然、宗教、艺术等议题的分析。就此而言，我们利用逻辑学来探讨艺术，无非是在延续黑格尔的工作。但进一步的问题是，逻辑学包含存在论、本质论和概念论三个部分，我们在此为什么偏偏要选择从概念论中挖掘艺术思想呢，为什么不能选前两个？我们将从两个方面回答这个问题。

第一个原因是，概念论中的范畴具有更大的阐释力。我们将在后面用很大篇幅来讲解现当代艺术各阶段如何与概念论中从机械物到绝对理念的一系列范畴相配对。这种做法无疑会招致批评：

让随便一段艺术史与随便一段足够长的范畴链条配对，这样做太过随意了吧？

对这种质疑的回应是：我们必须承认，这确实没什么不可以的，逻辑学的神经元形态不但允许而且鼓励这种自由配对。例如，在给出合理解释的前提下，我们完全可以把从蒙德里安到抽象表现主义的过程与逻辑学的本质论中的某一段范畴序列进行配对。但问题在于，每个范畴的内在机制的复杂程度以及范畴之间的关联的复杂程度都是不同的，概念论是逻辑学的最后一部分，见证了存在论和本质论的演化过程，因此，它的复杂程度更高。我们在将艺术作品与范畴配对时，应当尽可能选取复杂程度高的范畴，这些范畴的丰富内涵确保了作品的张力能够被深刻揭示出来。因此，尽管我们原则上可以挑选任何范畴，但最终还是选择了概念论中的范畴。

第二个原因是，概念论中的范畴因其本性而更适于阐释现当代艺术。 如果我们说概念论与现当代艺术共享很多内在特征的话，人们也许会感到惊讶，因此，我们接下来将以一种涉及媒介的**自动生成性**的共性为例来说明这一点。我们首先会解释什么是能够自动生成内容的媒介，然后说明现当代艺术如何追求这种自动生成性，并将其与概念论中的范畴演化进行比较，以便阐明两者的共性。

媒介的作用在于呈现某些内容，但媒介自身不拥有该内容，内容只是一个原本不属于它的、被外在力量强加给它的东西。在这个意义上，媒介还不是自主的，它对内容的呈现还不是自由的呈现。只有当媒介自身就能生成内容时，它才能够真正自由地进行呈现。如果把媒介呈现内容的功能看成主观的一面，把被呈现的内容看成客观的一面,那么,媒介生成内容,就相当于**主观性生成客观性**。

显然,并不是所有媒介都能为自己生成内容。在更广的意义上(或者说,在黑格尔哲学所允许的思考方式下),我们可以把市场、国家等众多事物都看成媒介,例如,市场就是人们各种需要的投射,国家就是公民意志的投射等等。这些媒介有着自身的运行规则,但也要面对违背它的规则并因而不被它们承认和呈现的他者。这些媒介没有意识到的是,那些未被承认的他者恰恰代表着使媒介自身得以拓展的异质可能性。黑格尔所说的"当一件事情的全部条件完整具备,它就进入现实性"[13]可被理解为,媒介对客观内容的呈现是偏主观的一面,但当它包容无限多的异质可能性时,这个主观性的总体就会转变成客观性——主观性创造了客观性,媒介生成了内容。

绝对精神的三种形式也可被视为三种媒介,它们可以做到这种包容。具体来讲,首先,艺术承认这些多样的外在对象并创造出属于自己的客观东西的方法,就是利用这些对象来创造艺术效果。然而,这种创造客观性的方式是有局限的,因为对艺术效果的体验毕竟还是主观的。其次,宗教崇拜的对象既是主观的又是客观的,或者说,宗教创造客观东西的方法就是直接确认某种主观东西的客观性。宗教的客观部分一方面包括神(它是处在彼岸的,是万能的,它的力量不可否认,因此它是相对于主观的我的一个客观东西),另一方面包括庆典、献祭和赎罪等。然而,精神真正追求的是在一个过程中创造客观性,而不是直接宣称有某种客观东西存在,因此,耶稣上十字架,即现实中的牺牲,代表着以这种方式追求客观性的不足以及向哲学的过渡。最后，哲学（不要忘记，自恋的黑格尔在提到哲学时大多指的是他自己的哲学）也试图创造客观性，但事实上它并没有比艺术和宗教多做什么，而只是利用概念明确说出了这两者一直以来的诉求。例如，作为概念论的核心范畴之一的**推论**就充分体现了这种从主观性中创造客观性的诉求——我们在后文中会多次谈到它，所以在此唯一需要说明的是：推论具有一种循环结构，这使得它可以借用在它之后出现的范畴，并与这个范畴形成相互依赖；形象地说，它能够挪用在未来才会出现的东西并与之互动。推论因而有效利用了他者（即那些在它之后出现的范畴），从而创造了自己的客观性；甚至，选言推论作为最后一种推论俨然已经是一个物了。

那么，就艺术而言，主观性生成客观性这一点又是怎样体现的呢？

就作为一个整体的艺术而言，这种生成性体现为一种黑格尔意义上的诗性，它并不是诗歌独有的特点。黑格尔对此解释道：

> 一般来说，艺术有留恋个别特殊事物的倾向。……从诗的掌握和创作的角度来看，每一个部分和每一个细节都有独立的兴趣和生动性，所以诗总是喜欢在个别特殊事物上低徊复复，流连不舍，带着喜爱的心情去描写它们，把它们看成各自独立的整体。[14]

> 但是这些个别特殊部分尽管各有独立性，毕竟还是要互相联系，使它们所展开和表现的那个单整的基本主题思想显现为对全部个别特殊因素起统摄和结合的作用的统一体。[15]

以上引文似乎印证了对黑格尔美学的标准解读,即,艺术作品中具有独立性的各部分被以和谐、统一的方式联系起来以便呈现精神。不过,是否有其他解读方式?诗性体现的正是概念对他者的包容(也就是后面要提及的普遍性、特殊性和个体性之间的相互等同性):整体包含部分,但仅当整体把每个部分都看成一个整体而非可随意否定的东西时,整体才真正算是能够包容他者的,并且整体也通过这种包容使自己得以拓展到他者之中,从而实现自身,获得客观性。

这种生成客观性的冲动,如果说在现代主义以前的艺术中是相当含蓄的,那么在现代主义中则成了被明确表达的东西。例如,贾德在评论马克·罗斯科(Mark Rothko)、克莱福特·斯蒂尔(Clyfford Still)等人有着矩形画框的作品时宣称:

> 矩形被强调了。矩形中的元素……严密地与矩形相呼应。形状和外表只能是那些能够在一个矩形平面之内或之上合理地出现的那些形状和外形。部分并不多,并且它们是如此地服从于统一体,以至于它们不再是通常意义上的部分了。一幅绘画几乎是一个独立体(entity)、一个物(thing)……[16]

贾德在说这番话时所想的很可能是罗斯科的色域画——因为画框是矩形的,所以,能够"合理地"从中生成的形象当然也只能是那些有着各种颜色的巨大矩形。换言之,尽管贾德与格林伯格观点相左,但两人在对媒介性的强调这一点上却是一致的。在贾德看来,画框,作为绘画媒介的关键部分,应当具有生成所画内容的能力。

而对不厌其烦地强调艺术自律性的格林伯格而言，现代主义艺术家"都从他们工作的媒介中获得主要灵感。他们的艺术那令人激动之处，似乎主要在于他们对空间、表面、形状、色彩等的创意和安排的单纯兴趣"[17]，而之所以出现这种情况，是因为：

> 诗人或艺术家在将其兴趣从日常经验的主题材料上抽离之时，他们就将注意力转移到他自己这门手艺的媒介上来。……一旦日常的、外在的经验世界被放弃，那么这种限定也就只能见于文学艺术早已借以模仿外在经验世界的那些过程或规矩本身。这些过程和规矩本身成了文学艺术的主题。[18]

简言之，艺术之回归媒介性不仅意味着一种媒介应该拒绝来自其他媒介的特征，且在不同程度上拒绝呈现外在的客观内容，而且还意味着要自发地创造属于自己的客观内容。如何创造？不言而喻，当然是利用媒介固有的元素来创造！

在弗雷德那里，特别是在上文中已引用过的那段关于瞬间性的文本那里，创造客观性的冲动显露无遗：作品方方面面的细节、维度、信息或意义等主观的一面在一瞬间被穷尽，被显示出来，从而造就了在场性。在场性，这种被弗雷德视为一种宗教般的恩典的状态，显然不是指绘画中的这个或那个形象成了客观的，而是指因为目睹神迹而产生的满足感和沉浸感，而这里的神迹当然是指：整个世界在一瞬间被创造了出来，而并不会因时间的绵延而不断推迟完善成形的那一刻。吊诡的是，弗雷德所厌恶的极简主义恰恰就是把作品当成一个成形的、有着"格式塔"的客观东西来看待的，这个物只为呈现自身而存在。看来，弗雷德并没有意识到，如果一件作品真正实现了他所珍视的那种瞬间性，那么这件作品很可能会直接成为他厌恶的东西。

福柯对马奈的评论亦可被解读为对客观性直接在主观性中成形的强调。福柯认为，马奈利用所画之物"凸显油画的这些物质属性、性质或局限"；从而创造出了"实物—画"，即"作为物质性的画，被外光照亮的、有颜色物的画。"[19]

以上分析说明，媒介自动生成对象这个目标在现代主义艺术家及评论者那里以不同方式出现并受到推崇。表面上看，他们理应感到满足，因为从弗雷德和福柯的观点来看，这个目标最终以一个客观之物确实被创造出来的形式实现了，现代主义因而成功完成了使命。这种对被创造物的追求总的来说体现为装置作品，这些作品本身就是观看对象，它们所展示的就是它们意图让观者看到的，它们并不为呈现其他什么东西而服务。

不过，现代主义真的已完成创造客观性的任务了吗？客观性的对立面是主观性，客观性如果真的包容他者，就应该也包容主观性。于是，创造一个客观东西的追求就转变成了创造主观东西的追求。显然，"创造主观东西"这个说法有些奇怪，它指的并不是日常意义上的让主体去认知一个内容的要求，而是说，主观东西本身就是观看对象——正如装置作品作为一个物本身就是观看对象一样。在此，典型的艺术类型是基于研究的艺术（research-based art 或 RBA），对这类艺术而言，重要的并不仅仅是被认知的东西，而且还包括认知方式和呈现认知成果的方式，这些方式产出的研究成果相当于由主观性生成的客观性。当然，研究成果是知识和体验，称它是客观东西似乎有些奇怪，所以这里的客观性要这样理解：首先，艺术家认为，虽然研究带来了可言说的知识，但那些不可言说的知识和情感同样重要，这种不可言说性就如同物自体的不可言说性一样，因而可被算作一种客观性；其次，获取的知识和体验通常被艺术家转化成装置，因而获得了客观性。

然而，这种对研究本身的展示，不是早已潜在地出现在格林伯格所说的绘画将自身媒介因素当成内容的做法中了吗？蒙德里安和马列维奇等人以水平性和垂直性、三原色等绘画基本元素为探究主题的作品不是也在某种意义上是以研究为基础的吗？

在字面意义上体现所谓主观性生成客观性的是基于种植、养殖和生物技术的生物艺术。有机体连同其生命力是主观东西，是媒介，它具有自动生成的功能，而生成的东西正是它自身。

以上梳理不仅让我们看到艺术在不同发展阶段以不同方式体现着媒介为自己创造内容的追求，而且让我们发现了这些阶段与概念论的诸阶段之间的对应关系。现代主义以前的艺术，即黑格尔所分析的象征型、古典型和浪漫型艺术，是用媒介呈现其他事物的艺术，媒介本身创造内容的潜力因尚未充分显现而仅体现为一种诗意。与这个阶段相对应的是概念论中关于主观性的部分，更准确地说，是**推论**部分，因为媒介此时发挥的作用无非是作为纯粹主观的东西与客观东西建立关联，并且，正像上文已经提及的那样，推论最终生成了最初级的客观性。现代主义及之后的艺术体现出两种趋势：一方面，媒介把物作为创造的成果摆置出来。与此类艺术相对应的是概念论中的客观性阶段，这个阶段中的物试图以不同方式显示在被创造出来之后获得的自足性。另一方面，媒介还可以直接宣称自己有能力创造客观东西，并且这个客观东西正是媒介自身。与此类艺术相对应的是概念论中的理念部分,主客观两方在这个部分实现了更充分的统一。

综上所述,尽管我们把艺术发展阶段与逻辑学范畴匹配起来看起来是在把后者外在地强加在前者之上,看起来是一种会被黑格尔批评为外在的反思的行为,但是,我们必须强调这样做的合理性——这样做是因为两者在两个方面的共性:一方面,现当代艺术的复杂性可以借助具有丰富内涵的概念论范畴加以解读;另一方面,更重要的是,以媒介内容的自动生成为代表的多种内在特征,既体现在艺术发展的各阶段中,也体现在概念论各部分中。

接下来的问题是,概念,这个我们一直在提及的东西,到底是什么?

▲ 10 过于真实

◆◆◆◆◆

§ 钠和钾这两种金属的共性是它们都是金属,这是千真万确的。

◆◆◆◆◆

为什么黑格尔时常看起来是在公然说胡话?比如,概念明明是我们脑子里的东西,黑格尔却说概念是主观与客观的统一,这是为什么?又如,黑格尔区分了概念和理念,却宣称概念就是理念,这又是为什么?

有必要说明的是,概念在黑格尔哲学中有以下几种含义。

第一个含义:哲学借助思维来认识的对象基本上都是概念,这当然包括黑格尔哲学中的各种范畴。

第二个含义:黑格尔逻辑学的概念论部分讨论的范畴,即概念(以下第四个含义)以及在它之后的全部范畴,都可以被称为概念。

第三个含义:概念论在名为"主观性"的部分讨论的范畴,

包括**概念**（以下第四个含义）、**判断**和**推论**，都可称为概念。**判断**和**推论**可被看成是**概念**（以下第四个含义）的高级形态，因此，当我们说"思维运用概念"时，概念通常同时指这三个范畴。

第四个含义：名为"主观性"的部分的第一个范畴是**概念**，也就是我们通常意义上的概念。简言之，**概念**也是一种概念。

人们一般可以借助上下文辨别出黑格尔某句话中的"概念"一词到底应该取上述含义中的哪一个。

那么，作为一个范畴的概念又是如何从先前的范畴中演化出来的呢？

让我们举一个例子：化学老师问学生钠和钾这两种金属有什么共性，学生回答说共性就是它们都是金属。恐怕老师对这个回答只会感到恼怒而不会感到满意，因为回答不应该是抽象的，而应该是具体的，比如这两种金属的共性是会在化学反应中失去一个电子等等。然而，说钠和钾都是金属，这真的错了吗？恰恰相反，这个回答无比正确，毫无争议！

与此相仿，逻辑学中的存在论和本质论都在探讨存在、本质、实体等各种不同的概念。那么，这些概念的最大共性是什么呢？答案当然是：它们都是概念！这个回答是如此正确，以至于让人无法否定。至此，所有已出现的范畴就在**概念**中得到了统一，逻辑学进入了概念论部分。

人们会惊异于这个抽象空洞的回答。可是，请大家想一想，真理的最朴素含义是什么？真理无非就是绝对正确和明晰并因而让人们无法否定的东西。因此，以同义反复的方式说某些概念是概念，不就是在表述一个真理吗？尽管抽象空洞的东西确实有待于变得具体，但是我现在只想要这种正确性和明晰性。

概念不仅是正确的和明晰的，而且还是自由的。在此，自由指的是在无限包容他者的同时还能维持自身、找到自身或返回自身。以引力和能量为例，鉴于它们都是概念，因此此处暂且把它们记为 [引力—概念] 和 [能量—概念]，要看到，尽管两者是不同的概念，尽管两者亦不同于概念本身，但是两者之中的 [—概念] 这个部分却是相同的。换言之，概念能够在不同的他者中拓展自身的存在，并且能够在这种拓展中保持自身完全同一，不差一丝一毫。

不过，换个角度看，尽管追求真理的人不应该拒绝概念的正确性、明晰性和自由，但是毕竟不能满足于它的抽象空洞。于是，概念又演化成**普遍概念**（U）、**特殊概念**（P）、**个体概念**（S），并进而变成判断和推论。

（一）概念

概念自在地分裂为 U、P 和 S。在此，"自在地"是指，当我们提及概念时，自然而然地就会想到我们需要表达 U（蓝色）、P（深蓝色）和 S（现在就在我桌子上的这个深蓝色杯子）。此处无法且没有必要用较大篇幅详述黑格尔的观点，但是，为了方便后续探讨，我们要对一些关键问题进行说明。

说明一：概念的自在性不仅体现为自在分裂为三者，而且还表现为这三者中的每一个都可以自在地转化成其他两者。例如，我们当然知道 U（红色）和 S（这个具体的杯子）是不同的，但是，S 本身也是很多属性的统一体（这个杯子不仅是红色的，而且是固体的，而且可用来盛水……），因此 S 就是 U；反过来看，U 只是 S 的多个属性中的一个（红色只是杯子的众多属性中的一种），因此 U 就是 S。又如，我们当然会区分 U 和 P，但是，U 就其应有之义而言理应分解为 P，否则它就不能被称为 U 了，因此 U 就是 P；反过来看，P 本身也是普遍的（深红色是红色的一部分，但是深红色本身作为普遍东西也会继续分解下去），因此 P 就是 U。

说明二：单纯在表述层面，黑格尔通常不加说明地混用 P 和 S，这种混用是说得通的，因为，P 是 U 被差异化的结果（蓝色被差异化之后分解为深蓝色和浅蓝色），而如果差异化无限地进行下去，我们就得到了 S，S 归根结底也是 P。相应地，"具体的"这个词所形容的可能是 P，可能是 S，也可能同时是两者。常被混用的还有 U 和 P，原因在于，如上所言，两者可相互转化。

说明三：在理解黑格尔哲学时，一个非常重要的概念是所谓**具体的普遍性**。同样，这里的"具体的"既可以是 P 也可以是 S，以下我们为行文方便暂且只提及 P。什么叫具体的普遍性？U 包含 P_1、P_2、P_3、……，我们可以设想一个 P_x，尽管它只不过是被包含在 U 中的特殊者中的一员，但是它却可以完美地代表 U，于是我们称 P_x 具有具体的普遍性。

可是，我们不禁要问，特殊之物常被认为是普遍之物的有欠缺的化身，它怎么反而能完美代表普遍之物呢？现在又到了黑格尔"胡搅蛮缠"的高光时刻了：如上所言，概念自在地包含 U 和 P，或者说，概念是包含者，U 和 P 是被包含者。然而，包含者当然是普遍的一方,因此,说概念包含 U 和 P,就等同于说 U 包含 U 和 P——更准确的表述是,U′ 包含 U 和 P(这等同于上边所说的 U 包含 P_1、P_2、P_3、……、P_x)。在这个表述中,一方面,U 和 P 都是被包含者,是特殊成员;另一方面,U 无非是以特殊成员的面目出现的 U′,是 U′ 的代表。简言之,普遍者包含普遍者自身,普遍者在这种包含与被包含的关系中出现了两次,那个被包含的普遍者就是具体的普遍者。

与具体的普遍者意义相近的是我们平时所说的典型案例:尽管某些事物的普遍特征难以被说清,但是其中一个事物却很好地展示了普遍特征并因而被人们视为范例。人们说黑格尔喜欢胡搅蛮缠,投机取巧,玩文字游戏,诡辩,而体现这种"胡搅蛮缠性"的一个典型案例,或一个具体的普遍者,正是他的具体的普遍者这个概念本身。

(二)判断

概念如何演化成判断?按照黑格尔的逻辑,某种特征仅仅保持自在的或潜在的状态还不够,还必须成为明确的或被实现了的。因此,概念之分裂就不能只是自在的,还必须成为明确可见之物,也就是判断。判断具有"S(主词,subject)是 P(谓词,predicate)"的形式,像"柏拉图是人"或"人是一种动物"这样的常见句子都有这种结构。判断既抓住了分裂性(S 和 P 是明显可见的两个部分),也抓住了统一性(整个判断是 S 和 P 的统一)。不过,判断的最后一种形式,即**必然判断**,却具有形如"这座房子就其有着红色的外表而言是好看的"这样的结构：首先，这种结构中的谓词都是美、好看、善或恰当这样的有着评判意味的词，也就是说，我们固然可以对某物是否适于用这些谓词来形容进行评估，但此类评估只能是相对的而非绝对的；其次，正是由于这种相对性，我们就必须为评估提供根据，我们不能直接说"这座房子是好看的"，而必须加上"就其有着红色的外表而言"作为根据。但这样一来，标准的"S 是 P"的结构就被打破了，判断因而演化为推论。

或者，让我们用另一种方式表述这种演化：概念的分裂是自在的，而判断则使这种分裂成为了明确的，但这种分裂不仅应该是明确的，而且还必须是能够被证明的，因为被证明的东西比未被证明的东西更加明确，因此判断就有必要向推论演化。

（三）推论

推论包含小前提、大前提和结论三个部分，其最简单的形态与以下句子有着相同结构："柏拉图是人（小前提），人是会死的（大前提），所以，柏拉图是会死的（结论）。"我们会在后续内容中介绍更多变异形态。

相较于概念和判断，推论在三个方面是客观的（把一个主观东西说成是客观的，听起来有些奇怪）：第一，推论同时包含 U、P、S 以及三者之间的关联，因而是一个总体，而对黑格尔而言，总体比它拥有的那些片面的元素更有客观性。第二，概念，如我们已经指出的那样，宣称自己具有不可否认的绝对正确性，然而这种正确性只能通过推论加以证明,而被证明了的东西比未经证明的东西更具客观性。第三,推论是主观性的自我否定,这种否定在作为其最终形态的**选言推论**中得以完成,我们将把这一点放在后文中详加分析。

(四)主观性的三个环节与自由的三个环节之间的联系

在大致了解了何为概念、判断和推论后,我们可以对比一下它们所代表的明晰性与自由的三个环节的关系。在此,我们使用黑格尔在《精神哲学》中对三者的论述,这些论述虽然针对的是作为精神范畴的思维,并且与《逻辑学》中的论述有所不同,但两种论述方式并无本质差异。

第一,黑格尔把概念等同于知性,它指的是从包含多种特征的混沌中提取单个特征以便使单个特征更明晰地显现出来的能力。这种化繁为简的能力不仅鲜明地体现了我们对明晰性的追求,而且,就其能使单个特征在脱离包含多种特征的整体的情况下独立存在而言,体现了自由所追求的向自身返回的倾向。

第二,判断有着"S 是 P"的结构,因而是在事物之间建立关联。对判断而言,要获得明晰性,就应该承认事物的关联性,而关联性也是自由的一个环节。

第三,在推论看来,尽管判断能够在事物之间建立关联,但这些关联是外在地强加给事物的。判断依然是某种不够明晰以至于无法理解的东西,因而并没有什么根据来说明它的那些关联的必然性。因此,推论的任务就是提供根据,或者说,使那些能够成为根据的他者被包容进来。一旦这个任务得以完成，推论就成了高级的概念。由于它能够为自身的独立提供支持，因而可以对不重要之物漠不关心，由此，它也最终实现了概念最初抱有的返回自身的愿望。

（五）概念与理念的区别

黑格尔有一万种方法解释为什么主客观是统一的。或者说，他在逻辑学的各个阶段都以不同方式对此进行了解释，而**概念**与**理念**则代表了不同的解释方式。

主观逻辑的第一部分是主观性，即之前我们所说的第三个意义上的概念（包括概念、判断和推论）。它具有绝对的正确性和明晰性，主客观两方面内容的完全吻合：凡在客观中出现的也都出现在主观中，凡在主观中出现的也都出现在客观中。就此而言，概念是主客观的统一。

主观逻辑的第二部分是客观性，包括那些通常被哲学家们视为可独立持存的或体现着物性的范畴，例如：**机械物**、**化学**、**手段**等。鉴于这些范畴出现在概念论的部分，它们亦可被称为客观概念。

在黑格尔看来，物的独立持存是非常彻底的，它不仅拒绝与主观性统一，而且拒绝与自身统一，因而现实世界的各部分是漠不相关的、分散的、相互排斥的，但问题在于，这种漠不相关性恰恰就是主观性。这是因为：在第一层意义上，漠不相关性是现实世界的各部分共有的特征，是使这些部分得以统一的、纯粹的、抽象的普遍性（不要忘记，对黑格尔而言，抽象的统一毕竟也是统一），而这种纯粹的统一正是最初级的、最抽象的**概念**所拥有的。在第二层意义上，现实是由各个部分组成的，但既然各个部分相互排斥，相互否定，那么整个现实也就被否定了，但客观性的对立面便是主观性，所以客观性已然是主观性了。正是在上述两层意义上，主客观是统一的。

主观逻辑的第三部分是理念，包括**有机体**、**认知**、**绝对理念**等。黑格尔宣称概念是主客观的潜在统一，而理念是主客观的实现了的统一，这是什么意思呢？一个很简单的解释是，主观性是主观逻辑的第一阶段，并不包含尚未出现的、作为第二阶段的客观性，因此它所达到的主客观统一还只是潜在的；而理念作为第三阶段已经超越了客观性并因而得以让客观性成为自己的一部分，主客观统一因而可被视为已得到了实现。

我们把关于理念的更多分析放到后面，现在再回过头来谈谈我们一直都在提及的推论。

▲11 机械装置

§ 推论是如此主观,却又如此机械。

一切皆推论!

或者,用黑格尔的话说:"不仅推论是理性的,毋宁说全部理性东西都是一个推论。"[20] 在自然哲学中,他宣称恒星、行星、卫星/彗星构成的系统有着推论的结构,并宣称自我感觉、营养过程、性关系这三者之间有此结构;在精神哲学中,他宣称逻辑范畴、精神、自然这三者之间亦有此结构……总之,黑格尔自己经常借助推论结构进行阐释。而本书接下来将会把艺术划分为定义、功能、分类三个部分并加以分析,这样做也无非是在模仿黑格尔的做法。

要理解推论的重要性,就要先明确它的结构。推论的形式结构是<u>个体—特殊—普遍</u>,即 S-P-U。这个结构包含三个部分:S-P(小前提,S 是 P)、P-U(大前提,P 是 U)、S-U(结论,P

是 U）。其中，位于左右两边的 S 和 U 是端项，它们无法直接联系在一起，因此需要作为中项发挥中介作用的 P 来进行连接。例如，我固然可以直接说"柏拉图是会死的"，但这个判断需要一个根据，否则柏拉图和必死性之间就难以联系起来，于是我就给出了一个推论：

S-P：柏拉图（S）是人（P），
P-U：人（P）是会死的（U），
S-U：所以，柏拉图（S）是会死的（U）。

然而，读者会在黑格尔那里发现三种排列方式：不仅有 S-P-U，而且还有 P-S-U 和 S-U-P，并且，后两种排列有时会导出错误的结论，即使结论是正确的，导出结论的逻辑也是似是而非的。对日常意义上的或形式逻辑中的推论而言，最重要的部分当然是结论，可是，黑格尔似乎并不太关心结论，反而更关心 S、P、U 中的哪一个会被放在中间位置。为什么会这样？实际上，黑格尔对三者之间的转化关系给出了详细理由，我们也会在后文中进行介绍。不过，我们现在就可以提及两个非常容易理解的原因：

第一个原因：如前文对概念的分析所言，U、P 和 S 这三种概念可以相互转化，因此，如果 P 能够作为中项使 S-P-U 成立的话，S 和 U 亦有资格作为中项使后两种排列成立。

第二个原因：尽管 P 发挥了连接 S 和 U 的作用并使 S-P-U 成立，但是，这个排列事实上默认并利用了 S-P 和 P-U。而问题在于，我们不能仅满足于默认 S-P 和 P-U，还必须证明它们。以 S-P 为例，我需要再找到一个中项 Q 来连接 S 和 P 以便生成 S-Q-P，但为了连接 S 和 Q，我又需要一个中项 R 以便生成 S-R-Q，以至无限。可见，尽管表面上 S-P-U 是独立自足的，但它的成立却有赖于引入无限多的新元素，而这种无限任务属于黑格尔所说的**坏无限**，也就是注定无法实现的无限。那怎么办？幸好，这种坏无限只是日常推论才会遭遇的麻烦，而黑格尔逻辑学中的推论则不需要引入任何新元素。这是因为，S-P 的连接只需要依靠 U，于是 S-U-P 便出现了，而 P-U 的连接亦只需要依靠 S，于是 P-S-U 便出现了。简言之，S-P-U 为了找寻自己的根据而使 P-S-U 和 S-U-P 的出现成了必然。这样一来，关联就不是在不可穷尽的元素之间建立的，而仅仅是在有限的三个元素 U、P 和 S 之间建立的，而这种有限元素相互关联起来的状态正是黑格尔所推崇的所谓**真无限**。

不过，是不是有些地方有点儿荒谬？这不是在骗自己吗？

自我欺骗最初表现在，推论宣称自己高于概念和判断，但它自己不是还得利用概念和判断吗？这一点黑格尔想必会以高级范畴可以把低级范畴当成自己的环节并加以利用这个理由搪塞过去。但是，更严重的问题是，上述三种排列结构难道不是循环论证吗——S-P-U 有赖于 P-S-U 和 S-U-P，但 S-P-U 又参与了 P-S-U 和 S-U-P 的证明，S-P-U 和 P-S-U 又参与了 S-U-P 的证明？这种循环论证是科学、数学或形式逻辑力图避免的。

可见，推论有着同喜剧一样的特点，这是因为，对黑格尔来说，喜剧的幽默性的来源之一便是，主角自以为采取某种方法解决了问题，但是作为观众的我们十分清楚问题并没有真正解决。

推论，作为高于概念和判断的范畴，作为思维的高级工具，作为理性的体性,难道只是人类用转圈圈的三个元素搞的自娱自乐吗,难道只是一种幻觉吗?以理性自居的人类难道只是喜剧中的小丑吗?

其实,对于自我仅仅是幻觉这样一个被包括物理主义在内的一些心灵哲学流派所钟爱的观点,黑格尔在此提出了自己的版本。只不过,虽然自我是幻觉这种观点的各种心灵哲学版本多少会让相信人类具有独特性的人感到失望,但是,黑格尔的版本却比他们更激进。如果推论的特点会导出人类只不过是小丑这样的结论,黑格尔会非常愿意看到这个结论,并且说:"是呀,我们每个人不过是小丑而已。我们要敢于承认嘛!"不过,他在反驳物理主义(假如他活得足够长的话)时会强调,恰恰是推论内部 S、P 和 U 的**循环结构**使得心灵具有永远返回自身的特点,自我因而得以抽离于客观世界。或者更直白地说,黑格尔站在一个奇怪的中间位置,因而既可能同时被双方赞同,也可能同时被双方反对:一方面,自我无非是推论,并非是单一推论而是一个接一个推论,并且每个推论都不一定只有三个部分,而是可以有更多部分,就如同机械装置也是由许多部分组装起来的一样。这种观点虽然没有把自我还原为物理物,但至少将其还原成了某种具有机械性的东西,因而无异于物理主义对超出物理物的自我的否定。另一方面,鉴于推论有着循环结构,自我的确是一个独立自足的东西,我们也因而有理由宣称自我是某种只属于我们自己而不属于外物的东西。这种观点又相当于承认了自我的存在。

最后要说明的是,我们的后续任务是把艺术发展的诸环节与主观逻辑的范畴链条匹配到一起,但我们的范畴链条的第一项并不是概念或判断，而是推论，这是为什么？理由在于艺术与推论的共性。一方面，我们在此不得不简要提及一下读者只能在后文中找到详细分析的内容：艺术是无限者，因而可被视为推论中的 U；但艺术同时又可被视为一个推论 S-U-P，其含义是，艺术（U）作为中项揭示了主体（S）与世界历史（P）之间的关系。在这个意义上，艺术又是一个具有无限性的推论 S-U-P，并且无非是一种展示或示范。另一方面，推论以论证为己任，意在告诉我们一物何以与另一物连接起来；特别是其形式结构 S-P-U，亦像艺术一样是在明确地把不同东西连接起来。在这个意义上，推论的论证功能同样是一种展示。黑格尔所说的推论更进一步，它的连接永远是 S、P 和 U 之间的互动，因而是真正的无限者。综上所述，鉴于推论与艺术具有上述两方面共性（两者都在展示，两者都是真正的无限者），所以，与概念和判断相比，推论与艺术的匹配度更高。

在后面的内容中，我们将会看到推论的各个环节何以能够与黑格尔的象征型、古典型和浪漫型艺术匹配起来。

▲ 12 孔 洞

§ 逻辑链条上布满永远不会被填满的孔洞，我们的最大自由就是在任意两个逻辑范畴之间填充更多范畴的自由。

我们每个人，包括艺术家在内，是不是都可以自己创建一套逻辑学？

先前，我们把自由定义为包含自我返回性、关联性和否定性这三个环节的一个总体。不过，鉴于这个定义涉及某种抽象体验，我们可以（不那么准确地）称其为现象学层面的定义。然而，黑格尔逻辑学作为一个整体还可以为自由提供一种本体论层面的定义。当然，由于逻辑学是本体论和认识论的统一，我们若称其为认识论层面的定义亦无妨。

这个定义要求看们看到黑格尔逻辑学中的继承性：在逻辑链条后方的每一个范畴都继承了在它之前的范畴的特征。我们看到，

存在是逻辑学的第一个范畴,而后面的所有范畴,包括**无限性**、**本质**、**概念**以及最后的**绝对理念**在内,都继承了**存在**的特征,或者更直接地说,它们无非都是**存在**!进一步看,绝对理念就其超越先前所有范畴并形成一个简单、纯粹之物而言,无非也是一个**存在**,而后者同样是简单、纯粹的,"唯有绝对理念是存在"[21]。换言之,表面上,逻辑演化是一个从**存在**到绝对理念的动态过程,但实际上,它只是一个静止点,它从**存在**回到**存在**。我们无论如何都无法偏离**存在**,这正是逻辑学的不自由之处。

然而,换一个角度看,这种不自由恰恰同时是自由。试想,我们显然无法自由地做有害之事;我们甚至不能自由地做有益之事,因为在做事之前我们不得不评估做此事是否确实有益。唯有在做毫无影响、既无害亦无益之事的时候,我们才是自由的。人们通常会说,这样的事只是"形式上的",而黑格尔在逻辑学中给它的名字是分析认知,我们将在后文中对该范畴进行分析。

存在自身已经是总体了,此时,任何再添加到**存在**之上的范畴都只是"形式上的",而非"实质上的",因而对**存在**来说是不重要的、有没有无所谓的。但也正是因为**存在**对任何他者漠不关心,它才承诺我们可以自由地参与添加范畴的工作。黑格尔自己在逻辑学中已经添加了一些范畴,我们还可以继续添加。添加的方式有两种:第一种方式是在本已存在于范畴链条上的两个范畴之间添加一个或多个新范畴。第二种则是把一个范畴放在附着于主干的旁枝上,而这个旁枝则是未被黑格尔提及但却被我们添加上去的新的三元组。让我们举一个虽然不属于逻辑学但下文将会重点探讨的例子:对黑格尔来说,艺术包含一个由象征型、古典型和浪漫型组成的三元组,而我们希望添加的是一个包含艺术的定义、功能和分类的三元组,这个新的三元组就可被视为一个旁枝。

这样一来,人们对黑格尔的以下质疑就可以消除了:黑格尔罗列了有限数量的范畴,但是,为什么他偏偏选择这些而不是其他什么范畴?或者说,黑格尔宣称两个相邻的范畴之间有辩证关联,但是,我想在这两者之间"塞"进更多他没有提到的范畴,行不行?对此质疑的回应是:在解释得通的情况下,我们当然可以添加更多范畴。而且,如果我们觉得黑格尔文本中的一个范畴向下一个范畴的转化存在断裂,我们当然可以合理地"塞"进更多范畴以使过渡变得平滑;如果我们仍觉得不平滑,那就再添一些。简言之,范畴链条具有孔洞性,我们原则上可以给它添加无限多的东西。

但接下来的问题是,既然黑格尔和我们都有权利添加范畴,那凭什么黑格尔给出的范畴就比我们给出的更重要?原因有三个:第一个原因是,我们需要梳理出一个已经包含一些范畴的基础框架,以便继续往这个必不可少的框架里添加新内容,而黑格尔在逻辑学中所做的就是给出这样一个从存在演化到绝对理念的框架。第二个原因是,我们毕竟不能胡乱添加范畴,因此对我们而言,真正重要的是那些用来添加范畴的方法和工具,而这些方法和工具,如:**反思**、**判断**、**推论**等,都是黑格尔在逻辑学中系统阐述的范畴。第三个原因是,我们现在已经认识到自己有添加范畴的自由,但问题在于,我们是在理解黑格尔逻辑学之后才得到这个认识的;换言之,黑格尔给出的那个基础框架发挥的重要作用之一就是让我们意识到自己的自由。

综上所述，所谓**本体论上的自由**，是自由和不自由两方面的结合，其中，自由是指我们有权利添加新范畴，不自由是指无论我们添加什么范畴都无法偏离已然是一个总体的**存在**。艺术家不仅可以通过添加范畴来为逻辑学作出贡献，而且还可以更加自由地通过艺术的方式而非哲学思维的方式来呈现这些范畴的内涵。

▲ 13　时代精神

§ 逻辑范畴和艺术都能够呈现时代精神。

在黑格尔看来，推论的那种三个元素循环转圈的结构可以解释很多事情。我们现在把它用在艺术上。当然，要事先提醒的是，正如前文所言，黑格尔并不是要用推论推出什么结论，而是关注何者能够成为推论的中项。

如果说艺术本身是一个概念的话，那么我们现在把它放到推论中。这个推论包含 S、P 和 U 三项。S 对应着主体，或者说是与艺术作品发生关联的我；P 要么对应着各个具体时空中的现实生活和环境，要么对应着发展着的时代精神，我们借用黑格尔在《精神哲学》中的表述，将其称为世界历史；U 对应着艺术，或更准确地说，对应着艺术作品。另外，我们还要用到**定义**、**划分**、**定理**这个三元组，这里的三个范畴代表了对事物的完整认知必须包含的元素（对它们的深入分析在这里并不重要，因此我们将其放到后文中）。

（1）**世界历史—主体—艺术**，即 P-S-U，是**艺术的定义**。把 S 放在中间位置的含义是，哪些现实事物属于艺术，哪些仅属于生活，这一点是由作为中项的我来判断的；换言之，艺术与生活之间的界限是由我划定的。我们马上将会展开对该定义的更详细介绍。

（2）**主体—艺术—世界历史**，即 S-U-P，是**艺术的功能**——它相当于艺术的**定理**，因为我们只有在确定了艺术的定义之后才能说清艺术有何种功能。艺术的功能就是作为中项连接起主体和世界历史，换言之，就是使主体得以在现实中生活，使主体能够与世界和解。后文将把这种功能称为**登记**，并对其进行详细分析。在此要简单说明的是我们为什么要弄清艺术的功能。设想，艺术原本有着某种不可替代的功能并因而占据着重要地位，但后来人们却把某种原本不属于艺术的功能强加给它或把它当成实现某些目的的手段，再后来又发现其他东西在后一种功能上比艺术做得更好，于是便宣称艺术已不再重要。比如说，人们把美这个标签贴在艺术上，宣称艺术必须是美的，然后又发现技术的发展使得别的事物可以更美，于是就说艺术不再重要了。显然，这样做是错的，我们不应该把不是分内之事的任务强加给艺术，而是应该更多关注艺术原本的功能。

（3）**主体—世界历史—艺术**，即 S-P-U，是**艺术的分类**，或者说是对艺术的诸特殊环节的**划分**。所谓划分在此并不是指把艺术划分为绘画、雕塑、音乐等类别，而是指划分出不同的艺术潮流和风格，并且，关键之处在于，被划分出来的每一种艺术潮流和风格，都与特定历史阶段的现实生活或相对抽象的时代精神的特征相匹配，这些特征用 P 来表示。U 一方面代表艺术，另一方面也代表总体、完美性或可能性的无限集合。关于艺术与总体的关系，我们先前已做过介绍。作为中项的 P 连接起 S 和 U，意在表示主体所能触及到的各种艺术风格、潮流等会受到所处历史阶段和具体环境的影响。

我们将用大量篇幅阐释的正是所谓艺术的分类问题。对这个任务更具体的描述是：我们发现，一方面，概念论中的逻辑范畴的辩证演化与现代社会的时代精神的发展具有极高的契合度；另一方面，正如我们先前所言，这个范畴演化过程还适于阐释现当代艺术的发展过程；考虑到这两方面原因，我们以逻辑范畴的演化为主线，串联起作为一方的各类艺术潮流和风格与作为另一方的时代精神之间的对应关系。我们所做的并非是艺术社会学研究，而是一种强调思辨性的艺术哲学研究——这正是黑格尔在《美学》中所做的。说得更直白些，我们只是在继续做黑格尔的工作。假如黑格尔还活着，还能见到沃霍尔，还能见证人工智能的发展，他也会做类似的事。

可以想到，这种做法会招致无数质疑。例如，克莱夫·贝尔（Clive Bell）早在二十世纪初就曾讽刺说：

> 对艺术进行历史的批评，扮演的乃是科学白痴的角色。……没有比艺术进化论更为糟糕的了，这就好比说乔托是只幼虫，他不能爬行，而提香是只蝴蝶，他会炫耀自己斑斓的色彩。认为一个人的艺术导向另一个人的艺术，这是对此人艺术的误解。[22]

现在如果告诉贝尔我们不但认为艺术可以进化而且还按照辩

证法进化，他会多么愤怒啊。

总的来看，我们的工作将会受到几方面的质疑。接下来我们将分别回应这些质疑。

质疑一：在把范畴演化与艺术各环节匹配起来时，对范畴的选择想必是过于随意的，为什么偏偏用概念论中的范畴而不用逻辑学中的其他范畴？

我们已经在前文中回应过这个问题了：原则上，我们可以选择任何一段范畴演化过程，而我们仅仅是出于阐释的需要才选择概念论的。这里要补充强调的是，前文已经说明，我们拥有本体论上的自由，也就是自行在范畴演化链条上添加新范畴的自由，因此，接下来的阐释过程并没有完全遵循黑格尔给出的范畴顺序，而是根据需要添加了新元素。

质疑二：世界上有很多艺术流派，艺术作品更是数不胜数，而每件作品又可以从多个角度进行分析。因此，人们可以为了编排这些流派和作品而随意选择一个维度，并且可以梳理出很多条线索。在这种情况下，你怎么确定你梳理出来的那条线索有正确性和必然性呢？

的确，我们可以梳理出大量线索，例如，不同时代的艺术家对物质媒介的使用是一条线索，艺术的去物化是一条线索，不同时代的作品与观者之间的互动以及多个观者之间的互动关系是一条线索，艺术从远离生活到与生活融合是一条线索，艺术作品的传播方式的演化是一条线索……现实是，所有这些线索都是在参照这种或那种观念的前提下梳理出来的,并且都是有意义的。我们本来也不需要宣称存在着唯一正确和必然的线索——黑格尔所揭示的以及我们接下来要揭示的那条思辨的线索当然也不是。

那么,我们又以何种理由宣称上述线索都是有意义的呢?让我们用一个在艺术理论之外的非常简单的例子来说明这一点吧。研究国家间关系的新现实主义理论宣称,国际体系有以下三个不可否认的特征:一是国际体系是无政府主义的,而非等级制的;二是作为理性行为体的国家把确保自身安全视为最重要事项;三是各国实力不同,由此形成的分配格局(或直观地称为实力的比例关系)会影响整个体系。这三个特征在每个时期都存在,我们可以结合这三个特征来阐释每个时期的特点,进而阐释国际格局变动的历史。这个例子说明,在我们用若干概念来阐释历史诸环节的时候,只要这些概念本身能够形成统一结构,那么我们的阐释就是有意义的。而所谓统一结构是指,那些概念要么作为必不可少的概念有着互动关系,要么共同作用于整个体系。而就我们当前的研究而言,成套的概念就是黑格尔逻辑学已提供的那些范畴。正如上述国际体系的三个特征有助于解释国际格局一样,逻辑学中的范畴也有助于刻画现代社会的时代精神,进而阐释以之为背景的艺术潮流和风格。

质疑三:变化是存在的,但把变化看成是辩证的变化就有些牵强附会了,换言之,即使你能够利用一条线索来阐释艺术,这条线索也不应该跟辩证法有关。难道我们不应该拒绝贝尔所厌恶的那种把乔托比作幼虫、把提香比作蝴蝶的研究吗?

对于这个质疑,我们只需反问:艺术为什么就不能是进化的,甚至是辩证地进化的呢？存在于某种潮流或具有某种风格的艺术作品蕴藏着一些尚待开发的潜在特征，这些特征并未被当时同类型的艺术家、评论者，甚至艺术家本人意识到；然而，后来的艺术家却会把这些特征明确揭示出来并加以利用。众所周知的例子便是，尽管塞尚也许从未设想过立体主义，但他使用的方形色块确实启发毕加索发展出了立体主义；同理，尽管奥古斯特·罗丹和梅德尔多·罗索（Medardo Rosso）从未设想过所谓反形式的艺术，但是他们在雕塑上留下个人印迹的行为确实被罗伯特·莫里斯（Robert Morris）解读并转化成了对制作过程的强调。[23] 即使是表面上与黑格尔无甚关联的格林伯格亦宣称，现代主义艺术家为了确保审美品质而向过往的最佳范本学习，他们不单单要学习"特殊范本"，而且要获取"一种总的感觉和把握，一种对审美品质的蒸馏和提炼"[24]。这种向过往学习的最晚近的、外在于心灵的形式，便是人工智能模型在学习海量数据后获取的生成图像或视频的功能。这样生成的形象要么有着单一且夸张的风格，要么能让我们在困惑地辨识蛛丝马迹之后发现多种风格的混合体——无论哪一种情况，不都是"蒸馏和提炼"的含义（至少是其字面含义）的绝佳呈现吗？黑格尔辩证法的最基本原则便是，某种东西最初只是潜在的，是概念，但它最终会转变为被明确揭示的东西，转变为推论，以贝尔的话来讲，就是从幼虫变成蝴蝶。我们在确证艺术的演进时寻找的也无非就是这种转变过程。

最后，让我们用一段涉及管装颜料和现成品的演进过程来示例，对这样一个辩证演化过程进行梳理是如何可能的。要强调的是，该演进过程中的部分环节已经被蒂埃利·德·迪弗（Thierry de Duve）[25]等研究者详细论述过了。该过程包含六个环节，前三个环节：（1-1）外光派、（1-2）点彩派、（1-3）管装颜料，构成了一个思辨三元组；后三个环节，（2-1）现成品艺术、（2-2）极简主义和贫穷艺术、（2-3）沃霍尔的丝网印刷，同样构成了一个三元组。

（1-1）外光派。作为18世纪上半叶全社会层面的工业化的一个缩影，画家开始使用管装颜料作画。以往，画家亲自制作颜料的过程及其涉及的复杂且颇具神秘性的知识和技艺，体现了绘画这门艺术的手艺性质。而以工业方法批量制造的管装颜料，尽管省去了画家制作颜料的麻烦，却也因把工业产品和劳动分工引入了绘画而威胁到了画家的地位。这种对绘画的手艺性质的否定，也反映出了在全社会层面，传统手工业将被工业社会的劳动所取代的趋势。外光派画家看到了管装颜料的便携性，并因而成为了其最早使用者之一。除了受真实景色和光线吸引以及渴望与摄影术竞争之外，画家前往户外作画还有一个原因是：这样可以让身体动起来，或者说，让身体也像工业生产所使用的机器一样体现出机械性。他们试图把威胁到他们自身地位的工业化纳入艺术内部，来延缓绘画的消亡。

（1-2）点彩派。以上对外光派的分析体现了两种内在分裂：一方面是颜料在传统中的手工艺性与它当下的工业性之间的分裂，另一方面是艺术家所体现的传统上的原创者身份与机械性的分裂。这两种分裂都是内在的，因为它们都体现在绘画的元素上，手工艺性和原创者身份体现在颜料上，工业性和机械性体现在艺术家的身体上。现在，这种内在的分裂转变成了明确的分裂，而这又体现在三个方面：一是眼与手的分裂，这是指，点彩派不但希望延续分色法那种刻意不预先调好颜色而让颜色在观者眼中合成的做法，而且还只使用色点来组成形象，因此，手更多地发挥着在画布上机械地制造无数色点的功能，因而是被动的；相反，眼睛的作用则是观看由色彩带来的光线效果。眼与手的分裂体现在绘画和观看所具有的时间性、过程性中，因而是明确的分裂。二是观者与艺术家的分裂，此时，观者相当于眼，他们主动获取画中的光线效果，这意味着他们也成了完成艺术作品的关键一环；艺术家则相当于手，他们仿佛只是利用颜料创造那种效果的工具。然而，观者与艺术家之间的这种关系与其说是分裂，倒不如说是配合、共谋和统一。三是社会与艺术的分裂，同样，这与其说是分裂倒不如说是分裂中的统一，这是因为，观者与艺术家之间的上述配合关系也带来了走向工业化的社会与艺术之间的一定程度的和解。

（1-3）管装颜料。使外光派和点彩派得以统一的共性是它们都使用管装颜料。管装颜料的特点是：第一，管装物将颜料包裹在自身之中，或者说，在字面意义上，它内在地就是绘画所看重的颜色。第二，管装物的外表平滑且闪耀着金属光泽，如绘画一般让人感到优雅、完美。第三，它很好地保护着颜料，体现了持存性和独立性，而这在字面意义上满足了艺术自律性的要求。第四，人们希望一件好的艺术作品能够揭示更多可能性，而管装颜料同样蕴藏着无限可能性——它可以化作画布上各种各样的形象，这难道不引人遐想吗？简言之，管装颜料作为工业生产的现成品，根本不需要服务于艺术作品创作，它本身就是艺术作品，并因而是艺术与工业的统一,它使得艺术家不再需要延缓绘画的消亡,而是可以直接放弃绘画了;或者用黑格尔的话来讲,潜在的消亡转变为实现了的消亡。

(2-1)现成品艺术。当然,毕竟没有人宣称管装颜料是艺术,因此它还只是潜在的现成品艺术。仅当杜尚明确表示工业现成品也可以是艺术作品时,潜藏在管装颜料中的那种艺术本性才被实现出来。

(2-2)极简主义和贫穷艺术。在此,管装颜料转变成了砖块、金属块、钢管和轮胎等工业材料或废旧物品。现成品是工业生产的最终成果,而生产它所需要花费的劳动却隐而不现了。然而,极简主义的作用却是帮助人们回忆起艺术的劳动特性。这种特性体现为卡尔·安德烈(Carl Andre)通过码砖块进行创作;[26]亦体现为莫里斯不但与工人一同完成繁重的布展工作,[27]而且还把自己视为蓝领劳动者。[28]贫穷艺术则可被视为一种由资本主义的效率至上原则和对价值的疯狂追求所引发的"忧郁症",它是"一种走出现代主义那种科技主义的、生产主义的和进步主义的叙事的路径。"[29]这意味着,贫穷艺术比极简主义走得更远,它要回归的是一种能够给工作和艺术以尊严的前工业状态。

(2-3)丝网印刷作品。与管装颜料一样,丝网印刷技术及其产物也是工业性的,而前者的独立性和持存性,在后者那里则体现为,一种内容在自己的多个副本中几乎保持着同一,并且复制原则上是可以无限地进行下去的。尽管作品的产生也要经过由沃霍尔指挥的工人之手,但是,对观者而言重要的就只是图像以及由多幅图像的并置而引发的对无限复制的"丝滑"感的体验。换言之，丝网印刷作品回到了管装颜料那种让劳动隐而不现的状态。这种对劳动的否定有着以下几方面原因：第一，劳动者在劳动中消耗着自己的劳动力，是获取剩余价值的工具，并因而是自我否定的、终定要消逝的，可见，劳动的真理恰恰是劳动的消失。第二，在全球产业转移的背景下，艰苦的劳动过程虽然根本不可能消失，但至少远离了人们的视线。第三，由丝网印刷所代表的大众媒介和文化产业的发展导致的产业结构的变化确实降低了蓝领劳动者的比例。总之，丝网印刷作品是对三元组中的前两个环节的同时否定，它一方面由于上述原因而否定了劳动，另一方面又由于本身仅是一个覆盖着颜料的平面而否定了作为现实之物和劳动成果的现成品。与此同时，尽管绘画的消亡在外光派那里只是一个概念，但这种消亡在很大程度上被丝网印刷实现了。

当然，包括 AIGC 在内的各类新事物也许会在更大程度上促成消亡的实现，这不禁让我们恐惧地联想到作为人类精神形态的艺术的整体消亡。不过，在追问艺术会不会消亡之前，先要搞清艺术到底是什么。是时候讨论艺术的定义了。

▲ 14 灵魂出窍

§ 艺术永远在自身之外。

必须预先说明的是,我们对艺术进行定义,主要不是为了以之为参照把某些事物排除出艺术,而恰恰是为了扩展艺术的范围,为那些具备这些特征却未被称为艺术的事物赋予艺术资格。

然而,艺术的定义问题似乎逐渐被边缘化了,这不仅是因为当代艺术的多样性使人们不再对统一的艺术定义抱有希望,而且因为常见的充要条件式定义(即用"某物是艺术,当且仅当……"的形式来表述定义)有着显而易见的缺陷,并且容易遭受反例的攻击。例如,各种本质主义定义(主要指要么基于模仿或再现的,要么基于情感表达的,要么基于形式的定义)并不成功,[30]这主要体现为它无法涵盖像安妮·英霍夫(Anne Imhof)的《浮士德》(Faust)这种既不再现,也不表现,更无形式的作品。尼克·赞格威尔(Nick Zangwill)提出的一种包含审美属性、非审美属性、意图性等诸多要素的定义[31]较为成熟,但仍难以解释以下情境:在杜尚的《泉》(小便池)被视为艺术作品的前提下,我现在拿个马桶到艺术馆,却不太可能被视为艺术作品,而莫瑞吉奥·卡特兰(Maurizio Cattelan)的《美国》(金马桶)却被视为艺术作品。

同样有局限性的还有门罗·比尔兹利(Monroe Beardsley)的功能主义定义。[32]这种定义易受批评的主要原因是,它把像杜尚的《泉》这种看起来没有什么功能但却被公认为艺术作品的东西排除到艺术领域之外了,换言之,功能主义定义恐怕不会承认现成品是艺术,它不应该把具有某种功能当成艺术的定义中的必要条件。不过,这种批评并没有看到,功能主义定义具有强大适应性,像《泉》或者阿兰·卡普罗(Allan Kaprow)的《家庭》(*Household*)(参与者被要求舔食涂抹在汽车上的果酱)这样的作品,至少能够让我们看到小便池和果酱所具有的被以另类方式使用的可能性,因而符合比尔兹利所列举的艺术应该让人们感受到自由这一标准,换言之,只要功能主义者愿意,他们仍可以改口称上述作品属于艺术。因此,功能主义定义的主要问题并不是把具备功能当成了必要条件,而是把具备功能当成了充分条件——很多东西都像比尔兹利所说的那样可以让我们感受到自由、放松,让我们产生积极探索的兴趣,但是它们并不属于艺术。

具备或不具备某种本质或功能无法决定某物是否属于艺术,有鉴于此,某种程式主义定义看起来更加可靠,此类定义认为,事物是否属于艺术取决于外在于它的那些流程、惯例、体制或权威。让我们以丹托的观点为例。总的来看,他提出的艺术世界是两种因素的产物:虽然其中的风格矩阵可被视为本质主义的主题,但风格矩阵所依赖的"艺术理论的氛围,艺术史的知识"[33]则属于程式主义的主题。丹托固然同意艺术作品必然包含意义和具象化,但他同时宣称艺术"本质上是艺术史的",是当下世界中的"白日梦",因此观者理应对艺术作品的意义给出解释。[34] 于是我们便有理由追问,这个解释来自何人?如果它并非来自随便什么人,而是来自权威人士的话,那么这些人是否是靠某种体制获得权威的?此外,乔治·迪基(George Dickie)[35]基于其艺术世界的概念提出的程式主义定义亦因未对艺术体制的权威性给出明确说明而受到质疑。[36]

即使是看起来与程式主义无关的定义方式,实际上也无法完全抛开程式主义的因素。我们在此列举阿多诺和保罗·克劳瑟(Paul Crowther)的例子。阿多诺可被看成是反本质主义和无定义论的支持者,因为他宣称:"艺术的概念被定位于在历史中变化的要素星丛中;它拒绝定义","艺术的定义在任何时刻都由艺术曾经之所是暗示出来,它仅能通过艺术曾经成为之物获得合法性,但艺术曾经成为何种东西是与艺术想成为什么以及可能成为什么相关的",[37] 可见,"艺术竭力让自己自由","没有任何单独的特殊范畴完全把握了艺术的理念"[38]。然而,当阿多诺宣称事物能否获得艺术资格取决于艺术曾经之所是和未来可能之所是的时候,我们不禁要追问,过去有着无数艺术作品,未来有着无数种可能性,在这些能够被用来与当下物体作对比的选项中,我们应该如何进行选择,应该由谁来选择?由此可见,我们至少仍然需要一套规则和机构来判断事物是否属于艺术。

克劳瑟反对体制论的定义,强调艺术确实拥有本质,而本质要素之一，就是艺术家在"通过创新和完善来扩展特定媒介的逻辑视域"[39]方面的努力。并且，艺术的定义涉及"一个用于比较的历史视野，在这个视域中，作品借助它们在拓展一种媒介的视域方面的作用而得以突显出来。"[40]简言之，一个事物被称为艺术作品的前提是，与历史上既有的艺术作品相比，它必须展示出在媒介使用上的创新性。尽管克劳瑟所强调的创新性确实重要，但问题在于：首先，我们如何从历史上不计其数的作品中挑出一些用来在创新性方面进行对比？而且，一种媒介有多种属性，颜色、形状、纹理等等，那么应该选择哪些属性进行比较？其次，创新意味着某物与既有作品的差异是显著的，那么我们如何确定一种差异是显著的而不是微不足道的？显然，对于上述问题，每个评价者都会有自己的标准，而这就使一种包含程式主义要素的定义成为必然。

那么黑格尔是否提供了某种定义艺术的方式呢？在他看来，艺术的起源在于，人一方面要把外在东西内化到心中，另一方面又要"把存在于自己内心世界里的东西，为自己也为旁人，化成观照和认识的对象"[41]；而艺术作品所拥有的美则是"理念的感性显现"[42]；艺术作品是"理念的符号"[43]。我们很难说这些语句能够组成对艺术的合理定义，因为这些语句设定的条件太过宽泛了。

我们现在给出一个对艺术的定义，这个定义当然是黑格尔不曾设想过的，但它无疑是以黑格尔哲学为基础的：

　　X 是艺术作品，当且仅当：
（1）X 以非思维的方式同时呈现自由和不自由；

（2）X是被某主体（2a）有意制作或执行的，并且该主体（2b）有意接受有资格群体的评价；

（3）一个群体有资格就事物或行为是否属于艺术进行评价。这个群体拥有资格是因为：（3a）它了解既有的被承认为艺术作品的事物或行为的惯例和创新性，并就这两方面对X进行评价，（3b）它的评价能够在所处的文化环境中占据主导地位。

接下来，我们将对这个定义进行具体说明。

说明一：非思维的方式、自由和不自由。条件（1）艺术既呈现自由又呈现不自由，前文对此已有大量论述，故在此不再赘述。为了将艺术与哲学区分开来，我们强调这种呈现必须是非思维的，它包括黑格尔的精神哲学中位列思维之前的大多数范畴，具体有感受、感性意识、直观和表象等。

说明二：意图性。条件（2）对意图性的强调是必要的，这种必要性鲜明地体现为，它可以将以下两种情形排除在艺术之外：第一种情形是，理论上讲，一只黑猩猩如果有无限的时间随意弹钢琴，总能弹出一首完整的钢琴曲，而我们显然不能把这种毫无意图性且完全随机的产物视为艺术；第二种情形是，设想，一个恐怖分子在谋划袭击时，希望利用异想天开的设计让民众体验到某种具有神圣性的恐惧感，而我们拒绝称恐怖袭击为艺术的理由是，恐怖分子无意接受艺术群体的评价。

具体来看，说艺术作品是被有意制作出来的，是指：主体以思维或非思维的方式认识到了自由和不自由并有意呈现自由和不自由，主体有意借助事物或行为来为观者带来非思维的体验，以便完成上述呈现。简言之，事物的样貌不能是被无意的举动碰巧改变的，行为不能是无意作出的。然而，这个定义还强调，意图性必须包括让作品接受评价的意图，后文会探讨这一点。

我们的定义并不对成功呈现提出要求，因而不会成为表扬性定义。所谓成功呈现是指，既有定义方式一般会要求，如果艺术家有意呈现什么，那么他或她必须成功地完成呈现（即使成功的程度很小）。这里的问题在于，我们很难检验作品是否成功完成了呈现；更不用提，某些艺术家自己也不清楚到底要向观者表达什么（可以设想，波洛克知道自己的作品能够带来某种体验，但并不确定这种体验到底是什么）。有鉴于此，我们的定义指出，制作者只要抱有用体验打动观者并进行呈现的意图即可，至于这样做是否成功则是无关紧要的。这一点在黑格尔哲学中是可以理解的：因为，在绝对精神中，只有使用思维的哲学才有可能具有彻底的可通达性；相反，对于艺术来说，某种程度的不可通达性、模糊性，恰恰是本质性的和不可避免的。

说明三：外在性。我们的定义在一定程度上接受了程式主义定义，这体现为，条件（3）宣称艺术作品的艺术资格是被外在地给予的，更具体地讲，是由某个有资格群体在评价后给予的。那么，为什么艺术具有这种外在性，或者说，这种**在—自身—之外—存在**？

作为绝对精神的第一阶段，艺术是精神与客观世界的直接统一。换言之，一件艺术作品既是精神又是事物，两者的统一性是内在于作品的。不过，正如我们此前多次提到的那样，对黑格尔而言，说某种特征完全是内在于事物的，就等同于说它是毫无理由地偶然出现在那里的，就此而言，它并不真的属于事物，反而恰恰是完全外在的。简言之，精神与现实在艺术中的统一既是内在的又是外在的，艺术的内在特征就是它的外在性，艺术的本质就在于它不拥有自己的本质，它的本质不落在自己之内而落在他者那里。

这种外在性造成的结果是，艺术不知道自己是艺术，用黑格尔的话说，艺术作为"外在对象，它自己感觉不到自身，而且自己不知道自身"[44]。这种说法的确听起来奇怪，因为，假如我是一名医生，那么不仅别人知道我是医生，而且我自己显然也必须知道自己是医生。然而，对黑格尔而言，某物处于何种状态与它是否知道这一点是可以分离的，因此，就艺术作品而言，它需要我们人类代替它来知道。但这样一来，某物是否拥有艺术这个"身份"，就完全取决于外在于艺术的我们了。这意味着，在对艺术进行定义时，某种程式主义的因素是必不可少的。

当然，作品的这种外在性也赋予了作品更多可能性：第一，既然艺术资格是外在的，那么艺术作品对这种资格就是漠不关心的，它不在乎自己是不是艺术作品，它拒绝给自己贴上是或不是艺术的标签，而这就为现当代艺术有意模糊艺术与生活的界限的做法开辟了空间。第二，艺术就其内在本质而言是外在的，这意味着外在性已经渗透进了整个艺术作品之中，它因而不但排斥他者，而且也排斥自己的任何特征。于是，一方面，作为物的艺术作品是自由的、"幸运"的，因为它没有像日常物品一样因拥有某种特征而在手段—目的的链条中被消耗和磨损掉——鸡蛋没有被吃掉，而是被用在了蛋彩画中，矿石没有被做成工具，而是被用来制造颜料或极简主义的立方体；另一方面，作为一个物的艺术作品甚至还排斥那些使其被称为艺术的特征，这意味着人们很难就艺术应该有哪些本质特征给出终极答案。

说明四：共同体性。上文对艺术的外在性进行了说明，然而，就算我承认艺术作品需要一个被外在东西给予的艺术资格，我仍可以追问：这个外在东西为什么一定是一个群体呢，为什么不能是随便什么人呢？

我们曾经提到，在精神的发展历程中，艺术是绝对精神的第一环节，而绝对精神由世界历史发展而来。在世界历史中，民族/国家是世界历史中最重要的能动者，而民族/国家是一个涉及个人、家庭、决策者、行业、法律、战争等一系列能动者和事务的共同体。艺术的共同体性就继承自民族/国家。当然，宗教中的共同体性更加明显，因而更适合说明何为共同体性。例如，基督教不仅体现为对于人与神的和解的主观认识，而且还体现为教会以及在教会影响下的人们的现实行为，而教会正是将每个个体联系起来（因而确保了主体间性）但同时又高于个体的组织或机制。教会通过教化让个体内化原本外在于个体的宗教真理，就此而言，教会具有强制性。然而，仅当分享宗教真理的个体参与到现实世界的各种活动中时，这些真理才真正得以实现。归结起来，共同体性指的就是一种体制化了的主体间性。

在艺术领域，共同体性就体现为，一系列正式或非正式的制度（评选制度、策展人制度、拍卖制度等）将参与者组织起来，这些参与者包括博物馆管理者、文化政策制定者、画廊运营者、策展人、评论家、学术研究者、艺术家、艺术市场人士等拥有艺术知识、品位和权威的专业人士。我们的定义所提及的有资格群体包含的就是那些因其权威性而有资格评价某物是不是艺术作品的共同体成员；当然，除了正式的评价外，这个群体还能发挥潜移默化的影响，其评价的权威性、独立性和某种程度的强制性可能会对艺术家的创作实践产生指导作用。

另外，我们的定义还像各种程式主义定义一样会面临如下质疑：对某物的艺术资格的判定由有资格群体 G 作出，那么群体 G 凭什么就有这个资格呢？它的资格是否要由群体 H 给予？群体 H 之所以有资格评价群体 G 又是因为它的资格已经被群体 I 给予……这样一来，某物的艺术资格的最终根据是不是就被推到了这样一个链条的无限远处，以至于跟不存在没什么两样了？对此的回应是：首先，这个问题无非就是上文所说的外在性的问题，即，艺术的本质不在自己内部而在外部，并且还是在外部的外部，外部的外部的外部……然而，对黑格尔哲学而言，这并不是什么问题，因为，艺术的本质恰恰就是在—自身—之外—存在，如果某物不具有这种外在性，反而不可能属于艺术了。其次，虽然从理论上讲，这个链条确实可能是无限的，但是至少从操作层面来看，社会中的某个群体（它可能并不属于艺术领域）确实会被认为是其他群体的某方面资格的最终或最高来源。

说明五：历史性、主导性。条件（3b）还强调评价群体应该在所处的文化条件下占据主导地位，这是由艺术的历史性决定的。

绝对精神在扬弃世界历史的同时又保留了后者的历史性。这种历史性被人们强调得最多的方面当然是艺术创作和欣赏存在于这个或那个社会历史背景中。然而，我们在定义中更希望强调的，与其说是世界历史中的偶然事件会为后世带来直接的、机械性的影响，倒不如说是，艺术史中的事件、行为体、作品、技巧等因素是否会产生影响以及产生何种影响更多地取决于人们的主观认识。例如，人们更愿意把 1917 年杜尚拿出的小便池视为现成品艺术的开山之作，却较少提及他此前展示的车轮和瓶架，这无疑显示了艺术评价和趣味的任意性。与其说杜尚的行为本身推动了艺术发展，倒不如说人们对事件的评价产生了这种作用。

但是，这并不是说所有人的主观意见都能产生同等的影响。正如世界历史见证着无数共同体的兴衰起落和时代精神的变迁一样，在艺术的某一个发展阶段中，只有那些秉持某种艺术观念的特定群体能够全面占据主导地位，因而每个人的主观意见并不能产生同等影响。鉴于艺术所处的文化环境在不断变化，一种占主导地位的艺术观念在另一种环境中会失去主导地位，对同一事物的艺术资格的判定因而在不同社会中是不同的。

说明六：历史性、惯例、创新性。我们承认艺术作品资格由占主导地位的有资格群体给出，这相当于承认了程式主义定义的有效性。但与此同时，我们亦希望定义包含某种本质要素，以便让它同时具有本质主义色彩，弥合两种定义之间的分歧。这里的本质要素就是惯例和创新性——这实际上相当于诺埃尔·卡罗尔（Noel Carroll）在历史叙述法中提到的"先已得到承认的艺术传统的延续"和"原创性的贡献。"[45]某物若被视为艺术作品，既会在某些方面与既有作品保持一致（惯例），又会在某些方面有显著差异（创新性）。然而同样重要的是，首先，事物 A 与事物 B 有无限多可比较的维度供选择；其次，何种程度的一致是对惯例的保持，何种程度的差异是显著的差异并无绝对标准。对这两方面的评价由有资格群体给出，并且必然带有任意性和偶然性。

设想，对于我现在拿到艺术馆的马桶，评价群体可能会给出如下解释：它不是艺术作品，因为，虽然马桶就其跟杜尚的小便池一样都是卫浴产品而言是符合惯例的，都可被归类为现成品，但是，现成品艺术对创新性的要求比较高，马桶与小便池之间的差异还不够显著。相反，卡特兰的金马桶却属于艺术，因为评论者会说，很多现成品艺术作品造价低廉，而且在被放入艺术馆后就无法被使用了；而这个金马桶不但贵重，而且还可被继续使用，差异已经足够显著。又如，尽管塞尚反复描绘圣维克多山，但是，绘画对于差异的要求远小于现成品艺术，因此这些画作会因在色彩、构图、笔法等方面的微小差异而全部获得艺术作品资格。

在解释了主导性、惯例和创新性等概念后，我们就可以看清条件（2b）的含义了，它实际上是要求艺术家多多少少了解当前社会中的主流观点如何看待既有艺术作品组成的序列中的惯例和创新，并尝试把自己的作品放到那个序列中。

对上述说明的总结。

黑格尔并未试图给艺术一个准确定义，更别提一个充要条件式定义了。因此，我们在此所做的，无非是代替黑格尔给出这样一个定义而已。此处的困难在于，一方面，我们要确保这个定义是以黑格尔哲学为根据的，另一方面，这个定义在表述上又必须贴近艺术理论，必须看起来能够脱离黑格尔哲学而独立存在，这种独立性便于人们在不了解黑格尔哲学的情况下接受这个定义。

而我们要以黑格尔哲学为理论根据是因为，黑格尔哲学可以被视为一种以思辨性为特征的阐释范式，在这个范式下，诸如艺术家应该如何在呈现自由的同时还呈现不自由、何为艺术的外在性等问题，都可以得到说明；相反，若以其他解释范式的视角（或者用黑格尔的话来讲，以知性的片面视角）来看，这些问题就会变成定义中的疏漏或缺陷。

我们在上文中还试图借助对艺术进行定义这个契机重新审视功能主义、本质主义和程式主义这三种定义方式的关系。首先，我们承诺厘清艺术的功能的重要性，但这并不意味着关于功能的内容一定要被写入定义。因此，如前文所示，我们利用由主体、世界历史和艺术这三个环节组成的推论体系，来阐明艺术的定义和功能这两个方面的独立性和相互关联。其次，我们还试图弥合本质主义与程式主义，因此，定义既包含本质主义元素（自由与不自由、非思维的方式），也包含程式主义因素（有资格群体），还包括同属这两方面的元素（惯例和创新性）。

▲ 15 创造力

§ 黑格尔关于灵魂与精神的论述解释了何为艺术中的创造力。

众所周知，对黑格尔而言，艺术使用直观和表象的方法，艺术还是理念的感性显现。但问题在于，到底哪一个表述是准确的，艺术是"直观和表象"的东西还是"感性"的东西？

如大家在前文所见，我们坚持使用"非思维的"这个表述，而我们只要看看黑格尔的《精神哲学》如何对精神范畴进行分类就知道这样表述的原因了。《精神哲学》包括主观精神、客观精神和绝对精神三个部分。主观精神包含的范畴分为三类：灵魂、意识和精神。其中，灵魂包含感受、感觉、做梦、疯狂等范畴；意识包含感性意识、知觉、知性和欲望等范畴；精神包含理论精神、实践精神和自由精神三部分。而理论精神又进一步包含直观、表象（分为回想、想象力、记忆）和思维这三个层次。客观精神包含法、财产、国家、世界历史等范畴。绝对精神则分为艺术、宗教和哲学这三类。其中,哲学的突出特点是其对思维的运用,而出现在思维之前的范畴,或者说非思维的方式,则均为艺术所用。

这里有两点需要说明:首先,尽管完整的认识通常同时涉及灵魂、意识和精神三个层次,但鉴于关于意识的内容在对艺术的分析中相对来说不那么重要,因此我们暂且将其忽略,而主要探讨灵魂和精神这两个部分。其次,相信大家已经看到,精神在黑格尔这里有多层含义:第一,黑格尔哲学中的很多范畴都可被称为精神,甚至自然也可以被称为自然精神;第二,精神特指《精神哲学》中的范畴,它不仅包括纯主观精神,而且还包括财产、国家、世界历史、艺术、哲学等;第三,精神还特指主观精神中名为"心理学精神"的那一部分中的范畴,包括理论精神(直观、表象、思维等)、实践精神(实践感觉、冲动等)和自由精神。因此,读者需根据上下文判断黑格尔所说的精神到底有着哪一层含义。

限于篇幅原因,我们不可能在此对主观精神进行充分讨论,因而只聚焦于以下问题:主观精神中的低级范畴与高级范畴之间存在何种关系?

具体来说,低级范畴是指灵魂,高级范畴是指精神,并且这种低级与高级的关系还映射到了精神内部:相对于思维这个高级范畴而言,直观和表象则是低级范畴。低级范畴和高级范畴都可以单独运作。例如,我既可以只感受某物但并不回忆或思考它,也可以在对某物没有实际感受的情况下对其进行回忆或思考;而在精神内部,我可以只想象某物但并不思考它。然而,双方的这

种独立性显然只是表面上的,它们之间还有着更深入的关系。我们把这种关系作以下总结:

第一,高级范畴预设了低级范畴。

高级范畴的运作以低级范畴的运作为前提和基础。直白地说,这一点无非是人们对低级认识活动的一般看法,即,低级认识活动要为高级认识活动提供必要的材料。例如,对事物的切身感受为日后的回想提供了内容;而在精神内部,回忆起来的事物同样可以为思维提供内容。

第二,高级范畴设定了预设,或者说,设定了那些使它自己得以存在的前提。

尽管高级范畴的运作以低级范畴的运作为前提,但后者能够成为前者的前提这一点在一定程度上恰恰是由前者设定、允许或决定的。直白(但却反直观)地讲,我之所以受某个作为原因的事物的影响,是因为我承认它能够作为原因来影响我,反过来讲,如果我不承认它是一个原因,它就不能影响我。这一点同样可以表述为一种渗透关系:精神已然渗透到灵魂之中,否则灵魂根本无法运作,因而,当精神在处理灵魂提供给它的材料时,在一定意义上无非是在处理精神自身的产物,精神得到的无非是自己已然拥有的。换言之,精神在表面上是一分为二的,一方面,它是以精神的形态存在的精神,另一方面,它是以精神的他者(即灵魂)的形态存在的精神。同理,在精神内部的高级范畴和低级范畴之间也有这种渗透关系。

对于这种高级范畴设定自身的预设的功能,黑格尔自己给出了不少例子。例如,他宣称:"野蛮人几乎什么都不注意,他让一切从自己身边溜过,而不使自己专注于它。只有通过对精神的训练,注意才获得力量并得到实行。"[46] 换言之,尽管直观能够为表象和思维提供材料,但它长时间注意某物的功能恰恰是在后两者的引导下实现的。这种观点想必会得到乔纳森·克拉里（Jonathan Crary）的认同,在他看来,对注意力的强调并非自古就有,而是历史地产生的;更具体地看,注意力与艺术的关系集中体现在,"19世纪下半叶有可能出现纯粹审美知觉的概念,与现代化的过程是分不开的",这一过程"使得注意力问题成为一种有生产力、可管控主体性的新制度建构的核心课题"。[47] 又如,在谈到不同季节和一天内的不同时段对人的影响时,黑格尔宣称,它们要么只不过是一些在人们处于"包括疯狂在内的种种病态"的时候或是在"自我意识的生活遭到沮丧"的时候才会发挥影响的因素,要么只不过是"精神自由方面较少进展而更多与自然和谐生活的民族由于智力薄弱而来的种种迷误"。[48]

当然,同样的例子我们自己也可以找到很多,而就艺术而言,这种设定预设的功能典型地体现为精神能够为灵魂创造新内容（而不是只接受和处理灵魂带来的材料）。

首先,直观作为精神的第一个环节固然也拥有创造内容的能力,但它只不过是简单地把某物带入认识中并让我们长时间注意它而已。在艺术领域,不论是将较小的日常物品（如毛绒玩具）的尺寸放大使观者震惊,还是将日常物品当成现成品艺术,抑或是让行为艺术表演者在展厅内偶遇并邀请观者参与,都是吸引观者注意力的尝试。

其次,包括回想、想象力和记忆在内的表象能够对内容进行自由挑选和组合，进而生成新内容，这种能力典型地体现了精神的创造性，而艺术家则利用联想和幻想——它们隶属于表象——来为自己和观者创造新的感受和感觉。

再次，思维创造内容的能力体现为，它同时使用普遍、特殊和个体这三种概念并试图以判断和推论的形式把它们连接起来。当然，宣称思维能创造新的感受或感觉，这听起来有些奇怪，但这类现象在生活中确实大量存在。让我们来看两个例子。第一个例子是，我们越是利用哲学思维加深对差异、对立或矛盾等范畴的认识，就越是能敏感地察觉到生活中的不和谐或对抗。第二个例子是，设想一个推论："海水是液体并且能让船漂浮在上面；杯子里的咖啡也是液体；所以，船也能漂浮在咖啡上。"这个推论无疑是错误的，但这并不妨碍几艘漂在杯子里的船的形象浮现在我们的脑海中，甚至出现在由人工智能生成的视频中。不过，与我们运用想象力直接得到这个形象不同的是，我们在此运用了类比推论这种思维形式。

第三，灵魂与精神互为异质的他者。

尽管灵魂与精神是有差异的，但是，因为前者为后者提供材料并且后者已然渗透到了前者中，所以每一方都是对方。然而，双方之间的另一种关系是，它们中的每一方都把对方视为与自己完全分离的异质性他者。这种关系包含以下两个层面：

在第一个层面上，灵魂可以成为精神的异质性他者。这一点正是德勒兹的艺术观点的核心。在他看来，艺术家真正创造的东西是感觉，也就是一种"直接对神经系统起作用"[49]的东西，而感觉则包括感知物和情感。要强调的是，此处的情感并非日常意义上的感情，而是"非人的生成"，是"两种并不相似的感觉的联结中的极致贴近"。[50] 艺术家的创作有着以下运作模式：创作先要"对在一个自然、历史和社会环境中整合了主导性的感知和情感的公见系统进行解域化"，并把由此得到的感觉进行再辖域化，最后再进行"更高层次的解域化"，从而使感觉向一个"无限的宇宙"开放。[51] 我们可以用黑格尔的话来重新表述德勒兹的观点：艺术家运用精神进行创作，意在触动观者的灵魂（感觉是灵魂的一部分）；然而，由此触发的感觉并不是正常状态下可以进一步被直观、表象或思维加以处理的感觉，而是异质的、完全超出了精神的处理能力的、非主体的、非"我思"的感觉。

在第二个层面上，精神亦可以成为灵魂的异质性他者——这第二个层面与第一个层面相反，它被德勒兹忽略了。尽管灵魂提供的材料能够在某种自然、历史和社会环境下被精神正常地进行加工，但是，如果加工出来的成果是某种超出预期的东西呢？换言之，也许这个成果是一些叙事、理论或公式，它的确是符合逻辑的，是可以用语言表述、用思维去把握的，但是它打破了灵魂原本的和谐、连贯状态，打破了灵魂与精神之间平滑的过渡，我们似乎无法在灵魂中为这个成果的意义找到合理的根据。

第四，精神创造异质性灵魂，灵魂创造异质性精神，但这两种创造无非是同一种创造。

这是因为，两者都有着一样的运作，即，X 创造异质性 Y。这就为我们丰富艺术的种类带来了新的可能性：艺术也许可以不直接创作异质性感觉，而只创作异质性表象或思维，因为它在创造后者时就能够创造前者。

对上述关系的总结。

我们可以结合黑格尔对**进行设定的反思**、**外在的反思**和**进行规定的反思**这三个环节的分析来对上述诸种关系进行分类。

首先，在上述第一、第二种关系中，灵魂为精神提供材料，精神渗透到灵魂中运作，这两者可被称为**进行设定的反思**，在此，某物与他者相互联系且相互需要。

其次，在上述第三种关系中，灵魂与精神互为异质性他者，相互外在且相互排斥，这种关系相当于**外在的反思**。

再次，**进行规定的反思**带来了两个意义上的统一：在第一个意义上，鉴于它是**进行设定的反思和外在的反思的统一**，所以它便宣称灵魂与精神既可以是相互联系相互需要的，也可以是相互外在相互排斥的；在第二个意义上，它是**外在的反思**所包含的两个层面的统一，即上述第四种关系中两种创造的统一。**进行规定的反思**作为这两种意义上的统一，也为上文提出的问题给出了一个简单的回答：考虑到灵魂与精神之间的复杂关系，艺术是"直观和表象"的东西与艺术是"感性"的东西这两种说法都是正确的。

▲ 16　黑暗光芒

§ 在消失中存在，在否定中设定，在黑暗中闪烁。

艺术如何呈现否定性？人们会觉得这个问题听起来奇怪，因为它似乎是要把呈现否定性这个任务强加给艺术。然而，这个任务却是内在于艺术之中的，这是因为，如上文所言，世界历史包含一种纯粹否定性，而绝对精神作为世界历史的继承者也要呈现这种否定性。哲学——更具体地说，是黑格尔自己的哲学——能够相对容易地完成这个任务，因为否定性无非就是诸哲学范畴在被否定的同时进一步辩证演化的过程，这些范畴无非就是纯粹否定性的各种变体。当然，哲学中的否定性在不同阶段也有不同形态，比如，在逻辑学的客观逻辑阶段，否定性要么体现为一个范畴对他者的漠不关心，要么体现为两个对立面把自己的真实存在寄托于对方，而到了主观逻辑阶段，更高级的否定性则体现为一种在他者之中亦如在自身之中的包容性。

那么，艺术又是如何呈现否定性的？我们在此看到了一个包含**直接呈现**、**充实呈现**和**基于媒介的呈现**的三元组。

第一种呈现方式是直接呈现，在此，内容本身具有明显的否定性。这种否定性会以多种多样的形式出现，例如，古代神话故事中的神具有毁灭一切的强大力量，这是一种否定性；又如，罗斯科的大幅色域画中那些富有震撼力的大片纯色一方面似乎有种占据无限空间并覆盖一切他者的冲动，另一方面又似乎飘浮在虚空中，象征着情感的转瞬即逝，这两个方面中的每一个都具有否定性；再如，现成品艺术对消费品或垃圾的使用引发了对作品的艺术资格的质疑，因而是自我取消、自我否定的；另外，某些归属于科技艺术的装置作品同样是自我否定的，它们试图借助科技原理实现某种完全不实用的功能，因而是自我取消的。

这种被直接呈现出来的否定性是外在的否定性，换言之，并非某物在否定什么，而是说我这个外在于某物的人在否定某物，否定性仅仅来自我看待或处理它的方式：现成品艺术所使用的垃圾固然是无用的，但它之所以无用是因为对我而言它是无用的，垃圾并不关心自己是否无用；情感固然是转瞬即逝的，但这只不过是因为我看重转瞬即逝这个特点，而如果我把情感当成定量研究的对象，这个特点就没有意义了。然而，这种对否定性的直接呈现的优势是，它的效果是不言自明、无需解释的：一个随时都能毁灭我的神无疑是令人恐惧的，画布上的一大片红色所产生的崇高感同样直击心灵。

第二种呈现方式是充实呈现，它包括两个层面：内容的充实呈现和器官的充实呈现。我们将分别解释这两个层面并看看它们与德勒兹的观点之间的关系。

第一个层面是内容的充实呈现。在此,所谓充实就是指某物与某个特定的他者建立关联,从而否定了自身的唯一性,并且,这种否定性由于涉及他者,因而是具体的和充实的,而不再是抽象的。例如,在欣赏绘画时,我们会试图弄清人物之间的关系、各处细节之间的关系以及前景与背景之间的关联;在观看科幻电影时,我们不但要弄清各个角色之间的关系和情节的各个环节之间的关联,而且还要思考电影中的科技如何影响角色的行为并推动情节发展。当然,我们在艺术作品中寻找关联并不是为了进行概念化的理解,而是为了获得某种感觉,因此,这里所说的内容上的关联无异于德勒兹所说的"非人的生成"——多个感觉在拒绝被主体整合的同时却彼此关联起来。

第二个层面是器官的充实。它是指,欣赏艺术作品的某个器官试图获取本应由其他器官获取的内容并以这些内容来充实自己。这种充实正是德勒兹的无器官的身体的特征,它"并非是器官的缺乏,……说到底,它是通过确定的器官的暂时的、临时的在场而得到定义的"[52]。例如,在绘画中,"眼睛潜在地成为多功能的、不确定的器官,将无器官的身体,也就是形象,视为纯粹的在场感"[53]。更进一步讲,所谓无器官的身体代表的是发生在主客观两方面的现象:在主观方面,一种器官成为多功能的器官;在客观方面,一种媒介试图为观者提供本应由其他媒介提供的感觉,或者说,本应由单个感官获取的感觉变成了多种感觉,并以这种多感觉联合的形式在场。

第三种呈现方式是基于媒介的呈现。它是前两种呈现方式的

16 黑暗光芒

统一,这是因为,首先,它像第二种呈现方式一样强调多种感觉的关联;其次,鉴于充实呈现的第二个层面已经引入了媒介这个要素,所以这里所谓多种感觉的关联并非意味着不同内容提供不同感觉,而是指内容和媒介各自都能提供某种感觉;再次,基于媒介的呈现就其强调内容的否定性而言返回到了第一种呈现方式,然而,这种呈现方式并非仅仅要求内容具有否定性,而是要求媒介也否定自身并让内容和媒介在这种否定性中融为一体。

只有这种以媒介为基础呈现出来的否定性才是真正具有艺术价值的东西。相较而言,前两种呈现方式并不那么重要。例如,充实呈现要求寻找事物之间的关联,但是,当我不是在欣赏艺术作品而是在看一张新闻图片时,我同样是在寻找人物之间的关联,当我在根据说明书组装家具时,我也无非是在寻找零件之间的关联。德勒兹总结了感觉与材料(此处的材料大体上相当于我们所说的媒介)发生关联的两种情况:一种是"感觉在材料中得以实现";另一种是"材料进入感觉之中"。[54] 实际上,这第二种情况更具本质性,它相当于我们所说的基于媒介的呈现——说得更直白些,仅当媒介所拥有的特征不是仅为承载内容而服务,而是直接融入内容之时,某物才真正具有艺术性。这种媒介与内容融合的例子是相当常见的,当我们说某位演员的气质(媒介)与角色(内容)非常匹配以至于这个角色仿佛只应该由该演员来扮演的时候,当我们说某位歌手的声音(媒介)非常适合唱情歌(内容)的时候,实际就是在强调媒介与内容的完美融合。

一旦我们借助这第三种呈现认识了媒介与内容的关系,我们就会回过头来重新理解前两种呈现,进而发现前两种呈现其实也是经由媒介实现的，换言之，第三个环节作为前两个环节的统一，恰恰是前两个环节的基础。具体而言，首先，直接呈现意在突出特定内容的存在感和震撼力，而这通常是借助媒介实现的：电影这种媒介允许自由地调配时间，因此我们可以长时间地拍摄那些在日常生活中不起眼的事情，或者利用蒙太奇把这些事情原本不拥有的节奏加在它们上边；我们可以从各种距离拍摄人的面孔，而电影允许我们运用特写，有意让面孔占据大部分屏幕；小说这种媒介允许我们非常细致地描述一个日常场景，增加读者的阅读时间，从而使这个场景显得不同寻常、微妙或诡异；颜色和尺寸是绘画这种媒介的要素，而大片的单一颜色会使观者更深地感受到这种颜色的神圣和肃穆。其次，在充实呈现中，各部分内容之所以能够显出关联，是因为它们共享一个能够把它们整合起来的媒介：静物画中一下一上两个苹果，对应的是三维空间中一前一后两个苹果，换言之，如果画中的事物显得和谐，那是因为构图使它们和谐。

最后要强调的是，基于媒介的否定性的呈现同样为当代艺术所有，只不过当代艺术在使用何种媒介、包含何种内容以及媒介与内容以何种方式相互融合方面更加多样化，并且与绘画、音乐等传统艺术媒介有很多不同。以塔尼亚·布鲁格拉（Tania Bruguera）的《塔特林的呼唤 #5》（*Tatlin's Whisper #5*）为例，在表演过程中，两个骑警突然骑着马进入美术馆，利用口头命令和马匹的动作强行将观者分隔开来，而观者仅在表演结束之后才意识到刚才经历的这个事件已然是一件艺术作品。一方面，从媒介方面讲，作品的独特之处不仅在于这件作品动用了真正的骑警，观者自己也成了媒介的一部分，而且在于事件的过程本身就是媒介，并且这个媒介的特点就在于它使观者没有意识到自己就处在艺术作品之中；另一方面，从主题方面讲，这件作品意在使观者反思社会中的一些权力关系，这些权力关系是如此隐秘，以至于尽管人们受它们影响，但却丝毫没有意识到它们是权力关系。因此，媒介和主题共有的这种"没有意识到"就成了它们得以融合的特征。

▲ 17 情不自禁

§ 哭、笑、漠不关心、语言表达等等，都是不同层次的内部感受形体化。

内部感受的形体化是指内心的感受多少有些不受抑制地在身体上表现出来。当提及艺术中的形体化时，人们更可能想到绘画、雕塑、舞蹈或戏剧中的人物神情或动作，例如，人们会分析绘画中得知自己受孕的圣母玛利亚的惊喜和虔诚，或者十字架下的她的无尽悲痛和晕厥。然而，观者的形体化却较少被提及，而我们接下来就要在黑格尔的论述的基础上提出一个包括多种观者形体化的三元组。

黑格尔宣称，内部感受"必然外化自己，形体化自己，……必须获得一个直接的定在"，这是因为，心中的某种东西若要被主体感受到，就必须"被设定为既区别于主体又与主体同一"，而身体之所以有能力完成这种形体化，无非是因为"身体的生命性在于，它的物质性不能独自地存在，不能对我进行抵抗，而是服从于我，处处为我的灵魂所渗透，并且对于我的灵魂来说是一个观念的东西"[55]。简言之，这里的逻辑无非是黑格尔常用的内在东西必然要转化为外在东西的逻辑。

黑格尔自己罗列了六种形体化，我们再补充一种，这样一来，一个七元组便出现了。不过，如果我们进一步合并，就可以将其简化为三元组——正如我们之前所言，黑格尔哲学处处都有三元组。

第一个环节是与个体性和普遍性有关的感受的形体化。这个环节的形体化涉及两种内部感受（换言之，它其实是由七元组中的两个环节合并而来）：一是"愤怒、报复、忌妒、羞耻、悔恨"等存在于个体心中的感受；二是对普遍价值的感受，这里的普遍价值是指包括"法、伦理、宗教"在内的那些与"美和真"有关的东西。[56]这第二种感受与第一种感受一样，也无非是愤怒、悔恨、激动等等，只不过"套"上了一个普遍价值的名义。典型的形体化包括愤怒时的心跳加速和血压升高、羞愧时的面红耳赤以及恐惧时的面色发白和身体发抖等。我们会与画中悲伤的人物共情，会惊愕于电影中反派角色的邪恶，会在看恐怖电影时屏住呼吸……总之，这类形体化在艺术领域是最为常见的。

第二个环节是笑、哭和未成为语言的声音（可见，这个环节由三个环节合并而来）。笑和哭是黑格尔最为看重且多次提及的形体化。在第一个环节中，感受被身体外化，但并没有生成具体的产物，感受因而仍局限在身体上，此时的外化只是抽象的、有限的外化；而在第二个环节中，外化仍然是有限的，但却变得具体了，感受不仅外化为身体表达，而且还必须外化为产物。这种外化有着双重意义：首先，具体的产物是一种对感受的更明确表达；其次，也正是因为感受现在已经成为产物而真正脱离身体了，所以我才能够消除这种感受并感到解脱。就笑而言，它不仅包含嘴角上扬或前仰后合等表情或动作，而且还以气息（即加深或加快的呼吸）为产物。就哭而言，它的产物是泪水。泪水是比气息更具体的产物，这不仅是因为它是可见的，而且是因为水就其是酸和碱发生反应生成的中性物质而言等同于痛苦的消除——哭因而具有疗愈作用。未成为语言的声音，包括抽噎和呻吟等，是比笑和哭更高级的形体化，这一方面是因为它并不局限于对滑稽或痛苦的感受，而是可以表达更多、更复杂且更微妙的感受，另一方面是因为声音作为产物远离了生理现象，而更偏向语言，只不过尚不是能明确表义的词句。

能够引发笑和哭这两种形体化的当然是喜剧和悲剧。还有一些艺术作品虽然不以引发未成为语言的声音为目的，但的确有此效果。卡斯滕·霍勒（Carsten Höller）设计的允许人们从高处滑至地面的巨大螺旋形《滑道》（Slide）就是如此；而他的《两个飞行机器》（Two Flying Machines）令人印象深刻，在这件作品中，观者可以俯卧在运动着的旋臂上，从高空鸟瞰城市。人们在利用这两件作品嬉戏时发出的欢快的声音无疑包含着对新奇体验的赞叹。

第三个环节是语言和漠不关心的态度——黑格尔只提及了前者，而后者是我们添加的。相较于前两个环节，这第三个环节已明显远离生理现象。但它同时既是外在的也是内在的，并且是前两个环节的统一，这是因为：它与第二个环节的相似之处是，它们都是以外在产物的形式出现的形体化；它与第一个环节的相似之处是，它们都是内在的，第一个环节的内在性在于感受是通过已然被灵魂渗透的身体来表现的，第三个环节的内在性在于它能够明确地表明我心中那些观念性的东西。

黑格尔从多个方面分析过语言，而在此他提及的仅仅是其形体化的作用。他举的例子包括为哀悼而唱葬歌以及诗歌创作，这两者都既是情感宣泄的方式，又是让情感得以升华成观念性东西的方式。当然，我们也可以找到更简单的例子：一句像"我不高兴"这样的直接表达感受的话应该归属此类；而人们在焦虑、急躁等状态下的喋喋不休——它甚至包含一些听起来很理性的话——亦属此类。在艺术领域，有一类作品能够引发语言：那些要求人们以对话方式互动的参与式艺术作品。在此，作为一种艺术形式的语言表达显然是黑格尔不曾设想过的。例如，约瑟夫·博伊斯在展览中花费多日与访客围绕艺术等话题进行争论。又如，在提诺·赛格尔（Tino Sehgal）的《这个进步》(*This Progress*)中，观者被表演者引导着漫步在艺术馆中，同时以何为进步为议题展开探讨。

漠不关心的态度是第三个环节的另一部分。语言由于可以表达观念性的东西而具有普遍性，但它所针对的仍然是具体的感受或事物。而作为一种形体化的漠不关心，则具有另一种形式的普遍性。首先，它是一种超脱生活中各种具体事情的、对这些事情都泰然处之的否定性姿态；其次，它并不局限在心跳、呼吸之类的具体身体表达上，而是一种体现在生活的各个方面上的行事方式——当然，它也并不排除某些身体表达，典型的是，有的人在遇到各种困难时仍可以保持从容，而不会出冷汗、血压升高或失眠。而就艺术而言，我们很难说某件具体的作品能够让人们变得漠不关心，而只能说，所有艺术作品都有助于人们感受到自由和解放，进而以更豁达的态度面对生活。

要强调的是，在现当代艺术中，由装置、舞蹈或互动参与所引发的观者的形体化相当多样，它体现在各个具体的作品中，但难以被归类。例如，布鲁斯·瑙曼（Bruce Nauman）的《实时录像走廊》(*Live-Taped Video Corridor*)会引发一种微妙的形体化：观者有看清走廊尽头的屏幕的冲动，因而不得不向前走去，然而，屏幕上的形象正是观者的背影，因此，观者越是往前走，屏幕上的形象就越小。又如，伊冯娜·雷纳（Yvonne Rainer）的《三重奏A》(*Trio A*)——它是名为《心灵是肌肉》(*The Mind is a Muscle*)的作品的一部分——中的舞蹈动作看起来颇为简单，能够引发观者的模仿。这种模仿是一种更加抽象的形体化，这是因为：首先，这种形体化脱离了任何具体情感，或者说，它只与抽象的、难以言表的情感有关；其次，它并不现实地引发观者做出动作，观者只是身体中有跟着舞者做出动作的冲动而已，因而，如果我们用矛盾的词语来表示的话，可以将它称为静观的形体化。再如，弗雷德在评论安东尼·卡洛（Anthony Caro）的作品时宣称，现代主义雕塑能够"创造构型，解放姿势，……在错觉式的视觉性中克服重力加于肉体姿势的惯常限制"[57]。他进一步说：

> 卡洛的雕塑既热衷于它们对人体美的认识……也热衷于对那些灾难性姿势的暗示——那些姿势由袒露的精神在爱、

悲伤或自我怨恨的阵痛中制作出来。对于它们的抽象性，人们可以想象一个有天赋的舞者在跳着卡洛的雕塑。……那关于我们自身最纯粹、最激情姿势的引喻句法，被用于构建更纯粹、更匿名、更充满激情的姿势……[58]

结合弗雷德的众多评论文本，我们可以将卡洛的《大草原》（Prairie）和《正午》（Midday）等雕塑中的形体化总结如下：首先，这些作品同时包含情感和重力两个层次，更具体地说，卡洛虽然试图呈现情感，但是他呈现情感的方式是以钢管、钢板等为材料，以一定规则（即弗雷德所说的句法）来构造抽象的形态，这些形态产生了一些与重力有关的动感，包括支撑感、倾斜感和平衡感等。其次，正如现代主义抽象绘画中的纯视觉空间并不能真正让人走入一样，这些雕塑在引发观者的身体产生跟重力有关的动感的同时，并不会让观者现实地运动起来，因而这种效果亦是一种静观的形体化；然而，它比《三重奏 A》更激进的地方在于，鉴于它运用的不是人的形象而是抽象的形态，观者的动感甚至都不能与身体的各部分对应起来，这进一步确保了形体化只能是静观的，而无法变成真正的动作。

▲ 18 守护神

◆◆◆◆◆

§ 氛围在其最抽象的层面是时空，在其最具体的层面便是每个人心中的守护神。

◆◆◆◆◆

我们将氛围性体验定义为对具体的时空的体验。然而，这个定义过于简单，以至于人们会提出疑问：时空的具体性指的到底是什么，是不是就是指所有体验都存在于具体的时空之中？

在给出详细解释之前，我们可以先就此疑问回应一下心急的读者：通常所说的时空相当于抽象的时空，而具体的时空则是指被内容填充了的时空，例如，与物体或运动相伴随的时空、四季变化和昼夜交替等。氛围性体验这个概念并不是强调体验存在于时空中，而是在强调某种形态的时空本身就是体验。

事实上，我们所说的氛围性体验完全脱胎于黑格尔的精神哲学。其中，以灵魂为研究对象的人类学细分为自然灵魂、感觉灵魂和现实灵魂三个部分，黑格尔在此提及的性格、五官感受、疯狂、心灵感应等精神形态都符合人们对精神或主体性的理解。然而，令人颇为费解的是，与这些主体性范畴并列的，还有四季变化等看起来完全不属于精神的范畴——当然，黑格尔不止一次地做着这种令人费解的归类。为了说明黑格尔的观点，我们接下来将对自然哲学和精神哲学中关于时空的内容进行梳理。

（一）抽象时空

尽管我们的主题是氛围，即具体的时空，但我们必须说明它从抽象的时空中产生并一步步具体化的过程。让我们从自然哲学谈起。

在自然诞生的初始阶段，绝对理念将自身外化为空间，或者说，空间就是绝对理念的自外存在。此时，空间就其没有被任何东西填充而言是抽象的，其唯一特征就是外在性——这不仅是指空间是外在于理念的，而且是指空间的各个部分也是相互外在的。此处的矛盾在于，一方面，如果这些部分并没有被具体内容填充，那么我们就无法宣称一个部分不同于另一个部分，换言之，这些部分是处处同一而无差异的；另一方面，空间作为完全的自外存在也是外在于自身的，这意味着，它所拥有的这种无差异性也是外在于它的，这可以被反过来表述为，差异性是内在于它的，简言之，它本身毕竟还是有差异的。现在，这种差异性就体现为原本连续的无差异的空间中出现了点——空间中一个点的确定意味着这个点不同于其他点，因此点代表着差异性。

然而，因为空间是自外存在，又因为点属于空间，所以点也是自外存在，因此点就排斥自身，从而形成线。按照同样的逻辑，线也排斥自身并形成面。这样一来，空间就具体化为点、线、面三个有差异的环节。但是，鉴于空间是纯粹的无差异性，它必然排斥自身的这些差异性特征。至此，我们看到，点扬弃了空间的连续性，线和面则分别扬弃了位列它们之前的环节，而这些环节最终又被无差异性扬弃，因此可以总结说，空间的真正特征就是这种自我扬弃。自我扬弃无疑意味着新的状态与旧的状态是有差异的，但空间又是无差异性，因此自我扬弃就成了空间的对立面，即时间。这里要强调的是，从空间向时间的转化并不是由外力驱使，而是空间因其自身的特征而自我扬弃的结果。

空间与时间所体现的同一性与差异性还可以用对称性和不对称性来描述。对称性在此是指，空间的各个部分是完全无差异且可相互替代的，我们可以自由地在这些空间中来回穿梭。与此相反，不对称性是指，时间的不同环节，即过去、现在和未来，是在不断扬弃中产生的，因而是完全不同的，或者说，它们之间有着绝对的差异性；正是因为这种绝对的差异性，我们在时间中不能来回穿梭，当一个时间点过去后，我们就永远回不到它了。然而，起初，时间与空间一样，都未被任何具体内容填充，因此，尽管时间不断自我扬弃，不断从过去变为现在，从现在变为未来，但是过去、现在和未来仍是完全抽象且无差异的。但是，无差异的东西恰恰是空间，因此，时间又自我扬弃为空间。

空间与时间的上述自我扬弃和相互转化就是它们潜在的统一，而自然哲学中的后续范畴都可被视为它们形成统一的具体方式：鉴于空间与时间相互是对方，它们无法单纯通过对方获得具体性；

然而，它们的统一作为普遍性则是同时超越它们的，并因而能够使它们具体化。进一步看，这种具体化起初是指：尽管空间可以转化成时间，时间又会转化为空间，但是这第二个空间已经不像第一个空间那样是抽象的了，而是经由时间的中介产生的，这正是空间目前拥有的具体特征，这种变得具体的空间就是位置，它是空间与时间的首次统一，因为一个位置指的正是某一个时间点上的空间，时间和空间这两者对位置而言都是不可缺少的环节。不过，位置这个范畴暗示，存在着的不只是一个而是多个位置，或者说，我们强调一个位置的前提是必然存在与之相比较的其他位置，而位置的变换就是运动。

运动体现了空间与时间的相互依赖：一方面，如果空间是处处相同的，我们就很难说一部分空间不同于另一部分空间，但是，时间是流逝的，处在一个时间点的空间当然不同于处在另一个时间点的空间，因此，空间的差异性有赖于时间；另一方面，时间的过去、现在和未来也是完全抽象且无差异的，但是，如果它们与不同的空间结合起来，那么它们的差异便得以体现，因此，时间的差异性也有赖于空间。空间与时间的这种相互依赖式的统一就是物质。可见，在黑格尔看来，说物质填充了时空是不够的，我们必须说物质就是时空，是实在化了的、具体的时空。

时空在自然中的统一方式不断出现，而这些形式的具体化程度也在不断提升。例如，天体运动涉及恒星、行星、卫星和彗星，它不单单是具体化了的时空的运动，而且是系统性的运动，因而比单纯的运动更具体，而这种运动对人类而言的重要意义就是它生成了我们接下来将看到的四季变化和昼夜交替。又如，动物同样是时空统一的方式，它有自己的意志，可以控制自己的运动，在一定程度上摆脱了普遍时空的束缚，因而是更具体的且个体化了的运动。

（二）氛围性体验

在精神哲学中，比较引人关注的是外部感受（即五种感官）和内部感受（愉快、愤怒、悲哀等）之类的范畴，它们既符合人们对感受和感觉的一般看法，也是哲学的经典且"正常"主题。我们在此看到了一个三元组：如果说这些"正常"主题是三元组的第二个环节的话，那么我们会发现混杂在其中的一些突兀的范畴构成了在先的第一个环节，它包括一天内的时段、种族、年龄等范畴。习惯、睡眠和觉醒等范畴构成了这个三元组的第三个环节，它是前两个环节的统一。这个三元组中的第一个和第三个环节便组成了我们所说的氛围性体验。必须承认，黑格尔关于这类范畴的一些观点在现代人看来像是伪科学。对此，我们一方面可以辩称，黑格尔在写《精神哲学》时毕竟也是以当时的科学研究成果为基础进行论述的，只是那些成果本身还有不少错误和迷信；但另一方面，更重要的是，他所论述的体验不论是否有科学依据，都至少的确是人们对时空的主观体验。

接下来我们将详细对若干涉及氛围性体验的范畴进行说明。

（1）四季变化与一天内的时间段。氛围性体验的最主要特点就是其不可摆脱性，而人类目前尚难以突破的一个限制性条件就是：我们生活在围绕着太阳公转并同时自转的地球上，还拥有月球这颗卫星。这种天体运动对于非人类的事物（包括外星人，如果存在的话）也许毫无意义，但对于人类来说，其意义主要就是四季变化和白昼、夜晚等时间段的变化。

我们可以以四季变化为例来说明氛围性体验与灵魂的其他体验之间的关系。两者的第一层关系在于，氛围性体验依赖其他体验。我并不能直接感受到春天，仅当我感受到温度升高、看到鲜艳的花朵并可能因此而心情愉悦时，我才能宣称我感受到了春天。两者的第二种关系在于，氛围性体验会影响其他体验。设想，在冬天的烧烤聚会上，我愿意亲自在炉边烤肉，因为这让我感到温暖，但在夏天，我会抗拒这样做。我对同一种行为持不同态度，正是因为我受到了季节的影响。一天内时间段的变化同样体现了上述两种关系。首先，我对深夜的感受借助的是对它的静谧、黑暗以及我的身体在深夜的一些微妙的变化的感受；其次，时段无疑会对行为产生影响，例如，很多人认为深夜比白天更适合沉思，深夜的思绪比白天更加丰富和流畅。

在此我们还可以为黑格尔补充上节气和星座：与四季相比，节气是对气候规律和生产生活模式的更细致总结，这些规律和模式与天体运动相关。而星座则更具抽象性和普遍性：首先，星座所涉及的天体分布在太阳系之外的更广阔的宇宙空间中；其次，星座的确定，包括哪颗星星属于哪个星座、星座的形状及其对人的影响等，并非与我对自然的切身感受相关，而是更具观念性，更依赖于主体的阐释，并因而与语言的关联更强；再次，星座不仅涉及生活的更广泛方面，而且更多地与人的心灵世界相关。

气候能够在一定程度上影响一个地区的文化，克里斯平·萨特韦尔（Crispin Sartwell）在《美的六种命名》(*Six Names of Beauty*)一书中对此进行了精彩的说明，他提到：

> 光在经验中所起的作用因我们所在的时空不同而不同：一天的不同时刻、不同的纬度和高度、不同的大气状况，还有不同的空气浓度及其构成情况，都会对其产生影响。在干燥的气候里，日中时分阳光灿烂，会让每样东西都清晰可辨，或者让每种进入我们眼帘的东西看上去都像是纯洁无瑕的；……在加勒比海岛屿，光是液态的，……它往往与感觉相结合，或者穿越时空将感觉统一起来；……在牙买加南部的沿海地区，物/物分离或人/物分离的感觉很难保持下去；这里最原始的经验便是统一……[59]

作者还总结道，北方的气候造就的环境是"古典式"的，离散事物必须被人为地统一起来，而热带的环境则是"巴洛克式"的，丰富的事物可以自然而然地统一起来。[60]这些观点说明气候对人们具有一种超越现实并深入本体论层面的意义。

（2）**年龄**。年龄表面上只是时间性的，但是它亦与空间相统一，这个空间就是通过身体而个体化了的空间。黑格尔对童年、青年、成年和老年四个阶段的特征作了较大篇幅的说明。但需强调的是，尽管我们不能像体验喜悦、悲伤等情绪那样直接感觉到年龄，但是，首先，我们在处于某种状态时的确会对年龄有所意识，例如，中年人在劳累时会感叹"我老了，体力已经不如年轻人了"；其次，某个年龄段的身心特征为我们在该阶段的所有体验施加了一种基础性的、潜在的影响，例如，一些社会新闻会激发起青年伸张公平正义的愿望,因为,用黑格尔的话来讲,"青年误以为自己负有使命、也有能力去改造世界",而老年人则不会有这种念想,因为"他已经放弃了能够实现早先怀有的理想的希望"。[61]

(3) **性关系**。性关系并不属于单个个体,而是一种涉及多个个体的整体性、结构性因素。性关系是一种具体化的时空,这是因为:一方面,性关系具有对称性,这是因为它涉及被身体个体化了的空间,而每一片空间都是相同的,换言之,人人都是相同的;另一方面,性关系又具有不对称性,这是因为不同性别的个体又有着绝对差异,并且如以上对抽象时空的介绍所言,体现绝对差异的正是时间。也许拉康关于性关系不存在的论断很好地解释了这种差异。性关系是弥合这种对称性和不对称性的(失败)尝试,因而是对称性与不对称性的统一。

(4) **种族和民族**。尽管黑格尔关于种族和民族的论述有种族主义倾向,但我们仍可视其为有助于解释氛围性体验的例子。在黑格尔看来,种族概念是与地理学中的大陆划分相对应的。各大陆的划分是地球使自身具体化的表现,它首先分为新世界和旧世界两部分,前者是指美洲,后者则拥有更具体的空间特征,分为非洲、亚洲和欧洲三部分。正是这些大陆在地理方面的差异决定了生活在其上的种族的差异。例如,黑格尔宣称,非洲"从整体上看是作为一团隶属于纯粹统一性的东西,作为一座朝着海岸地区封闭的高山出现的"[62],因而黑人"没有超出其不求私利和无利害的天真状态","他们的精神始终完全沉睡般地沉陷在自身之内而没有取得任何进步"[63];亚洲"陷入高原和宽阔的河流所灌溉的大山谷的对立之中"[64]，因而"无论在自然方面和精神方面都表现出对立的环节，即突如其来的对立、对立规定的无中介的同时发生"[65]。民族被黑格尔认为是一种地域精神，是种族和陆地特征进一步具体化的结果，这体现在，希腊人和德意志人等各民族在天性、思维和行为方式等方面有着诸多不同。

（5）**生命的形式上的主体性**。这个范畴包含做梦、子宫生活和守护神三种形态，它们都是某种虽然存在于主体之中但却外在于主体的东西。做梦者与清醒者相比"更多地达到了一种对于其完整个体的本性及其过去、现在和未来的全部范围的深入而有力的感觉"[66]。换言之，一方面，这种时间性超越了主体的现在，因而不被主体所控制，另一方面，梦境虽然不属于主体但却内在于主体之中——即内在于被精神化了的空间之中。子宫生活无疑是一种曾经对主体发挥巨大影响但却完全被遗忘的氛围性体验，是"两个个体的一种直接的在彼此之中生活"[67]，胎儿的灵魂完全依赖外在于他的母亲的灵魂的支持。**守护神**是灵魂阶段最后一个氛围，因而也最纯粹地体现了氛围的本质：一方面，就它无非也是一个主体而言，它与主体是同一的，另一方面，主体与这个作为守护神的主体之间的差异在于，后者是外在于前者的，或者更具体地说，是内在地外在于前者的——到底是应把这种内在的外在性称为一种超主体性还是应称其为去主体性，只不过是一个并不重要的术语选择问题而已。但对这个内在的外在者的体验恰恰在于，它作为人的"天命"，在"一切情况和境遇中"决定着人的"行动和命运的特殊性"，[68]作为普遍性的东西弥散在整个人生之中。

(三)理论精神对氛围性体验的影响

正如我们先前在分析低级范畴与高级范畴之间的关系时所说的那样,前者是后者的基础,但后者亦可能反过来渗透并影响前者。并且,鉴于高级范畴提供了对称性与不对称性的更高层次的统一,因而能够使时空进一步具体化。我们在此只聚焦于理论精神对氛围性体验的一些反向影响,它既可以体现为高级范畴促进对氛围的体验,也可以体现为高级范畴对这种体验的抑制,还可以体现为创造新的时空体验。

(1)**直观**。直观需要把由灵魂给予它的、关于事物的感官刺激设定为一个空间和时间中的外在存在,并且使事物被注意力捕捉。抽象时空中的任何一点就其本身而言没有任何特殊意义,但我的自由恰恰在于通过注意力把时空中的一点设定为特殊的,这是空间与时间在主体中的具体的统一。如我们先前所言,黑格尔认为人们的注意力是训练的产物。由训练导致的差异不仅体现在现代化进程中的人与先前的人之间,也体验在专业人士与普通人之间:当一个受过训练的生物学家和一个普通人走在春天的树林中时,前者的感知更加微妙丰富并因而能更深刻地体验到春天。当然,如果我的目标并不是氛围而是混杂在其中的但却理应被注意到的其他事物,那么对注意力的训练则有助于我们抑制住氛围性体验的干扰。

(2)**表象和思维**。表象和思维对氛围性体验的促进作用体现为,这两者并非像直观那样单纯把精神引向某种体验,而是能够通过联想、象征、符号、概念等形式来使氛围性体验更加细致和丰富,例如,"白色是圣洁的"这个判断能够让我对冬天的体验更加强烈。另外,表象和思维也能够抑制氛围性体验,例如,尽管一个意大利人易受灵感的影响,"更多地生活在感受中,而不是固定的观念中"[69],但如果他被不断要求深思熟虑,原本的民族性格就可能褪去。而就新的时空体验而言,黑格尔提道:

> 在我们直观许多东西时,时间在直观中对我们就变短,而当缺乏给予的材料迫使我们去沉思我们的无内容的主观性时,时间则相反地变长,但在表象里则相反,我们在里面以各种不同方式忙忙碌碌的那些时间对我们就显得长,而我们在里面不很忙碌的那些时间在我们看来就好像短。……在回想中,我们注意于我们的主观性、即我们的内在性,并且按照这内在性对于我们所具有的兴趣来规定时间的尺度。[70]

这意味着直观和表象都创造了不同于普遍时间的个体化了的时间。我们可以沿着黑格尔的思路总结出,在表象或思维中,如果一组有紧密关联的意象或概念包含的单个意象或概念较多,那么我们就能从中体验到较长时间的流逝;或者,如果一个意象或符号对应着多重意义,我们就能从中体验到时间的绵延——实际上,这种观点部分地得到了关于大脑时间信号的研究的支持。[71]我们将在下文中看到,通过干预高级范畴来创造新的时空体验的尝试对艺术而言格外重要。

（四）与帕梅的观点的比较

让我们对以上基于黑格尔哲学提出的关于氛围性体验的观点与格诺特·帕梅（Gernot Böhme）的氛围理论进行一下比较。

首先，帕梅所说的氛围是空间性的，[72]而我们所说的气氛既是空间性的又是时间性的，并且是两者不同程度的统一和具体化。另外，帕梅在提出其理论时对传统美学进行了批评，认为传统美学只关注美、崇高等少数几种氛围。[73]然而，这个批评并不全面，因为，如果我们如上文所述将四季变化、年龄和子宫生活等均视为氛围的话，就会发现，传统的本体论和认识论（至少就黑格尔哲学而言）所涉及的氛围的范围要大得多。

其次，帕梅认为既有的主客体二元论无法对氛围给出合理解释，[74]并因此认为氛围是半—客体性的（quasi-objective），是某种处在主体与客体之间的东西。[75]然而，这个半—客体似乎仍然没有脱离他所反对的二元论框架。而黑格尔尽管在论述时反复提及主体和客体，但他对氛围性体验的论述却不同于对二元论的一般理解：一方面，氛围性体验是"客观的"，但被体验的并不是客体，而只是客观世界中的时空；另一方面，它又是主观的，因为它无非是出现在精神中并且能够被表象或思维等精神形态所改变的同一／对称性与差异／不对称性。

再次，在帕梅看来，氛围是弥漫在空间中的、无明确对象的，但最终可能消失并使人聚焦于一个感知对象上。[76]然而，我们所说的氛围性体验显然是无论何时都无法摆脱的（人无论如何都处在某个季节中，处在某个年龄段中），其影响只可能因文化水平的提高和自由精神的发展而有所减弱。

最后，帕梅强调氛围的肉身在场性。[77]而基于黑格尔哲学的氛围性体验不仅完全不反对这一点，反而扩大了范围，涵盖了诸如性关系、年龄和子宫生活等人们在大多数时刻不会直接意识到的肉身在场性。

▲ 19　氛围朋克

§　不同层次的氛围被杂糅起来就形成了氛围朋克。

氛围性体验就是对不可摆脱的、具体化了的时空本身（而不是存在于时空中的事物）的体验，它并不像喜悦、紧张、压抑、可怕等那样可以被直接体验到，但是却时刻对后者产生影响并被间接地体验到；直观、回想等精神的高级形态可以对氛围加以改变甚至产生新氛围，这就使得艺术氛围的创造具有了可能性。

氛围性体验的概念给我们的启示，不仅在于人类可以创造出全新的、生活中原本不存在的氛围（事实上这一点已经由建筑、音乐及各种艺术形式实现了），而且在于被创造出来的可能是某种可被称为"氛围朋克"的东西，一种在本体论层面具有异质性的东西的组合。正如以上分析所显示的那样，黑格尔哲学确保了空间、时间以及这两者的统一可以在不同程度上接近或远离概念，或者说，处在不同的概念化水平上。而"氛围朋克"则意味着当艺术家在创造新氛围时，可以把多种空间、多种时间和多种时空统一体组合在一起，并且允许它们中的每一个都拥有各自的概念化水平。

我们接下来将列举一些跟氛围性体验相关的艺术形式或潮流。

（1）建筑。建筑创造了原本在自然界中不存在的全新氛围，这一点已被包括帕梅、斯蒂芬·霍尔（Steven Holl）和彼得·卒姆托（Peter Zumthor）在内的众多哲学家或建筑研究者充分探讨过。我们可以将这种对氛围的创造总结为一个思辨三元组。

在第一个也就是最抽象的层面上，对建筑的氛围性体验首先是对空间及其划分的体验，这里的划分既是指建筑在普遍空间里圈定了一片内部空间，也是指这个内部空间又被分节或区隔成不同部分。

在第二个层面上，对建筑的体验是过程性的，并因而是时间性的，我们不能单纯看建筑图纸，而必须至少在其中驻足或行走一段时间。例如，对一条长廊进行等距分割无论在空间上还是时间上都能带来一种韵律感；或者，与转弯较少的通道相比，一条被有意设计得有更多曲折的通道无疑会带来更强的时空绵延感。当然，尽管建筑是空间与时间的统一，但是它更多的是空间性的，是空间对时间的包裹，在建筑内活动的时间是内在于空间的时间。

在第三个层面，对建筑中的时空的体验与可能性相伴——既然建筑中的时间内在于空间，既然时间和空间如前文所言分别意味着差异性和同一性，那么建筑中的时空就能够借助一种可能性生成多重可能性。这种多重可能性又体现为两种情况：第一种情况是，如帕梅所言，建筑可以带来通感，[78]即一种感受引发另一种感受，典型的例子便是，一间被漆成蓝色的屋子会让人感到凉爽，或者，一个声学效果极佳的音乐厅或酒店大厅会让人产生身体被轻触和包裹的感觉。然而，多重感受的可能性还只是抽象的可能性，而在第二种情况中，一种感受可以引发具体的、行为上的可能性。例如，与对宽敞空间的体验相伴的是对集会和社交可能性的体验，而狭小空间则暗示着独处和私密性；由数量及尺寸合适的窗户创造的内外空间的连通性与良好的采光，则与观看外部世界的便利性相对应；而由门和通道所体现的内外空间之间或内部空间诸部分之间的连通/区隔关系则会影响人们对出入的自由度、人际沟通和自身受庇护的程度的体验。

（2）**音乐**。与建筑一样，音乐亦能够创造全新氛围。如果说建筑是空间内的时间，那么音乐则是摆脱了空间的时间；但是这种摆脱并不是彻底摆脱，因为，音乐的时间是被物质化了的时间，而物质正是时间与空间统一的一种形式，就此而言，音乐仍然是空间与时间的统一。

那么，为何说音乐是被物质化了的时间呢？在第一个层次上，这种物质性是指各种作为物的乐器发出的声音具有一定特征，如小提琴的悠扬、鼓的深沉等；相比之下，人作为"乐器"发出的声音则更具主体性。在第二个层次上，乐声和人声实际上是为拍子、节奏和旋律服务的。拍子和节奏的作用是在均质的时间中制造差异。时间不断前进，"就像一条滚得很匀称的河流，本身无差异地持续下去"[79]，而拍子则仿佛是一种带有重力感的停顿，尽管它无法完全阻止时间的流逝，但是它不但仿佛要让时间停顿下来，而且还靠着不断重复带来了规律性。节奏则通过强音和弱音的排列使若干拍子合并成组,并且通过不断循环这组拍子进一步创造规律性。如果说不断前进的均质时间是三元组中的第一个环节(它既是均质的、无差异的,又是不可逆的、有差异的),而拍子和节奏是第二个环节(它既坚持规律性并取消差异,又制造差异)的话,那么旋律就是第三个环节,它一方面服从拍子和节奏的有规律的调节,另一方面又通过声音的变化来体现时间的不可逆性。

要说明的是,我们强调音乐是氛围性的,并不是指音乐能够带来日常意义上的氛围,或者说,不是指人们会把音乐与现实联系起来并且从音乐中感受到激动、欢快、惆怅等。众所周知,精通音乐者欣赏的往往并不是音乐中与现实相关的意义或情感,而单纯是声音本身或那些富有技巧性的因素,对此,黑格尔说:

> 如果音乐缺乏深刻的内容或灵魂深入的表现,结果我们可以一方面只欣赏纯然感性方面的悦耳的声响,而丝毫没有内心的感动,另一方面也可以单凭知解力去注意音调的和谐的转变过程所显出的技巧,内心也还是没有受到感动,⋯⋯只看到一种人工制造品的熟练技巧。[80]

我们由此可得出一个听起来有些奇怪的结论:音乐不仅能带来氛围,而且它本身就是氛围,或者说,对音乐中单纯的愉悦和技巧性因素的欣赏本身就是一种氛围性体验。

(3)绘画。绘画的氛围在很大程度上是由背景营造的,作为主体的人物就出现在这个氛围中。但我们在此要强调的是,背景以及它所营造的氛围本身也是主体,就此而言,绘画包含着一种呼应关系,这种关系的一方是画中的人物,另一方则是不仅为作为主体的人物提供舞台而且本身也是主体的背景和氛围。宣称背景本身也是主体的原因十分简单：背景可以容纳这个或那个人物，人物在背景中也可以做各种各样的事情，但是背景本身是不变的，而就这种保持自身同一的否定性而言，背景无疑满足成为一个主体的条件。正如罗莎琳·克劳斯（Rosalind Krauss）所言，背景"在某种意义上先于人物而存在"，并且"为他们提供支持"，因而"是意识的模型，客体正是在这个意识中被建构起来的"，进一步讲，西方错觉主义绘画中的背景体现着"根深蒂固的笛卡尔主义"[81]。简言之，背景之于出现在其上的东西，就相当于主体之于出现在主体心中的客体。

背景与人物之间亦有多种关系。在很多绘画中，背景的作用单纯是为人物提供支持——这里所谓的支持既是画布上的支持（人物如果失去了背景的话就会显得仿佛是漂浮在画布上的），也是意义上的支持（背景为人物的出场提供了合理的情境）。然而，有的作品则超越了这种简单的支持关系。例如，在马萨乔的《纳税银》(*The Tribute Money*) 和拉斐尔的《驱逐赫利奥多罗斯》(*The Expulsion of Heliodorus*) 等作品中，同一个背景容纳了原本处在不同空间或时间中的故事片段。又如，安德烈·德尔·萨托（Andrea del Sarto）在为圣徒菲利普（St. Philip）绘制一系列壁画时，试图把属于同一个人物但分散在不同时空中的故事整合到同一个背景中。在上述作品中，背景本身就是作为故事讲述者的主体。再如，莫奈画中的杨树似乎不是长在地面上，而是长在倒映着杨树的水面上，水面似乎成了杨树的背景。有学者对此评论道，莫奈"破坏了早期绘画中那种牛顿世界的'局部空间'"，因为他所在乎的是"聚焦于空间本身而不是位于空间中的客体",而这个空间,也就是倒映着杨树的水面,与莫奈的花园中那个长有睡莲的池塘一样,都是某种"无边界的水平平面"[82]。换言之,水面,这个为客观存在的植物提供支持的背景一方面固然是客观世界的一部分,另一方面也是一个无限的、虚幻的、通过倒影来复制客观世界的主观东西。正是在这个意义上,我们可以说,背景及其所营造的氛围本身就意味着主客观的统一。

(4)**极简主义**。莫里斯在论述极简主义作品与环境的关系时提道:

> 在这种更新的美学中,客体只不过是多个东西中的一员。它在某种意义上更具反思性,这是因为,与以往的作品相比,人们能够更强烈地意识到自己与客体处在同一个空间,并且自己与客体处在多个内部关联中。与以往相比,人们更能够意识到,就在他从多个角度、在不断变化着的光线条件和空间背景中把握客体时,他自己就在建立这种关联。[83]

> 客体并不是变得不那么重要了。它只是变得不那么自我—重要(self-important)了。通过占据多个东西中的一员的位置,客体并不会淡出并成为一个枯燥乏味的、中性的、笼统的或者孤立的形状。[84]

由上述两段引文可知,对极简主义作品的欣赏是一种氛围性体验,这是因为,极简主义作品要求观者与其共处一个空间中并在运动中观看,而运动显然是过程性的和时间性的,就此而言,极简主义作品是空间与时间的统一。并且，作品所在的空间不仅是抽象的而且是具体的：空间中的光线对作品的照射、作品在空间中的摆置方式、空间的尺寸以及空间尺寸与作品尺寸的比例关系等因素使得这个空间拥有了具体特征。莫里斯因而认为，作品呈现出来的变化是空间中各种要素的变化的"函数"[85]。更直白地讲，我们表面上是在欣赏空间中的那些多面体，实际上却是在欣赏整个环境以及环境与作品之间的互动关系。

（5）创造晕眩的艺术。按照本雅明的说法，艺术作品因复制技术而失去了"光晕"。然而，作品是否确实失去了"光晕"，取决于我们如何定义它。如果我们把"光晕"定义为一种由于身体在衡量距离或角度方面的功能失调而造成的晕眩，那么我们就会发现艺术并不缺少这种"光晕"。艺术通过创造这种"光晕"——这种涉及距离感知或角度感知的晕眩——来创造新的氛围体验。

在现当代艺术领域，典型的创造晕眩的例子是詹姆斯·特瑞尔（James Turrel）的以光为媒介的作品。在《楔形物3》（*Wedgework 3*）中，观者先是发现前方有一片被光照亮的空间，但随即意识到那不过是被幻灯机投射到墙上的图像，而并非真正的空间，也正是这种纵深与平面之间的张力使人产生了晕眩。而《呼吸光线》（*Breathing Light*）等作品则是一个充满浓浓雾气的巨大房间，雾气在光线的照射下变成紫色、红色、黄色等鲜艳颜色。当观者在房间中走动时，会因眼睛难以衡量四周的纵深而感到晕眩，这一方面是因为雾气遮挡了视线，另一方面是因为房间内没有任何东西可充当参照物。

贾科梅蒂的刀锋形人像同样创造了微妙的距离体验。按照克劳斯的说法，这些人像的面部和身体的粗糙模糊以及纤长的形状代表了"观者在远处的凝视"[86]，直白地讲，在现实中，仅当我们从很远处看一个人时才会看到模糊且变形的形象，而现在无论我们距离这些雕塑多近，我们都只能看到这样的形象；换言之，清晰度不再随着观者的运动（远离或走近雕塑）而变化，距离被固定在了雕塑上。

就视角上的失调而言，理查德·塞拉（Richard Serra）的《转换》（*Shift*）是一个典型个案。六道水泥墙组成一条折线立在一片有微小坡度的田地上，这就在两个方面形成了差异：第一个方面是，当观者站在作品的较高一端俯视时就会发现，较高一端与较低一端连成的线段有些倾斜，并不与海平面以及每道水泥墙的上沿平行；第二个方面是，当观者站在高处俯视时，水泥墙及其连线是被观看的景观，但当观者走到下方更靠近墙的位置从而身处作品之中时，墙就变成了对观看景观的视线的"阻碍而非景观"，并因此"强化了人们对自己身体的物理位置的体验"[87]——换言之，人们认识到，自己每一刻都只能处在一个位置这个事实必然会使视线受阻，必然会使视角成为有限的。这件作品带来的晕眩严格来说不是感受上的，而是观念性的，仅当人们来回在高处和低处变换位置并在上述两个方面反思自己的观看体验时，这种观念性的晕眩才会出现。

事实上，绘画作为一种创造错觉的媒介同样能够带来晕眩感，这体现为三个方面。第一个方面是涉及清晰度的距离失调。在现实中，我们越是走近事物，事物越是清晰；然而，我们在观看绘画时必须保持一定距离，走近它并不会让形象变得清晰。相反，华丽的衣服就会变成一团乱糟糟的颜料，茂盛的树叶就会变成一片粗陋的斑点。第二个方面是视角与距离之间关系的失调。设想，现实中的两个人一前一后、一左一右地站在我面前，此时我只能准确判断他们之间的水平距离，但难以判断直线距离；仅当我从有着一定角度的侧面观看他们时，才能判断他们之间的真实的直线距离。相反，两个画中人的距离是铭刻在画之中的，几乎与我是否从合适的角度观看无关。第三个方面是，画中一大一小两个人物固然意味着他们一近一远，画中比人物小得多的建筑固然意味着它们处在远处的背景中，然而，只要我愿意，只要我抵制住画家让我产生错觉的诱惑，我还是可以把画中的比例看成是两个并排的被再现之物的真实比例。以上三点意味着，我虽然可以专注于画中的形象，但同样也会意识到出现在眼前的只不过是一个物或一个媒介，而当我不断往返于对形象的体验与对媒介的体验之间时，晕眩便到来了——这难道不是比不可复制性更本真的"光晕"吗？

（6）ASMR、艺术疗愈、星座和塔罗牌。守护神是内在于主体之中且决定主体一切行为的另一个主体。而一些与艺术有关的事物或现象则试图与守护神共鸣，进而对其施加影响。这些事物或现象构成了一个思辨三元组。

第一个环节是自发性知觉经络反应（autonomous sensory meridian response 或 ASMR）。尽管 ASMR 让人联想到行为艺术和约翰·凯奇利用日常物品创造的声音效果,但严格来讲它并不属于艺术。ASMR 通过柔和、缓慢、有趣且有着较高音质的声音使头部产生极轻微的痒和刺痛的愉悦感觉,其触发生理反应、[88]改变大脑状态、[89]调节情绪[90]和助眠[91]的作用已得到证实。然而,ASMR 只是三元组中最抽象的环节,这一是因为它能否发挥效果取决于人格特征等偶然因素,二是因为它只能起到缓解压力、放松心情等作用,并不能真正影响人们的抉择。

第二个环节是艺术疗愈。严格来讲,艺术疗愈只是与真正的艺术有关的实践,但它本身并不是艺术。目前,以音乐介入、视觉艺术疗法、基于运动的创意表达和表达性写作等形式开展的艺术疗愈在心理和生理层面产生的效果已得到广泛研究,[92]研究者已积累了诸多成功案例,[93]一些有潜力的疗法尚有待探索。[94]艺术疗愈尽管与 ASMR 一样不能直接为人们的行为提供指引,但就其有着更为明确的、可表述清楚的目标和效果而言,它比 ASMR 更加具体。

第三个环节是基于星座或塔罗牌等的占卜方法。这些方法像艺术一样可以被视为对自由和不自由的呈现,这是因为它们既让被分析者看到了自己行动的潜力,又强调了生日等不可改变因素的影响;然而,由于不论是主导整个社会的艺术观念的人,还是占卜者和被占卜者,都不会把这些方法与任何艺术意图关联起来,所以我们在当下也不承认它们属于艺术——当然,这并不排除它们未来被认定为艺术的可能。这些占卜方法是前两个环节的统一,这是因为,一方面,这些方法与 ASMR 一样,都具有某种程度的不可传达性,这就是说,尽管利用这些方法的被占卜者比其他人更能理解占卜者的分析话语的意义并能够把自己的生活经历与占卜者的话语综合起来看待，但是这些话语的意义及其启示对于第三者来说却是不可知或不重要的；与此相同的是，ASMR 带来的感受因人而异，并且欣赏者很难用语言准确地将感受表达出来。另一方面，这些方法又像艺术疗愈一样需要特定的器物和操作流程，因而具有外在性，或者说，这些方法可被看成是附着于器物上的、外在于我的内心的守护神。

不过，与前两个环节不同，这些方法还具有以下四个突出特点：

第一个特点是，这些方法主要是以阐释的方法运作的，并因而与语言更接近，更具有观念性：星座试图阐释自然中本就存在的天体及其运动，以此为过去、现在和未来的人生提供意义和根据，而塔罗牌则是对人为创造的牌名和图像的阐释。

第二个特点是，这些方法都体现了极其朴素的辩证法：星座中的辩证法体现为诸如"你虽然表面上爱热闹，但也渴望宁静"或"你虽然沉默寡言，但也会跟熟悉的人聊很多"这种同时覆盖正反两面的话术；而塔罗牌中的辩证则体现为牌的正位和逆位具有相反的含义。

第三个特点是，这些方法能够在某种程度上影响被占卜者的决策。这又分为两种情况：在有些时候，这种指引是明确的，这体现为占卜者所说的诸如"未来几天将会有一件需要你全力以赴的事，请你好好把握机会"这样的建议。在另外一些时候，表面上是在描述被占卜者的特质或现状的话语，实则是在为行为方式给出暗示式的指引，例如，占卜者所说的"你是狮子座，狮子座代表着自信"表面上只是对情况的陈述，但它确实可能使一个原本不自信的被占卜者变得自信。

第四个特点是，这些方法都具有黑格尔所说的设定预设的效果。此处的所谓设定预设是指，尽管在客观上某些先行原因导致了某个结果，但是，仅当这个结果已然出现时，我才能回溯性地认识到那些原因。例如，当我成功地做完一件事时，我试图厘清把我引向成功的因素和事件，但我的思路并不清晰；然而，我突然回忆起占卜者曾经预测过我的成功，尽管他那时说的话极尽模棱两可之能事，但确实有助于我识别那些关键因素和事件。

至此，我们已经解释了为何 ASMR、艺术疗愈、星座和塔罗牌发挥着守护神的作用。要预先提及的是，另有一种与守护神相对应的艺术形式——人工智能行为艺术——将会出现在后面的分析中。

▲ 20 编 码

§ 媒介具有外在性,它的作用是为事物编码。

我们已经提及了不少关于艺术的定义和非思维性的内容。接下来我们来看看艺术的功能以及与之相关的登记、编码、媒介和跨媒介的概念。

(一)登记

黑格尔明确宣称,对于艺术,我们"必须抛开'目的在哪里?'以及附带的'用处在哪里?'"[95]之类的问题。这是因为,艺术虽然可以说是有着某种功能,但这种功能并不是(至少并不首要地是)作为手段服务于现实。

如前文所言,代表艺术的功能的推论是 S-U-P,意指艺术作为中项使个体与生活相关联,或者说,使个体的生活成为有意义且可过的。我们将要说明，这个功能是通过将生活（P）登记于作为总体的艺术（U）上实现的。

那么，被我们称为登记的这个过程到底是什么呢？我们希望区分日常意义上的登记和现象学意义上的登记。

所谓日常意义上的登记是指，当我要建立一个新的机构时，我会把相关信息提交给管理部门以便取得来自它的承认，而我这样做是为了：（1）让机构获得存在的合法性；（2）确定这个机构与其他行为体（个人或机构）之间的权利义务关系，从而避免纠纷；（3）获得一定程度的行动自由——我的机构不需要向管理部门和其他行为体报告自己的绝大多数决策，而管理部门和其他行为体也有它们自己的事情要做，这三方之间是漠不相关的。按照这种理解，登记意味着把经过缩减的必要信息记录在载体上：机构本身是现实的并且有着丰富的特征，而在我登记时，它便被转化为一张只记录了少量信息的表格。同理，当我把三维的现实世界缩减为一个侧面并画下来时，我也把现实登记在了作为载体的画布上。

所谓现象学意义上的登记同样包含三个方面：（1）当我为自己的存在寻找根据时发现，世界上有大量偶然因素，先前的某一组偶然因素造就了现在的我，而如果换一组偶然因素，我就不再是现在这个样子了，我甚至都不会存在。然而，如果决定我的存在的不是这组或那组偶然因素，而是所有因素的总体的话，那么因素就再也不能增减了，我的存在因而就具有了不可更改的必然根据。（2）我与他者建立关联的多种可能性不但是高度不确定的，而且会威胁我的独立性，这一点使我焦虑。然而，如果我事先了解到所有可能性都已被记录在一个总体中，那么我便不再焦虑了。（3）我的行动会对现实造成影响，并因而可能被阻止。然而，如果所有可能性已然构成了一个普全总体，那么我的行动并不会让可能性增加或减少，并因而不会影响这个总体，在这个意义上，我在这个总体上的登记恰恰体现为我与它的漠不相关，我拥有随意行动的自由。总之，对于现象学意义上的登记而言，登记形成的结果不是某些被缩减并记录的信息，而是所有可能性所构成的总体。

如我们在阐释艺术的推论结构时所言，艺术正是这个作为中项的普全总体。换言之，艺术的功能就体现为，我们可以把事件、情感、观念等进行登记，从而得到一个作为总体的艺术作品，并因此在上述三个方面先行获得无限的可能性，从而能够忍受那可能性少得可怜的、有限的现实生活。

（二）媒介和编码

媒介就是登记所需要的载体，而编码则是把事物中的元素与载体中的元素匹配起来，从而把事物记录在媒介上的过程。日常生活中，法、道德、市场、国家等都是可以将大大小小的行为体的意志铭刻下来的媒介，只不过这些媒介不会任由个体摆布。但艺术所使用的媒介却是可以被艺术家自由创造和修改的。艺术媒介有很多种，诗歌、绘画和音乐都是艺术媒介。甚至建筑也是媒介——我们在建筑上登记生活的方式就是在建筑中生活，而建筑的空间尺寸及空间划分、门窗和通道的安排等元素则对我们的生活进行了编码。另外，媒介也可能不是物理物，而是某种观念体，例如，对小说而言，由开端、发展、高潮和结尾组成的结构就是这样一种作为媒介的观念体。

被克劳斯以所谓后媒介[96]的名义论述的媒介创新现象在现当代艺术中广泛存在。对创新者而言，不同媒介之间的差异可能体现在三个方面：第一，不同媒介的编码针对事物的不同元素或特征，例如，小说可以很好地记录人物的心理活动，而绘画固然也可以呈现心理活动，但显然无法像小说那样给出精细的记录。第二，不同媒介在编码时使用的元素不同，例如，绘画可以用颜色、形状和构图等形式对现实进行编码，而舞蹈则借助动作进行编码。第三，不同媒介对事物上的元素与媒介自身的元素进行匹配的方式是不同的。例如，如果事物上的某个特征与媒介上的某个记号相对应，那么这种匹配方式就是一对一匹配，但我们同样可以选择一对多、多对一和多对多的匹配方式；又如，我们可以采用如实匹配的方式，让现实中树的绿色与画布上的绿色匹配起来，然而，只要我们愿意，我们完全可以采用随机抽取一个颜色的方式。

媒介创新除了体现为寻找在上述三个方面有差异的事物充当媒介外，还可以体现为创新性地使用既有媒介的新属性，发明使用这种媒介的新方式。对创作《26个加油站》(*26 Gasoline Stations*)的爱德华·鲁沙（Edward Ruscha）而言，正是汽车使他能够到达不同地方并拍照，汽车因而与照相机一样是摄影工具的一部分；而对吉米·达勒姆（Jimmie Durham）而言，汽车可以直接成为装置作品的一部分。实际上，对同一事物成为媒介的多种可能性的探究向来是艺术最基本的任务之一，以石头为例，我们至少可以列出它的三种属性：一是石头可以占据空间或圈定一片空间，这个属性被用于建筑；二是石头拥有形状和质感，这个属性被雕塑所利用；三是石头包含化学物质，这使得石头可以被制成颜料并被用于绘画。这三种属性中的每一种都对应着特定的使用方法、使用规则、铭刻方式和审美传统。

（三）媒介的外在性

对黑格尔而言，哲学思维的媒介是概念，而哲学的研究对象同样是各种各样的概念，简言之，哲学的媒介不外在于研究对象；相反，艺术的媒介（画布、颜料、石料……）则外在于艺术要呈现的精神，简言之，艺术的媒介具有外在性。然而，尚需回答的第一个问题是，哲学确实不存在媒介外在性的问题吗？与此相关的第二个问题是，既然媒介是外在于某物的，并不会真正影响某物，那么它对某物又有何意义呢？

让我们看一个实证研究的例子：我希望分析决定人们爱喝或不爱喝咖啡的因素，为此，我需要把爱喝和不爱喝编码为"1"和"0"，并把这些数值放入回归模型中。在这个例子中，我是否对人们的偏好进行编码并不会反过来影响偏好本身，因而编码是外在于偏好的。然而，正是因为我进行了编码，所以我可以抽离出现实并从数学层面分析问题。

再看一个黑格尔逻辑学的简单例子。有限性和无限性是客观逻辑中的两个范畴；而特殊性和普遍性是主观逻辑中的范畴，并且它们是概念的两种形式。概念是哲学的媒介，而特殊性和普遍性是这个媒介所包含的两种编码标签，因而我们可以把有限性编码为"特殊性"，把无限性编码为"普遍性"，就如同我们把人们对咖啡的偏好编码成"1"和"0"一样。当然，有限性和无限性本身对于自己是否被编码以及被如何编码是无所谓的。然而，这样编码的好处是，虽然我们仍然可以直接讨论有限性和无限性的关系，但是我们现在找到了一种"偷懒"的办法——在概念层面分析问题。例如，因为在概念层面普遍性就是特殊性，特殊性就是普遍性，所以我们可以得出有限性就是无限性，无限性就是有限性这个结论。

以上两个例子帮助我们回答了前边提及的问题。

对第一个问题的回应是：即使是哲学也无法完全避免媒介的外在性，这是因为，尽管作为媒介的概念也不过是范畴之一，但它毕竟不同于其他范畴。

对第二个问题的回应是：一方面，编码不会给被编码的事物添加任何东西，而且，同一个事物可以被贴上多种标签，同一个标签亦可被贴到多种事物之上。就此而言，媒介对事物的编码行为是外在且空洞的。另一方面，编码又确实拥有被编码的事物所没有的优势，它使我们可以在一个新的层面处理事物，这个新层面的规律要么能够帮助我们洞察被编码事物的深层次机制，要么提供解决问题的新方法。在上述例子中，影响咖啡偏好的因素正是借助统计学规律而被发现的；同理，运用处在概念层面的普遍性和特殊性之间的关系，有限性和无限性的本质可以被更清晰地揭示出来。在艺术领域，原本处在离散或对立状态的元素能够在媒介中得到统一。而就绘画而言，发挥编码和整合作用的因素之一便是媒介特有的形式：崇高与感性的优雅这两种精神特质可以借助构图的平衡或颜色的和谐而在拉斐尔或提香所画的宗教人物上得到统一；对构图和颜色的考量同样使得有着相对独立性的一个个人物能够在伦勃朗或雷诺阿的群像画中被整合起来；而卡拉瓦乔创造这种统一感的方法更为直接，他对光影的运用使得画中的人物似乎只能在一片被黑暗包裹的光亮中进行互动。

综上所述，媒介外在性体现为编码是外在于被编码物的。不过，媒介外在性还可以体现为跨媒介性。我们接下来讨论这个问题。

▲21 文图生物

§ 文字和图像都是片面的,但它们的总体却是物,这只不过是通过跨媒介性来实现无限性的一个例子。

跨媒介性显然不是艺术独有的,例如,解析几何就是以代数形式和几何形式对事物进行的双重编码,它能够同时利用这两者的优势。那艺术又是怎样的呢?众所周知,黑格尔的范畴都会反复地作用于自身,而艺术的外在性亦是如此:艺术需要作为外在东西的媒介来完成编码,但反复不断的外化意味着,它需要一个又一个媒介,一种又一种编码。这样一来,跨媒介性就成了艺术的天然要求。典型的例子是,同一个故事被用在小说、电影、电视剧和游戏中;同样可行的是,把音乐的旋律和节奏等要素编码成可由神经接口输入的信号,使欣赏者产生不断变化的平衡感、身体震颤感、运动感,甚至是疼痛感;进一步看,那些能够感知次声波、超声波、红外线或磁场的动物虽然本身是感知者,但同样可以充当人类的媒介，它们的脑电波数据记录了它们对事物的编码，并可经由神经接口转化为人类的体验。

尽管跨媒介性已被众多研究者广泛探讨过，但在此我们希望将跨媒介性的本质与主客观关系的问题联系起来。如前文所言，客观性意味着不可改变性，但是只有包括无限可能性的总体才是真正不可改变的，换言之，尽管任何单一可能性就其不是包含所有可能性的总体而言是主观的，但是有限的可能性累积起来的产物却是客观的——读者可在后面对绝对理念的介绍中看到对于这一点的详细分析。理想的情况是，我们通过一种或多种媒介来获取并累积不同的体验，从而得到客观性；而跨媒介性则只是客观性的不完美模式，因为它只是试图用不同媒介呈现同一个内容。不过，在黑格尔哲学中，不完美之物亦有存在价值。

接下来，我们将对一种被我们称为"文图生物"的跨媒介现象进行分析。这一现象通常是被放在文图关系的议题下加以探讨的，后者无疑是关于跨媒介性的既有研究中的经典议题。而我们在此关注的问题是：作为主观东西的文本和图像如何生成客观东西？我们把"文图生物"归结为以下这个思辨三元组。

"文图生物"的第一个环节是文本与图像的并置。这种并置不仅已被迈耶·夏皮罗（Meyer Schapiro）、罗兰·巴特、约翰·贝特曼（John Bateman）、桑德罗·荣格（Sandro Jung）等人深入探讨，而且是大多数既有的关于文图关系的研究的主题。它涉及的对象包括故事及其插图、广告、产品说明书和叠加了文字的电子游戏画面或 AR 画面等艺术或非艺术领域的东西，而塔罗牌亦应被归为此类，因为占卜者在解释牌的含义时要同时参考文本资料和牌上的图画。总的来看，这类研究一般会得出以下几种结论：首先，文本与图像各自具有独立性，只是有时两者的重要性是几乎相等的，有时一方具有较大重要性以至于可以支配另一方；其次，文字和图像都为它们所组成的整体贡献了意义；再次，同一个图像可能会被放在不同情境中并与不同文本搭配，而图像自身的意义在各种不同搭配中亦是不同的。

显然，这种并置只不过是一种抽象的统一，是"文图生物"的初级阶段，这是因为，文本自身并不在意自己是否以及如何与图像搭配，图像亦不在乎此事，两者的搭配是靠人来完成的。主观意义的组合在此似乎无法产生客观性。然而，从某种意义上讲，某种客观东西毕竟还是产生了——荣格分析了与小说相关联的图像在19世纪被用于日常用品进而融入社会实践的情况，[97] 与这些被转印的图像相搭配的文本主要不是指它们旁边的注释，而是指观者脑海中的文本，也就是他们曾经读过的文学作品。这些日常用品固然也可以被视为"文图生物"的产物，但它们显然并非是由文本和图像自己生成的。

"文图生物"的第二个环节是文本和图像的直接统一，文本即图像，图像即文本。这个环节又可细分为两个部分。第一个部分是书法作品，它无疑是文本与图像相互是对方这一点的绝佳体现，因为文字一方面具有自身意义，另一方面又具有视觉上的美感。第二个部分是那些利用文字的颜色、尺寸、排列方式等视觉特征的作品，它不但包括像"锦灰堆"这样的作品，也包括大量现当代作品。安德烈是较早期的尝试者，他在《144次》(144 Times)等作品中像摆放他的极简主义砖块一样摆放英语单词。劳伦斯·韦纳（Lawrence Weiner）则是把如标语一般被放大了的单词或短句直接印在墙壁和地板上。与前两人相比，梅尔·博赫纳（Mel Bochner）更强调对文字的颜色、字体、颜料的液体性、涂改痕迹等视觉因素的利用。詹姆斯·库克（James Cook）用传统打字机为人物或建筑打出由字母、数字和标点符号组成的图像，而这实际上是延续了19世纪末以来众多艺术家用打字机创作生动形象的做法。

　　这种文本直接就是图像的情况的确生成了客观性。这是因为，对黑格尔来说，客观性最基本且最抽象的含义就是不可否认的、单纯地"放在那里"或"就是如此这般"，而当我们在黑格尔意义上说某物具有直接性时，要表达的恰恰是这种不可否认的"就是如此这般"，简言之，直接性就是抽象的客观性。在第二个环节中，文本与图像的相互等同是直接的，因此我们说"文图生物"的效应在此出现了。我们在看安德烈或韦纳的作品时所感受到的那种难言的突兀和咒语般的神秘，便是物性的典型体现。

　　"文图生物"的第三个环节是让人工智能根据提示词生成图像（或视频），或者根据图像反过来生成与图像内容相关联的文本，当然，文本是以声音、字符还是脑电波的形式被输入是无所谓的。这个环节恐怕很难被关于文图关系的既有研究接受为议题，而我们则把它视为一种更高级的文图关系，并且是前两个环节的统一。一方面，这个环节与第一个环节相同，因为它返回到了文本与图像并置而不是直接等同的状态；但另一方面，文本此时不再仅在字面意义上被放在图像旁边，而是的确在某种程度上与图像共享某种意义（当然，人工智能能否真正理解意义是个尚需探讨的话题），换言之，两者因这种共同意义而结合得更紧密了，而就这种内在的等同性而言，这个环节亦与第二个环节相同。另外，尽管第三个环节中的人类仍像在前两个环节中一样发挥着合并文本与图像的作用，但在这个环节中，合并的冲动在一定程度上被内化和精神化了：就文生图而言，文本在意自己是否被图像理解，图像亦在意自己是否被文本理解。

我们还可以把这个环节细分为两个部分。第一个部分是一次性的文生图或图生文，以及它们原则上可以形成的不断交替的无限循环——杰克·埃尔威斯（Jake Elwes）的作品《AI 阐释对〈反对阐释〉进行阐释的 AI》（*AI Interprets AI Interpreting "Against Interpretation"*）为这种无限循环提供了原型，它把文本转化成图像，再把刚生成的图像转化成文本。然而，对黑格尔来说，真正的无限并不是无休止地增加新内容的无限，而是有限内容的丰富，因此，这个环节的第二个部分就是人类与人工智能围绕一个内容展开的持续互动，典型的情况是，使用者先借助提示词生成首个图像，然后与人工智能进行多轮对话从而调整或完善图像。

这种互动过程创造了真正意义上的客观性。这是因为，这个过程中的人类与人工智能都试图为对方提供意义并理解对方的意义，而客观性恰恰是在主观性的不断积累的基础上实现的。换言之，宣称这个互动过程等同于物，或者说它具有物性，这听起来想必很别扭，但只要我们在黑格尔哲学的意义上重新理解何为物，就不会感到奇怪了。

至此，真正的"文图生物"实现了。

▲ 22　性　别

◆◆◆◆◆

§　黑格尔的推论是性化的。

◆◆◆◆◆

　　本书接下来的部分都将用于阐释艺术的分类，但更准确地说，是处在时代精神的不同阶段并因这些阶段的差异而被划分开来的艺术。

　　尽管本书旨在探讨现当代艺术，但我们也必须为黑格尔提及的象征型、古典型和浪漫型艺术安排合适的位置。如果说现代主义艺术通过自身批判来为自己寻找根据，那么以往的艺术相较而言则与外在于艺术的领域相关，这包括宗教、道德、政治、日常生活、自然等各个现实领域。然而，所有这些领域都与伦理有关——我们在此所说的伦理固然也与现实有关，但它并不是与上述领域并列的另一个领域，亦与教育或心灵净化无关，而是一种包含所有上述领域的一种深层结构。正是在这个意义上，我们可以说艺术以伦理为根据。

那么，这里所说的伦理到底是什么呢？简言之，它就是共同体所拥有的<u>个体—具体领域—善</u>的结构，鉴于它无非是一种个别、特殊和普遍之间的关系，所以可以被简写为 S-P-U。这个结构的具体含义十分简单：个体渴望与他或她所在的共同体中的善建立关联（S-U）；但是，善是抽象的，即便是那些用来描述善的词语，如"完美"或"至高的幸福"等，也都是空无内容的，人与这种抽象东西的直接关联因而无法被建立；由此可见，善必然要分化为一个个为善而服务的、具体的特殊领域（P-U），善因而是所有这些特殊领域的简单统一；个体通过在各特殊领域中活动（S-P）而与善建立起间接关联。

这个伦理结构有着与推论相似的缺陷。如前文在介绍推论时所言，在 S-P-U 中，S-U 的确立有赖于 S-P 和 P-U，但是 S-P 和 P-U 的确立又有赖于引入新的元素，而这意味着我们会陷入不断引入新元素的坏无限之中。与此相仿，伦理所要面对的问题是：首先，有什么东西能让我与特殊领域联系起来呢，有什么依据能让我相信特殊领域是有意义的并且能够把我与善联系起来？其次，普遍的善为什么分解为并包含这些特殊领域，而不是那些特殊领域呢，它的分解的依据是什么？然而，上述两个问题所追寻的依据都是无法被找到的，这是因为，这里所说的特殊领域是指所有领域的合集，并没有什么能够提供依据的新领域存在于这个合集之外。

怎么解决上述两个问题？正如我们在把变量编码为数值之后就可以采用数学方法解决现实问题一样，现在既然我们已把伦理结构编码为推论 S-P-U，那么自然就可以利用后者的规律。于是解决方案便是利用伦理结构的偏离形态：我们利用<u>特殊领域—个</u>

体—善（P-S-U）来连接特殊领域与善（P-U），利用个体—善—特殊领域（S-U-P）来连接个体与特殊领域（S-P）。

我们接下来将要阐明的是，黑格尔提出的诸推论形式本身是被**性化**的，可以借助拉康的性化公式中的**男性**和**女性**[98]来阐释，并且，经这种视角阐释了的推论有助于理解伦理结构的上述偏离形态。换言之，正如推论 S-P-U 需要 P-S-U 和 S-U-P 支持一样，共同体的整体结构需要来自男性和女性的支持——男性和女性在此不是指这个或那个人，而是指两种结构。实际上，这种观点已被拉康自己和齐泽克详细论述过。所谓男性和女性无非是解决象征界自身的僵局的两种方式，并且影响我们的一切活动。[99]而我们添加到既有分析上的则是把推论结构和两性结构关联起来。

为了解释推论的这种性化结构，我们现在必须先介绍推论的种类（表1）。在黑格尔看来，推论不仅有 S-P-U、P-S-U、S-U-P 三种排列方式，而且还可被分为定在推论、反思推论和必然性推论三组，并且每一组都包含三种排列方式。这样一来，我们就得到了 9 种推论（如果算上被放在第一组的数学推论 U-U-U，则为 10 种）。

表1 推论的种类

		3 种排列		
		S-P-U	P-S-U	S-U-P
3组推论	定在推论	1 第一式 S-P-U	2 第二式 P-S-U	3 第三式 S-U-P、数学推论
	反思推论	4 全体性推论	5 归纳推论	6 类比推论
	必然性推论	7 直言推论	8 假言推论	9 选言推论

接下来，我们看看推论的性别结构到底有什么具体含义。（注意：我们在此只介绍六种性化推论，而没有介绍以 S-P-U 为排列方式的三种推论。读者可在后文对象征型、古典型和浪漫型这三个艺术阶段的论述中看到对这三种推论的介绍；此外，在论述这三个艺术阶段时，我们还将提及全部推论中的每一种与艺术之间的关系。）

（一）男性结构（特殊领域—个体—善，P-S-U）

在拉康的性化公式中，男性的含义是：**所有人都受到菲勒斯的影响，但至少有一个人没有受到影响**。众所周知，所谓菲勒斯的影响，或曰阉割，并非是指肉体层面的影响和改变，而是指放弃快感并融入语言、制度和律法等可归属于象征界的超个人结构。描述男性结构的两个分句"所有人……"与"至少有一个人……"似乎是矛盾的，而这个矛盾意味着，就在所有人遵守规则的同时，不可避免地存在着某些特例，某些在规则上打出缺口并使规则不能一以贯之的人。进一步讲，特殊之物的存在是结构性的，具有普遍性的结构不可能在没有特殊之物的情况下存在。

共同体中的男性结构意味着，特殊领域所追求的目标永远不能与善完全吻合。这是因为，善不能自行实现，必须依靠个体来实现，或者用黑格尔的话来讲，这种善与个体的二重性意味着善是反思的。但是，具有反思性的某物可以用多种方式生成自己的分身，因此，善既可以自行分化为善自身和个体，又可以自行分化为善自身和多个特殊领域。然而，这些特殊领域之所以有意义，仅仅是因为主体认为它有意义,认为它是善的组成部分;反过来说,善实际上不能把自己具体化为任何领域,真正把社会划分成一个个具体领域的是人。这意味着,个体是特殊领域与善之间的必不可少的中介(即 S 处在 P 和 U 之间),而个体之所以能够成为中介,无非是因为个体既追求善(S-U)又追求具体利益(S-P)。然而,个体可以采用的划分方式是多种多样的,并且不可避免地带有主观任意性,例如,并不是历史上的所有社会都有专门的教育机构和社会福利机构。正是因为这种任意性,特殊领域永远不可能完美地与善对应起来,因而新的领域总会被构想出来。或者用拉康的话来说,人们的欲望结构使得已经存在的那些领域对人们来说永远"不是那一个",人们永远都会寻求建立新领域。总之,某种不一致性或疏漏是必然存在的、无法消除的。

在上述诸种推论中,与男性结构对应的是三种有着 P-S-U 结构的推论,这三个推论从不同角度揭示了男性结构的特征。

(1)第二式 P-S-U。这个推论形式并不能解释问题,而只是把问题摆了出来,这个问题便是,S 外在于 P 和 U,P 与 U 的连接看起来只是 S 在无根据的情况下完成的,因此这种连接也是外在于 P 和 U 的;而放到伦理结构中,这便是说,特殊领域之所以对善有意义,仅仅是因为某些行为体相信这些领域是有意义的并设立了它们,但这种行为可能是任意且武断的。

(2)归纳推论。这种推论显示出,黑格尔的推论可以包含很多陈述,而不局限于三个,其典型是:

$P-S_1-U$:第一个人爱喝咖啡,并且是乐观的,
$P-S_2-U$:第二个人爱喝咖啡,并且是乐观的,

P-S_3-U：第三个人爱喝咖啡，并且是乐观的，

……

P-S_n-U：第 n 个人爱喝咖啡，并且是乐观的，

P-S-U：所以，爱喝咖啡的人是乐观的。

显然，上述推论给出的结论是片面的，而这只不过重现了那个经典的认识论问题：我们一方面质疑能否从有限的个案中归纳出涵盖无限个案的结论，但另一方面我们又不可能找到无限多的个案，因为这是不可能实现的坏无限。如果一定要进行归纳，那么我们就必须给出统计学上的或实践上的理由，以便说明为什么观察 n 个人就已足够，而不用再观察更多人。但这也意味着，第 n 个人一方面与其他人平等，另一方面又是一个特例，它似乎拥有宣称"我就是最后一个"并终结观察任务的资格。

对比第一式推论和归纳推论可知，前者只是把 P 和 U 之间的连接是外在的这个问题摆在我们面前，而后者不但解释了这种外在性是如何产生的，而且鲜明地展示了缺陷。更具体地说，后者不但告诉我们外在性来自对样本的归纳，而且鲜明地揭示出这种归纳不得不依赖特例并且有可能得出错误的结论。

就伦理结构而言，与归纳推论相对应的情况是这样的：设想，统治者希望了解人民愿意把什么活动跟善联系起来，于是便采访了一个群体并根据其成员的意见制定政策。这里的问题是，不管这个群体包含多少成员，这些成员的追求都无法代表其他人的追求，而选择这个群体而不是别的群体进行采访，多多少少体现了统治者的任意性，只不过统治者能够利用权力将这种任意选择合法化。

（3）假言推论。这种判断有着"如果 A 发生那么 B 发生，现

在 A 发生了，所以，B 也发生了"的结构。要注意的是，此处的 U-S-P 与前文中的 P-S-U 是等同的，因为对黑格尔来说两个端项可以随意换位置。典型的假言推论是：

U：如果阳光强烈，那么水就蒸发得快，
S：今天阳光强烈，
P：所以，水蒸发得快。

尽管假言推论仅有 A 和 B 两项，但我们仍可以把它放到一个包含 S、P 和 U 这三者的框架中加以解释。A 代表的是使 B 这个结果得以发生的多种必要条件，就这种多对一的关系而言，A 是 U，B 是 S。然而，A 作为条件是一个个独立的东西，这些东西的存在意义就是为 B 的发生做出贡献，B 是诸多条件的统一，在这个意义上，A 是 S，B 是 U。这意味着，A 和 B 各自是 U 还是 S 是一个不重要的问题，它们都把对方当成自己的真理，并且享有同一个内容，而条件和结果只是这同一个内容的不同形式而已，就此而言，A 与 B 的连接具有必然性。也正是因为第一个分句"如果 A 发生那么 B 发生"同时包含一个内容的两种形式，所以我们选择把它标注为 U，而第二个分句"现在 A 发生了"意味着条件确实是现实存在的，因此我们把它标注为 S。再看结论，一件事情可以发生也可以不发生，这两种可能性代表着特殊性，因此我们将结论标注为 P。

伦理结构中的假言推论有着如下含义：它重现了第一式推论中的任意性和武断性，即，某个领域被认为有助于善，纯粹是因为，主体作为两者之间的中介相信"本就如此"，即，那个领域本就是有助于善的。不同之处在于，在第一式中，任意性只是被摆在我们面前而已，而在假言推论中，条件 A 与结果 B 有着同样的内容，这意味着，我与善之间的任意性竟被宣告为必然性了。换言之，当有人质疑我作为外在于善的主体有何权利将善与特定领域联系在一起时，我会回答说，我与善有着内在一致性，外在的已然是内在的，任意的即是合理的。但这难道不是一个可怕的结论吗——也许共同体中的每个特殊领域都是被武断地设定的？但这正是假言推论希望告诉我们的真相：每个领域的存在多多少少都是合理的，也多多少少是不合理的，换言之，不仅某些特殊者是特例，而且"普遍者中的每一个特殊案例或元素都是特例"[100]。

（二）女性结构（主体—善—特殊领域，S-U-P）

在拉康的性化公式中，女性的含义是：**不存在没有受到菲勒斯影响的人，并非—全部的人都受到菲勒斯的影响**。就字面意义而言，对女性的表述似乎与对男性的表述完全相同，都意在强调某个超出众人的特例，但就实际意义而言，两者完全不同。特别要强调的是，在女性这边，这个加了连字符的"并非—全部"既不是指就个体特质而言男性受菲勒斯影响更深，以至于更服从象征界，而女性则不那么服从（男性比女性更愿意遵守规则、更关注公共意志、更有理性……），也不是指就比例而言大多数男性服从象征界，而大多数女性则不服从。真实的情况是，每一个女性都恰恰是完全受到菲勒斯影响的，以至于她把这种影响当成了完全属于她个人的东西，或者说，女性恰恰是完全服务于普遍性的，以至于她把普遍性当成了她的个体性，以至于她正是通过服务于普遍性而破坏普遍性的。说得更直白些，"并非—全部"的意思就是：女性正是通过"全部"来实现"并非"的。关于这一点，黑格尔亦在《精神现象学》中宣称，女性把具有普遍性的公共活动"转化为某一特定个体的事业"[101]——要强调的是，不论是黑格尔还是拉康，都并非是在表达带有性别歧视色彩的观点，特别是对于拉康来说，女性结构还蕴藏着真正的解放力量。

在伦理结构中，女性有着如下作用。正如推论中的 S 与 P 需要建立关联一样，共同体中的个体也要在各个特殊领域中活动，然而，这些领域都是外在于个体的，个体只能在放弃自身快感的基础上才能融入这些领域。此时，正如在推论中 U 可以成为 S 与 P 的中介一样，女性发挥着确保他人放弃快感（即阉割）的作用。并且，鉴于女性把自己等同于普遍性，所以女性还是以善的名义发挥这种作用的，或者说，女性把善的意义赋予了有着具体追求并放弃了快感的人。而女性之所以能够发挥作用，是因为她是善所需要的两种关联的具身化：首先，善必然要与特殊领域相关联（U-P），因为前者是抽象的，而后者是具体的；其次，善与个体相关联（U-S），因为前者必须靠后者转化为现实。

与女性结构对应的是那些有着 S-U-P 结构的推论，它们揭示了女性的多方面特征。

（1）第三式 S-U-P。例如：

S-U：柏拉图是动物，

P-U：猫科动物是动物，

S-P：所以，柏拉图是猫科动物。

这个明显错误的推论说明，与第二式相仿，第三式试图摆明问题而不是解释问题，而这里的问题便是，根据隶属关系得到的结论既可能是正确的，也可能是错误的（柏拉图隶属于动物，猫科动物隶属于动物，但柏拉图并不是猫科动物）。同理，在现实中，人们固然可以用一个代表着善的绝对正确的理由说服我去做某件具体的事，但他们未必能够说服我，因为我认为善毕竟只是一个抽象的理由。

（2）类比推论。我们对该推论的解释与黑格尔自己的解释略有不同：此在，S代表有某种属性的个体，U由一个以上的分句组成，代表多种属性统一于其上的那个事物，P代表被推导出来的属性。例如：

S：飞盘是圆的，
U：比萨是圆的，并且可以吃，
P：所以，飞盘可以吃。

这个可笑的结论说明类比并不总是可靠，或者说，寻找家族相似固然是让事物联系起来并形成一个链条的一种方法，但这并不意味着有什么共同本质能够使它们归属于一个严密的整体。这种类比的失败相当于拉康所说的所谓被划掉的女性，[102]后者的含义是，女性之间的相似性构成了她们之间的关联，但这种松散关联并不能保证女性作为一个普遍群体而存在。

就我们所说的伦理结构而言，这种女性化的类比推理有两重启示：首先，一味追求普遍性有时会适得其反，一个过于具有包容性的群体实际上可能包含了很多性质完全不同的事物。其次，为实现某个目标而制定的普遍规则试图涵盖一切特殊情境，但这种涵盖一切的能力毕竟是有限的，这是因为，有些情境仅在家族相似的意义上与那些被认为无可置疑地被规则所涵盖的情境共享某些特征，但两者并没有严格意义上的同质性。在这种情况下，若一味要求服从规则，规则或它所服务的目标就会显示出缺陷和不现实性。然而，有着女性结构的行为体——该行为体未必是一个生理或社会意义上的女性——所做的恰恰是把自己看成是普遍者并把追求普遍性当成己任。对此，黑格尔宣称，女性的伦理关系不仅建立在单个的丈夫或孩子身上，而且"建立在一个一般的丈夫、一般的孩子身上，不是建立于情感，而是建立于普遍"；简言之，对黑格尔而言，女性"始终保有直接的普遍性"[103]。

（3）选言推论。它有着"A要么是B要么是C，A不是B，所以，A是C"或者"A要么是B要么是C，A是C，所以，A不是B"的结构（选项不限于B和C，还可以更多）。例如：

S：饮料要么是含糖的要么是无糖的，
U：饮料是含糖的，
P：所以，饮料不是无糖的。

在此，A（饮料）是被谈论的对象，因而是S；P既是S的两种特殊可能性B和C（含糖或不含糖），又是最终被推导出来的那一种可能性；中间的陈述（饮料是含糖的）既提及A又提及了一种特殊可能性，因而是S和P的统一，即U；然而，鉴于第一个分句中的A包含多种可能性，因而A不仅是S，而且本身也是U，第一个分句表述的实际是U的自身分化。

选言推论具有以下几方面特征：

第一，在选言推论中，最值得关注的是 U 或 A——它们在选言推论中是同一个东西：首先，U 同时出现在三个分句中，所以我们可以说，U 全程参与了推导过程（上述推论的三个分句都提到了饮料），正是 U 自己让第一个和第二个分句转化成了作为结论的第三个分句。而中项的中介作用就是参与某种过程并确保过程得以完成，就此而言，U 本身就具有中介作用。其次，进一步看，U 出现在结论中这一点还说明 U 恰恰是自己为自己提供中介的。再次，推论之所以是推论，就在于它具有某种形式，即某种合乎规则地把元素联系起来的抽象结构，就此而言，推论所具有的形式才是真正的中介。综合以上三点可知，U 既是中介，又是被中介物，还是同样发挥着中介作用的形式本身。这意味着，在选言推论中，真正重要的元素是 U，而它的具体可能性 P 则不那么重要，说得更直白些，形式比内容重要。

第二，选言推论的结论是多余的，这是因为，既然 A 要么是 B 要么是 C，既然现在已知 A 是 B，那么 A 当然不可能是 C 了。换言之，选言推论的前两个分句已经表达出了完整的意义，而作为结论的第三个分句是多余的，是可说可不说的。然而，如果我自己是一个假言推论并且被指责有这种多余性的话，我会以两种方式进行反驳：首先，我会说，请不要单单指责我，难道不是所有推论的结论都是多余的吗？在"柏拉图是动物，动物会死，所以，柏拉图会死"中，结论不也是被包含在前两个分句中并因而是显而易见的吗？其次，我还会说，我的结论当然是不言自明的，当然是相对于前两个分句而言的多余之物，但这种不言自明性不恰恰是一种无可置疑的必然性吗？

　　第三，选言推论意味着推论形式的崩溃，它因而很好地诠释了黑格尔哲学的基本教义：事物穷尽一切可能性并发展到顶峰之时，便是事物的崩溃之时。这种崩溃是这样发生的：推论的标准排列方式本应是 S-P-U、P-S-U 或 S-U-P，然而，自数学推论 U-U-U 开始，标准结构就已开始瓦解；归纳推论打破了分句数量的限制，类比推论中的 U 可以包含多个陈述，它们同样是在打破限制；在假言推论的结构中，S、P 和 U 组成的结构在表面上已被 A 和 B 组成的结构所取代；而选言推论则是最终的瓦解时刻，这不仅是因为在表面上 S、P 和 U 的结构被取代了，而且更重要的是因为它有着多余的结论。推论本应是有实质意义的，本应告诉我们一些新东西，但假言推论的结论却是多余的，没有存在的必要——不仅如此，如第二点所言，我们在看到假言推论的无意义性之后再反观其他推论，就会发现所有其他推论形式竟然也是无意义的，因为实际上它们的前提也不言自明地包含着结论。

　　在伦理结构中，与选言推论相对应的女性结构说明了女性以及女性所属的那种普遍者的实质：在选言推论中，U 可以包含一切选项，但这并不是因为每个选项都重要，而恰恰是因为每个选项都不重要，选择哪个是完全无所谓的事情，真正重要的只是作为形式的 U 本身；同理，将自身视为普遍的善的女性发挥着使个人融入各个特殊领域的作用，但这并不是因为这些特殊领域对她而言重要，而是因为这些领域都不重要，而真正重要的是这些领域能够围绕那个空无的善而存在。女人因而是被拉康意义上的冲动所驱使的：严格意义上的冲动不同于欲望的地方在于，欲望不断追求目标的实现，而冲动所需要的仅是实现目标的过程或形式，而不是被实现的目标或内容。正是在这个意义上，女性是完全忠于普遍性的；也正是在这个意义上，正如选言推论破坏了推论一样，女性也破坏了普遍性，但这种破坏同时意味着女性有望带来超越普遍性的异质可能性。

（三）伦理结构与艺术

综上所述，黑格尔的推论可被视为一种被性化了的结构，而既然伦理结构可以被编码为推论，所以伦理结构同样是被性化了的，这就是说，它需要男性结构和女性结构作为对自身的补充。

那么，伦理结构又是在何种意义上是艺术的根据呢？我们已经看到了两个有着 S-P-U 结构的推论，一个是艺术的分类，<u>主体—世界历史—艺术</u>（人们生存在世界历史的这个或那个特殊环节中，并且人们就是在这些特殊环节中欣赏艺术作品的）；另一个是伦理结构，<u>个体—特殊领域—善</u>。这两个推论的第一项是相同的，用"主体""个体""我们""人们"等来表述均无妨。两个推论的第二项是不同的，分别是世界历史和特殊领域，然而，世界历史的某一个特殊阶段（我们通常称其为社会环境）的特殊性无非在于，这个阶段的时代精神使得社会被以某种特定方式划分成一些特殊领域，因此，这两个推论的第二项尽管有着不同的字面意义，但在本质上是相同的，它们都试图表明，现实生活可以被特殊化为一个个具体环节。两个推论的第三项分别是善和艺术，善是完美性，是无限多种可能性的统一，但只是一个抽象的、空洞的简单统一；艺术如前文所述同样意味着完美性和无限可能性，但这种完美性必须现实化为能带来某种具体感受的具体事物或行为。因此，当我们说伦理结构个体—特殊领域—善是艺术的根据时，实际是在说，抽象的善需要成为具体的善，而所谓具体的善就是指由存在于历史的某个阶段和某种时代精神中的艺术所提供的某些具体的事物或行为，人们可以借助与这些具体东西的关联来与抽象的善建立关联。换言之，使艺术有存在价值的正是人们对抽象的善的渴求。

既然伦理结构是艺术的根据，并且伦理结构是性化的，那么艺术也应该是性化的。我们接下来将分别论述象征型、古典型和浪漫型艺术及其性化。

▲ 23 崇高救赎

§ 它包容，它庇护，它救赎，它粗陋怪诞，它生杀予夺，它冷酷无情。

众所周知，黑格尔的艺术哲学有两条脉络：一条脉络是依次对象征型、古典型和浪漫型艺术这三个阶段进行分析，另一条脉络是对建筑、绘画等各种艺术门类进行分析。这两条脉络一方面是交叉的，各艺术门类在各艺术阶段都是存在的，但另一方面，每个艺术阶段都有能够最好地呈现自身精神的典型门类。具体来讲，建筑是象征型艺术的典型门类，雕塑是古典型艺术的典型门类，而绘画、音乐和诗歌（包括我们通常所说的诗歌、散文、戏剧和小说等）是浪漫型艺术的典型门类。

要事先说明的是，黑格尔自己对象征型、古典型和浪漫型艺术的阐释已经相当详细和生动了。有鉴于此，我们无意重复黑格尔论述的细节，我们所要做的就是结合前文中的推论理论，以这三个阶段各自的典型门类为重点来对这三个阶段进行介绍。

让我们从象征型艺术开始。与它相对应的推论是属于定在推论的几种推论：**第一式 S-P-U** 从形式上说明了象征型艺术的运作方式，而**第二式 P-S-U**、**第三式 S-U-P** 和**数学推论**则是对它的必要补充。

（一）第一式 S-P-U

绝对精神是精神对精神自身的认识，但起初，这种认识还是抽象的、粗糙的、模糊的和躁动的。对黑格尔来说，认识只要还是抽象的，就不是对认识对象的内在东西的认识，就还只是游荡在认识对象的外部。象征型艺术的非思维认识甚至还不能从概念层面理解这里所谓的内与外的关系，而只是把它理解成字面意义上的、真实空间中的内与外的关系，而体现这种内外关系的典型便是建筑。

第一式 S-P-U 展示了这种内外关系和建筑的意义：在较早的历史时期，人们（S）为了基本的生存而忙于与残酷且反复无常的大自然打交道（P），而建筑（U）则代表了处在这种状态下的人们对于完美性的理解，它作为一个"壳"，一个字面意义上的外在东西，可以在一定程度上隔绝开不利的环境，为生产生活提供庇护。因此我们可以说，作为一个艺术门类的建筑的功能就在于，它使人们可以在其中登记自己的生活，而登记的方式很简单，就是人们让建筑包裹自己，在建筑中过每天的生活。

具体来看，建筑是如何体现完美性的呢？这要联系我们先前提到的关于总体的三个环节（有根据性、关联性和漠不相关性）来理解：第一，建筑遮风避雨的功能为我划出了一片安全、舒适并且只属于我的空间，使我能够自由且安心地做一些事情，在这个意义上，建筑是我的生存的根据。第二，建筑为我的生存的各个特殊方面创造了可能性，使我可以有选择地与他者建立关联，这又体现为两点：首先，我可以有选择地与建筑外的阳光、风、雨、野兽等事物打交道，而不必让自己时刻暴露给它们；其次，建筑的内部被划分为有着各种特殊功能的空间，包括卧室、厨房、浴室等等，从而使生活更体面，更有秩序。第三，在前边的两个环节的基础上，建筑进一步提供了一种抽象的自由感，它并不是指我有具体做什么事的自由，而单纯是指我感到自己可以从容地、无拘无束地在属于我的空间中过活。

然而，建筑不仅拥有以上直接与生存相关的完美性，而且还在更深层面上体现着反思关系，这种反思性体现在三个层面上。在第一个层面上，建筑具有孔洞性，这就是说，建筑一方面是外化了的精神，另一方面却又是一个有待被"填充"的孔洞，而被"填充"进去的当然就是我以及我的各种活动。进一步看，我甚至可以在建筑之中与建筑互动，而互动的媒介就是光线（建筑的采光和照明）和声音（建筑的声学效果），光线是单向的，它从某个方向（窗户、灯、镜面等）照向我，而声音则是双向的（与光波相比，声波在我与事物之间的往复运动更加明显），是振动，并因而是我与建筑的共鸣。总之，我对建筑的"填充"就是我对另一个我的"填充"，因此是反思性的。在第二个层面上，建筑具有一种内在的超越性。这是因为，我不仅可以在建筑中生活，而且可以**生活得更好**，例如，与在荒郊野外吃饭相比，在建筑中吃饭更好，不用担心风吹日晒。与生活相比，生活得更好就是一种内在的超越性，揭示了一个在自然的我之上的另一个我。在第三个层面上，建筑本身也有内外两部分，这就是说，尽管表面上建筑被认为是一个由建筑材料组成的物理物，但是建筑同时也是一个由物理物围起来的负空间——这个负空间当然不是直接可见的，但瑞秋·怀特里德（Rachel Whiteread）试图在《房屋》（House）等作品中利用有着负空间形状的混凝土结构来使其变得可见。建筑的物理物一面与负空间一面是内在于建筑的反思性。

除了作为典型门类的建筑之外，神话也是象征型艺术的核心组成部分。神话与建筑有关（用于祭神的庙宇），与雕塑有关（古埃及雕塑），亦与诗歌有关（印度的《罗摩衍那》）……总之，严格来讲，神话既是单独的艺术门类，又是渗透到一切艺术门类中的主题。与具有物质形态的建筑相比，神话由于使用了语言的形式，因而更明确地呈现了人类精神。

精神的本质是自由，人类对精神的认识就是对自由的认识。但在象征型艺术这个阶段，人类对自由的认识还是抽象的，还不能认识到自由就是内在于人自身的，因而就把自由赋予了神，或者说，人类对于神这个外在主体的认识就等同于人类对自身的认识。而人类自身的自由，当被放置到神身上时，就体现为某种无限性——无所不能、不所不察、无处不在、无时不在、庞大无比以及数量上的巨大等等。这样的神虽然刚愎自用，性情难测，令人恐惧，不受人们控制，但却掌握着世间的一切生死福祸，因此，人们在面对狂暴的自然力量、残暴的统治和血腥的杀戮的时候不得不向它乞求庇护。艺术为这样的神赋予的形象也时常是古怪、飘忽不定和碎片化的，要么有着很多头或很多手臂，要么有着动物的形象，要么能变成很多种动物，要么同时掌管许多不相干甚至对立（例如生殖与死亡）的事务。黑格尔哲学强调，有什么样的内在性，就有什么样的外在性。因此，神的形象的不完善性作为外在方面反映的只不过是人们对精神的认识的不完善性。

当然，对人类来说，信仰这样的神，不仅是因为它本身是万能的并且享受着自由，而且也是因为它确实也能为人类带来自由。联系自由的三个环节（自我返回性、关联性和否定性）来看：首先，各种神话中的神通常是世界、人类和某个民族的创造者，信仰者能够从这种创造力中看到自身的来源和意义，甚至还试图利用这种创造力摆脱灭顶之灾或获得重生，神在这个意义上带来了自我返回性。其次，神庇护着人与他物或他人的关联，这是因为，神掌管着天气、土地、战争等特殊东西，会帮助人们在各特殊领域战胜困难，取得成功。再次，神提供的否定性的自由体现在，人们将自己与神的关系看得如此重要，以至于认为这种关系超越了世间的一切他物，认为这种关系总是能够在自己受繁杂世事困扰之时带来静谧与平和。

当然，如艺术的定义所要求的那样，艺术不能单单呈现自由，还要呈现不自由。象征型艺术中的不自由是很明显的，神虽然可以庇护人，但也可以因为这样那样的缘由毁灭人，换言之，人的活动自由受到神的限制，并且人也不能自由地控制神。而建筑更是呈现了字面意义上的不自由，它固然隔绝了大自然的危险因素，但也同时也限定了活动空间。

(二)第二式 P-S-U

第一式 S-P-U 只是在形式上把 S、P 和 U 结合在了一起,但并不能确保它们有什么内在关联。不过,S-P-U 显示出,S 一方面与 P 直接相连,另一方面又在结论中与 U 相连,因此 S 才是真正的中介。S-P-U 于是转变为 P-S-U,后者使 P 与 U 的关联得以确立。这个转变过程还可以这样理解:宣称 S-P-U 所建立的关联并不具有外在性,就等于宣称这种关联只是碰巧存在于这个或那个场合中而已,因此可以说,这个具有个体性的场合可以被视为 S,它才是真正的中介。

与此相仿,在艺术中,建筑能够为人们的活动提供保护,但两者间的关联是不确定的:一方面,一种行为可以与多种建筑相对应,我应该在卧室睡觉,但如果我愿意,我也可以在客厅睡觉,甚至在室外睡觉;另一方面,一种建筑也可以与多种行为相对应,厨房原则上是用来做饭的,但我也可以在里面工作。看来,各种活动与建筑之间的关系必须由我的主观意志决定。就神而言,各特殊领域与诸神之间的对应关系未必总是确定的,神在某个领域中既可能保佑我也可能伤害我,神既可能保佑我也可能保佑我的敌人。我于是认识到,神(U)在某个领域(P)如何对待我似乎在一定程度上取决于体现着我的主观意志(S)的虔诚心态和祭祀活动。总而言之,在艺术中,我的主观意志虽然是外在于神和特殊领域的,但却是一个必要的中介,因而艺术也需要 P-S-U 的结构。

要强调的是,象征型艺术中的其他艺术门类与建筑一样体现着外在性。在这些门类中，有着明显的 P-S-U 结构的是寓言和隐喻等形式。寓言通过讲述乌鸦、狐狸等自然之物的故事，"把所谓道德教训和个别事件"联系起来，这种做法"只出于作者的任意幻想和巧智，因而单就它本身看，只是一种戏谑"[104]。换言之，自然物与人们要借助它们讲的道理是相互外在、毫不相关的，它们只是被讲寓言的人外在地拼接在一起的。隐喻严格来讲根本不是艺术门类，而只是一种艺术手法，它与显喻和谜语（这两者亦不能算是独立的艺术门类）等的相同点在于，它们都试图把形象与人们"内心中的一般观念、感想、情感和基本原则"等结合起来，但是意义与形象之间的关系"不是客观地存在于事物本身，而是一种由主体造作成的"[105]，或者说，两者之间的关系不属于它们本身，而属于外在于它们的主体。

（三）第三式 S-U-P、数学推论

单就推论本身来看，在 P-S-U 中，S 同时与 P 和 U 直接相连并因而是真正具有普遍性的东西，换言之，S 等于 U，推论的中介因而也由 S 变成了 U，推论于是转变为 S-U-P，这就为 S-P-U 中的 S 与 P 的关联提供了支持。然而，S 毕竟是外在于 P 和 U 的，因此，S 只不过是连接这两者的抽象的普遍者，说得更直白些，S 并没有真正建立连接。

与单纯推论层面的情况相仿，作为善的化身的艺术作品有助于把个人和特殊领域中的活动联系起来，使个人相信这些活动是有意义的。在象征型艺术中，最可能完成这个任务的是教科诗，

它通过讲道理（U）来教导人们（S）如何做事（P）。然而，教科诗所讲的道理都是原本可以用日常话语讲明白的内容，而教科诗只不过是在这些内容之中强行塞入一些诗的元素，以便增加些许乐趣，让文本显得不那么枯燥罢了——这就如同，建筑的作用无非是让人们在做日常之事的时候舒服一些。当然，教科诗外在的、形式上的不协调意味着它内在的不完善，这就是说，它所讲的道理并不涉及个人或各项活动的本质，而只是一些带有主观任意性的、空洞的、抽象的东西。进一步看，教科诗的这个缺陷同时也是整个象征型艺术的缺陷，这是因为，如前文所言，象征型艺术所蕴含的正是人们对精神的抽象的、不完善的认识。

推论经由 S-P-U 和 P-S-U 演化成 S-U-P 的过程说明，S、P 和 U 这三者中的每一个都会时而充当中项，时而充当端项，或者说，它们每一个都是中项和端项的统一，而就这统一而言，它们每一个都是 U，S-U-P 因而同时就是 U-U-U。U-U-U 的字面含义是：每一个东西都是相互等同的，例如："三角形有 6 平方米，矩形有 6 平方米，所以，三角形等于矩形。"这个听起来别扭的结论"三角形等于矩形"当然不能按其字面意思理解成是在宣称两种形状没有区别，而应理解成，在数值层面，两个图形有着相同面积。这个例子说明了 U-U-U 被称为数学推论的原因。如其名称所示，这种推论固然在数学上是有用的，但是它也有明显缺陷：我们如果在上例中加上"这桶水有 6 升"，就会得到"三角形等于水"这个荒谬的结论，换言之，数学推论完全不理会被连接的事物是否具有内在一致性。

与数学推论相对应的艺术形式是描绘诗，出现在这类诗中的是"单纯的外在事物,例如自然风景、建筑物、季节、时辰以及它们的外在形状等等",也就是一些"没有由精神意义渗透的个别面貌和外在现象"。[106] 换言之,被描绘的东西是相互外在的,处在一种抽象的平等状态中。

结合拉康的性化公式来看,寓言和隐喻等形式有着男性结构,因为它们暗示了一个凌驾于普遍性之上并把普遍者与特殊者联系起来的特例的存在。而教科诗和描绘诗则有着女性结构:一方面,这些形式是超级普遍者,它们可以在无视诸事物的内在特征的情况下让它们联系起来;但另一方面,以此方式建立的联系根本不能被看成真正的联系,换言之,达至顶峰的普遍性会立刻反转为它的反面。

正如女性结构蕴藏着解放潜能一样,描绘诗中的那种平等状态为古典型艺术——在其中人与神建立了较为平等的关系——开辟了空间。

▲ 24 个性宿命

§ 你拥有何种个性决定了哪位神会保护你。

古典型艺术有着形如反思推论的结构。反思推论像定在推论一样，需要经历一个从 S-P-U 到 P-S-U，再到 S-U-P 的转变过程，因而也包含三种形态，它们分别是**全体性推论**、**归纳推论**和**类比推论**。

（一）全体性推论

在第一式 S-P-U 中，P 与中项有一种直接的对应关系，P 就是中项，中项就是 P。然而，定在推论的诸形态表明，中项并非是一个简单且不可分的直接东西，它本身还可以被细分为若干环节，它既可以是 P，也可以是 S 和 U，因而是反思性的（对黑格尔来说，任何不再以单一体的形式存在而被划分成多个部分的事物都可被宽泛地称为反思性的）。这种反思性还可以这样解释：定在推论告诉我们，P 如果要充当 S 和 U 之间的连接者的话，就不仅应包含 S 的一部分，而且还应包含 U 的一部分，更应成为 S 和 U 的统一，而就这个统一包含多个环节而言，它是反思性的。中项的这种反思性提出的要求是，全体性推论中的 P 不能是我们偶然地从事物的表面上看到的特征，而必须是反思性的特征，即，是我们透过表面看到的深层次特征（尽管它并不一定算得上本质特征）。

然而，定在推论的诸形态进一步揭示出，不仅中项可以是 S、P 或 U，而且端项同样可以是这三者，并因而也是反思性的。因此，在全体性推论中，被谈论的对象要用"所有……"来表述，它是包含所有个体的普遍者。例如：

S-P：所有人都会死，

P-U：柏拉图是人，

S-U：所以，柏拉图会死。

全体性推论有助于我们理解古典型艺术的以下几个特征：

第一，在这个阶段，人类（S）认识和改造客观世界的能力增强了，对自己生活的掌控也更牢靠了。在此情况下，现实生活中被突出的那一面，就不再是各特殊领域中的那些生死攸关的活动，而是某种更深层次的东西，某种与性格、情感、才能等因素有关，并可以被极其宽泛地称为个性的东西（P），包括爱情、智慧、技艺、仇恨、嫉妒等等——而如果说诸神（U）此时还掌管特殊领域的话，那也只不过是因为这些领域与个性因素相关，例如，被狄俄尼索斯所掌管的狂欢和酒本身不属于个性,但它们都与激情或疯狂相关。要强调的是,个性不但属于人类而且属于神,并且在很大程度上仍然是某种被命运所决定的、难以被个人控制的东西。

第二,与这些个性的特殊方面相对应的诸神同样是反思性的,因为他们尽管是神,但却有着人类的肉体,像人类一样做事,与人类一样有着各种欲望和脾性。更重要的是,与象征型艺术中的神大多只能通过强大且难以捉摸的力量影响人类不同,古典型艺术中的神以更直接的方式参与到人间事务中来,通过谈话、指导或协助等方式与人类互动。另外,希腊神话中的神既包括宙斯又包括被宙斯统治的其他神,这种统治关系实际上呈现的是**一**与**多**之间的反思性。

第三,古典型艺术中的人类主体也是反思性的,因为某种个性并非仅属于单个人,而是可以被群体中的很多人所拥有,而某个神也不是被单个人崇拜而是被某个共同体(例如某个希腊城邦)所崇拜。

第四,古典型艺术中的神话有了更高级的形态。在象征型艺术的阶段,人们要在没有任何参照的情况下从无到有地编写神的事迹,由此产生的神话难免粗糙、混乱和古怪;但到了古典型艺术的阶段,人们可以对既有的神话故事进行整理、修改和净化,这样一来,神话就变得更有条理、更富有人性了。当然,事物被认为是怎样的与事物实际是怎样的毕竟是有区别的,因此,人对神话的创造只能算是人对神的世界的外在观察,神的世界本身还必须真正发生变化,这体现为希腊神话中新神与旧神斗争并最终取代旧神的故事。

古典型艺术的典型艺术门类是雕塑。人们记录自身生活的方式，不是"在……之中"，而是"在……旁边"，即，不是像在象征型艺术中那样生活在包裹着自己的建筑之中，而是让雕塑总是出现在自己旁边，能够随时陪伴、影响自己。这些雕塑一方面是石头，是再现着神的石头，另一方面它们不是神的再现，而是对再现的取消，是神本身，它们到底是石头还是神本身，取决于人类愿意把它们看成什么。

要强调的是，神有人性，这种神人两面性意味着先前在象征型艺术中处在无比高远之处的精神已经与现实相统一了（尽管最终的统一还要依靠浪漫型艺术来完成）。这种统一的典型体现，便是雕塑那肃穆、高贵、优雅、闲适、淡泊和自得其乐的形象，那"为自己而存在的永恒的形象"[107]。尽管黑格尔眼中的艺术总的来讲等同于美，但相较于其他阶段，只有古典型艺术才在真正意义上是美的。

对上述分析进行总结可知，古典型艺术所呈现的自由体现在以下三个环节上：第一，神以雕塑为化身出现在日常生活中，并且为人类行动提供了根据和意义，这要么是因为神所掌管的个性因素（勇气和智慧等）决定了人的行动，要么是因为神之间的关系引发了人世间的变动（例如两个神之间的勾心斗角使得他们在人类的战争中各支持一方），要么是因为神有时会直接授意人们做一些事情。第二，自由所要求的稳定性此时体现为，人类出于生产生活的需要而通过祭祀、制造神像和修筑神庙等方式与神打交道；而在神话中的神虽然总的来说不受人类控制，但人类多多少少还能够为着这样那样的特殊目的而与神交流或寻求神的庇护。不过，稳定性还通过技艺显示了出来，这就是说，人类与大自然打交道的本领提高了,这种提高在艺术上的体现,就是艺术家在加工石料和金属等材料时愈加得心应手,技艺愈加娴熟完善,而神像之美当然也得益于此。第三,既然精神已然与现实相统一了,那么神和人就不需要再为这种统一而操劳了,换言之,自由此时体现为摆脱了任务或重担的状态。神像体现出的怡然自得因而就是人自己的怡然自得。

古典型艺术在呈现自由的同时亦呈现了不自由,这体现在以下方面:

第一,非现实性造成了不自由。首先,尽管神能够因超越有限性、超越尘世烦扰而获得自由,尽管他们的雕塑因为这种自由而显得冷峻和高贵,但是,按照黑格尔的优点同时也是缺点的思路,这种超然同时也意味着他们无法充分融入现实事物,意味着他们并不是真正自由的。换言之,真正的自由不是逃避混乱的现实,而是融入现实并如鱼得水地处理各种事务。其次,非现实性带来的不自由还体现在,尽管智慧、爱情、仇恨、激情等个性的诸多方面是具有特殊性的主观东西,但是,它们毕竟还不够主观,还是某种虽然存在于心灵中但却被很多主体所拥有的东西,还显现为一种冥冥之中无法摆脱的、普遍的和永恒的力量。例如,古典型艺术中的主人公固然是有情感的,亦会坠入爱河,但是与之相比,现代爱情小说的主人公的情感不但更加丰富,而且还是难以捉摸、难以命名和稍纵即逝的,并因而只属于主人公一个人。

第二,神本身也是有限的,而非完全是超然的,因此他们在厌弃有限现实的同时也对自身的有限性感到不自由、无奈和哀伤。神的有限性体现在两个方面:一方面他们毕竟还是有肉体的,换言之，我们从神像上看到的肉体之美恰恰是神自己想摆脱的东西，恰恰是一种混合着哀伤的美。另一方面，神拥有或掌控的智慧、爱情、仇恨、激情等都是个性的特殊的、有限的方面。然而，与有限性相比，为遮掩有限性而付出的牺牲更让神感到痛苦和不自由——正是这个原因使得我们感觉，雕塑所表现的神似乎只能"孤独地处在幸福的静穆中，但是没有生活的气息，不动情感，却带有……哀伤神色"[108]。说得更直白些，神拥有静穆的气质一半是因为他们确实超脱尘世，另一半则是因为他们为了掩盖有限性而不得不故作姿态。

顺便要说的是，在现当代艺术中，雕塑／装置还有很多表现自由和不自由的方式。在欣赏极简主义作品时，人们的自由感部分地来自在运动中从各个角度观看作品并与之建立关系的尝试——用弗雷德的话来讲，这种不断尝试是一种"对体验的绵延的痴迷"，一种"时间的感觉"，一种"不单单以物性的无穷性，而且还以时间的无穷性"体现出来的剧场性。[109] 换言之，如果说艺术应该让人流连忘返的话，那么极简主义则是在字面意义上达到了这个目的：观者在欣赏极简主义作品时会感到一种被胁迫性，自己似乎被作品诱惑，并被闭锁在自己与作品的无穷尽的关系中无法脱身。特瑞尔的《光线陨落》(*Light Reignfall*) 同样在字面意义上让人无法走开，以此来解决人们通常只会走马观花地欣赏而不会在作品前驻留的问题：这个装置每次只允许一个观者躺入球体中并在这个近乎与外界隔绝的空间中观看一段较长时间的光影表演，闪烁的强光和渐变的彩光可能会让观者产生类似幽闭恐惧症的体验。如果说《光线陨落》毕竟只能"挽留"观者几分钟的话,那么克里斯托夫·布切尔(Christoph Büchel)的《蒙特·迪·皮耶塔》(Monte di Pietà)的观看时间原则上可以无限延长——在布满杂物和纸质资料等现成品的房间中,艺术家添加了网红直播、加密货币的启动和国际动荡地区的新闻等元素,观者如果愿意的话可以长时间地观看不断变化的实时影像。

雕塑/装置还能像建筑一样呈现不自由——限定一片空间,让同一件事情宿命般地循环往复。汉斯·哈克(Hans Haacke)的《冷凝立方体》(Condensation Cube)能够带给观者自由感,不仅是因水汽而变得半透明的大尺寸立方体给人一种超凡脱俗感,更是因为周而复始的蒸发和凝结形成了一个能够独立运作的系统。然而,它的这两个特征同时却也是对不自由的呈现,因为水无法离开密闭的立方体,只能在里面循环经历同一个过程。与此相仿,在赫斯特的《千年》(A Thousand Years)中,一个牛头被放在玻璃柜的下方,无数只苍蝇以之为食并在其上产卵,而当苍蝇飞到玻璃柜上方时,可能会因触碰电网而死。作品带给观者的当然是异样的自由感,借助那个牛头,生生死死的苍蝇似乎形成了一个自成一体的"生态系统"。然而,不自由感也同样强烈:玻璃柜有着建筑般的封闭性,牛头只能躺在地上孤独且无助地被苍蝇蹂躏,而苍蝇亦无法逃离玻璃柜,更无法逃脱随时降临的死亡。

(二)归纳推论

全体性推论表面上的合理性掩盖了一个问题:前提和结论是相互预设的。按照我们对推论的通常理解,新东西以原本就存在的旧东西为基础,而旧东西显然不会把新东西当成基础,因此,结论(新东西)"所以,柏拉图会死"预设了大前提(旧东西)"所有人都会死",而大前提却不预设结论。然而,真实的情况是,我们之所以有把握宣称所有人都会死,是因为我们已经研究了所有人并且发现他们都会死,这当然意味着我们也研究了柏拉图,我们发现他既属于人这个群体又是会死的——但这难道不带有某种循环论证的意味吗,柏拉图会死这个结论难道不是我们已经提前知道的内容吗?前提的成立难道不是预设了结论的成立吗?显然,这种相互预设违背了推论的宗旨。可是,在黑格尔的思辨哲学中,事物的缺陷同时就是事物的本质的、积极的特征:前提和结论之间的相互预设正是它们的内在关联,全体性推论正好可以借此摆脱定在推论的诸元素之间那种直接的、偶然的关联。因此,归纳推论接下来所要做的就是坦然接受这个缺陷并把它当成自己的一部分,即,通过寻找很多 S 既是 P 又是 U 的个案来推导出 P 是 U。

如我们先前所介绍的那样,对归纳推论的质疑在于,样本无论有多大都不可能涵盖所有个案,被观察到的白天鹅无论是一万只还是十万只都不能保证下一只天鹅不是黑天鹅。这意味着我们必须确定某个个案不仅是个案之一,而且有资格作为特例充当最后一个个案。共同体的情况与此相仿,虽然共同体中的很多人支持某个原则,但其他人可能会追求另一个原则。这些原则中的每一个就其本身来看都是合理的,但我们若把它们放在一起看,就会发现它们相互矛盾。这种矛盾在《安提戈涅》——黑格尔的《精神现象学》对其进行了深入分析——中得到了呈现:安提戈涅一方面需遵守禁止埋葬背叛者的律令，另一方面又要履行埋葬亲人的义务。国王克瑞翁作为普遍者虽然是各种原则的抽象统一，但在面对这种矛盾中又必须充当特例，即一个在各种对立的义务中作出最终选择的人，他因而体现了男性结构对共同体的维系作用。与此同时，这个悲剧故事还在两种意义上说明这种共同体是无法维系的：首先，单单是故事结尾的一连串死亡就已经暗示了共同体必然会因其不合理性而瓦解的命运。其次，这一连串死亡说明克瑞翁并不是掌握真理的人，相反，真理掌握在安提戈涅手中：安提戈涅不仅为死亡服务（肩负埋葬家人的义务），而且自己也最终死去，这意味着整个事件中最大的真理就是死亡，而死亡在一定意义上正是女性结构所追求的那种抽象的、虚无的普遍性。当然，在此说真理就是死亡与说共同体会瓦解也没什么两样——我们不仅要看到瓦解是矛盾无法得到化解的结果，而且要看到，瓦解本身就是化解矛盾的一种方式，换言之，共同体以它自身的瓦解为真理。

（三）类比推论

归纳推论中的中项不是一个 S，而是很多 S，或者说，是由很多 S 组成的 U，而如果我们把 U 当成中项的话就得到了有着 S-U-P 结构的类比推论。如我们先前的分析所言，类比推论会得到像"所以，飞盘可以吃"这样的怪异结论，这意味着，尽管我们期望 U 作为中介建立起 S 和 P 的关联，但实际上 U 的作用可能反而是切断关联，换言之，关联并不存在。

在古典型艺术中，有着类比推论的结构的东西是讽刺，它往往以滑稽剧或诗的形式出现。黑格尔把讽刺能够在古罗马发展起来的原因归结为道德的破灭、个性的牺牲、统治的冷酷以及法律的死板和繁琐等，这些因素塑造了以斯多噶主义和犬儒主义等为特征的消极的时代精神。在这种背景下，讽刺所要做的，当然不会是展示高贵的或值得信仰的东西，而是表达对这种腐朽现实的愤怒和鄙视。换言之，类比推论中的 U 在为 S 和 P 建立关系的同时却否定了这种关系，与此相仿，用讽刺来表达愤怒和鄙视显然不是为了赞美事物的好品质，而是为了揭露事物根本没有那些品质。

由此可知，讽刺有着女性结构，它固然追求某种普遍性，但这种普遍性完全是否定性的，它破坏了那个有实质内容的普遍者。当然，普遍者之毁灭毕竟还是源自内在于它自身的不协调，即古希腊社会那些相互矛盾的原则以及罗马世界的僵化和腐朽。在这些时代精神崩溃之时，古典型艺术也转化成了浪漫型艺术。

▲ 25 滑稽英雄

§ 从这一面看是悲剧，从另一面看是喜剧。

浪漫型艺术的本质可以借助**直言推论**、**假言推论**和**选言推论**这三种必然性推论来解释。

（一）直言推论

在反思推论中，U 被证明是与 S 相统一的，这是因为，在归纳推论中，U 被证明无非是多个 S 的集合；而在类比推论中，S 是多种属性的集合（在我们举的例子中，比萨既是圆形的又是可食用的）。但是，普遍者被个体化的产物是特殊者，因此，在直言推论中作为中项连接 U 与 S 的东西是 P。例如：

S-P：人是理性动物，

P-U：理性动物能够运用概念，

S-U：所以，人能够运用概念。

直言推论与全体性推论都拥有 S-P-U 的结构，它们的区别在于：第一，全体性推论中的 S 是诸个体组成的一个整体，而直言推论中的 S 不仅是这样的整体，而且必须以个体的形式出现，因此，我们不再说"所有人是……"，而是说"人是……"。第二，全体性推论中的 P 是所有 S 共享的深层次特征，但直言推论中的 P 不仅是深层特征，而且还必须是体现着必然性的本质特征。同理，P 与 U 之间的联系也应该具有必然性。这样一来，S、P 和 U 就被必然整合起来了，而不再是相互外在的。

直言推论中的 P 内在地是 U 与 S 的统一，而这种统一在浪漫型艺术中以两种方式出现：第一种统一是 U 汇聚于 S 的统一，是条件性，它是指客观现实中使得一件事情得以发生的全部因素组成了一个集合，这个集合作为条件就是客观普遍性，但这些因素之所以能够对事情产生影响，乃是因为主体设定并允许它们发挥影响，或者更直白地说，人要在面对客观因素时发挥主观能动性。在主观能动性的作用下，事情不管发展成什么样子，我们都可以说它是人自己创造的结果，是主观现实性。第二种统一是 S 汇聚于 U 的统一，是情感——请注意我们只是暂且使用这个宽泛且不太适当的词语，它既包括一般意义上的转瞬即逝的心情、感受和念想，也包括克制和自我牺牲等价值观念的感性形态。这些东西作为一个集合，作为情感，存在于人的心灵这一抽象的普遍者中。总之，上述两个方面（诸多条件对应于一个事件，诸多心理因素对应于一个抽象心灵）都说明 P 本身就包含 U 和 S，这是它能够在浪漫型艺术的结构中充当中介的原因。

浪漫型艺术包含一系列必然关系：首先，S 与 P 之间的必然关系体现为，我一方面能够回应影响我的那些客观条件，另一方面也拥有这样那样的情感，简言之，这些条件和情感都是属于我的。其次，P 与 U 之间的必然关系体现为，U 与在其他推论中一样，与善或无限性等完美性相对应，如果主体具备了成就这种完美性的一切条件和情感，那么完美性就会自然而然地实现。把以上两点结合起来看，浪漫型艺术的必然性就体现为，主体（S）在特定的客观条件下带着某种情感（P）行动，以便实现某种宏大精神（U），主体也因此成了这种宏大精神的化身。此类主体的典型要么是戏剧中的英雄人物，要么是耶稣——S、P 和 U 之间的必然性意味着 S 在一定意义上已经是 U 了。换言之，人在一定意义上已经是神了，而耶稣则是对这种"人神同体"哲学观念的表象。

然而，在强调直言推论中的必然性的同时，我们也注意到，直言推论毕竟尚未完全获得必然性，并因而仍是有缺陷的。第一个缺陷是，尽管它宣称一物与另一物（S 与 P、P 与 U、S 与 P）拥有必然联系，但这种联系尚不能保证这两者是一一对应的，在这个意义上，它仍未完全消除第一式 S-P-U 的缺陷，例如，人固然在本质上是理性动物，但人亦有其他方面的特征，而运用概念的能力也未必仅属于理性动物，它可能也属于某种不能被称为动物的外星生物。第二个缺陷是，S、P 和 U 在直言推论中的统一依据的是必然性，换言之，这种统一是内在的和内容上的。然而，真正的统一不仅应是内在的和内容上的，而且还应该是外在的和形式上的。这后一种统一没有体现在直言推论中，而只体现在我们接下来要分析的选言推论中。

与直言推论的缺陷相对应的是浪漫型艺术的以下特征：

与上述第一个缺陷对应的是，英雄固然能够有效利用社会条件，固然是情感的拥有者，但是，英雄也许无力掌控他所在的社会，而且，他或她在行动时也不一定总是顺应社会提供的条件，反而可能抗拒这些条件。英雄有时也无法控制情感，而且，影响他或她的除了情感之外还可能有一些其他的主观因素。此外，英雄固然是为实现宏大精神而行动的，但宏大精神会要求英雄做很多事情，而英雄只能做或做好其中的一部分事情。英雄还可能相信自己是"天选之子"，但是宏大精神的实现可以依靠这个或那个人，而未必只能依靠特定的人，这也许会让他或她非常失望。以上种种不协调显然不能被看成是浪漫型艺术的缺陷，而是人的内在缺陷——是被浪漫型艺术所刻画的渺小的英雄在实现宏大精神时的不完美。

与上述第二个缺陷对应的是，浪漫型艺术固然也拥有形式上的统一性，但这种形式上的统一性必须依靠艺术家来实现，而艺术家却外在于作品的内容。具体来看，包括构图、线条、平衡感等在内的形式因素能够为艺术作品带来统一性，而艺术家要做的工作之一便是把这种统一性赋予分散的、粗糙的、处在混沌状态的内容要素（例如大量尚未被编排成戏剧的场景或事件、有待被组织起来的人物形象）或媒介（例如颜料、石料）。但进一步看，这种把握内容和媒介的能力实际就是我们常说的艺术技艺。艺术家需要技艺，但是这一点在不同阶段有着不同表现方式：在象征型艺术中，被艺术作品外化的只会是那些借助狂野的想象和牵强附会的方式被认识的精神，其结果是，被以精湛技艺制作出来的作品显得粗陋和扭曲，就好像制作者不具备技艺似的。在古典型艺术中，艺术家无疑拥有创造美的技艺，但是他们的技艺过于高超了，以至于被呈现出来的仅仅是美的形象而不是技艺本身，技艺越是高超就越是会自我隐藏。在浪漫型艺术中，作品具有更多主观性，这不仅是指作品能够引发更丰富的主观体验，不仅是指作品要更多地展示人物的情感，而且更是指作品要展示艺术家本人的主观性（虽然未必是他或她实际具有的情感），艺术家要把体现自己主观性的印记留在作品上，而实现这一目标的典型方法便是**炫技**。换言之，炫技看似是无情感、无意义的冗余行为，但实际上炫技是与艺术家的情感表达直接合二为一的。不过，最高级的炫技体现在喜剧中，因为喜剧表演的完美就在于让观者分不清滑稽的到底是演员的表演还是角色本身。

以上对浪漫型艺术的概述有助于我们理解浪漫型艺术在何种意义上是对自由和不自由的呈现。我们将这种呈现区分为以下三个层次：

在第一个层次上，浪漫型艺术中的自由直接就是不自由——要理解这一点，就一定不要忘记，在黑格尔哲学中的某个范畴可以直接就是自身的对立面。具体来看，这一点又体现为两种情况：

首先，人物的情感"自带"否定性，这就是说，它们是转瞬即逝的，它们只会一个接一个地出现并被取代。其典型是爱情小说中的一个人对情人的爱因为后者的某种言行而迅速由爱转变成厌，或者反过来，厌转变成爱。这种转瞬即逝固然可以被视为心灵的自由，但它同样也具有主观任意性和偶然性，并因而是心灵无法自控和不自由的表现。

其次，自由与不自由的直接统一还体现为主观因素对作品其他方面的渗透：戏剧或小说的主人公的性格是贯穿始终的东西，正是性格影响着主人公处各种事件的方式和与他人打交道的方式，影响着他或她在危急时刻的抉择，影响着情节的走向和结局。性格的这种全面影响作品的能力当然可被视为主体的自由。然而，换一个角度看，这一点同时也意味着主人公永远无法超越性格对自己的束缚并因而是不自由的。

在第二个层次上，自由和不自由的呈现是与媒介性联系在一起的，这种关联性又可分为两种情况：

首先，每一种媒介的独特性都体现为它包含的形式因素不同于其他媒介的形式因素，例如，颜色的对比和协调是绘画的形式因素，节奏是音乐的形式因素，韵律是诗歌的形式因素，叙事节奏是小说的形式因素。一方面，如上文所言，形式因素被用来驾驭内容，使作品具有秩序感或其他艺术效果，因而体现着主体的自由；另一方面，形式因素，特别是影响作品整体的那些系统性的因素，同样也意味着束缚感或禁闭感。艺术家可能无意制造这种不自由感，但亦可能有意利用形式因素去制造这种感觉。

其次，媒介性有时会打断我们的欣赏体验并凸显出来。例如，音乐可以被视为一种非语言的符号系统、发出声音的物质性东西和演奏技巧的混合体，这个混合体竟然可以引发情感和身体上的反应，这种利用媒介来创造效果的强大能力当然是一种自由。但是，从相反的视角来看这同一个现象，那些能带来美好享受的东西竟然无非是一些金属线、木板之类的东西以及它们的机械组合，我们只不过是把激情投射在了这些对主观体验而言完全异质的东西上而已，这当然是一种不自由的感觉。又如，当我们离近并仔细观察绘画时，会发现平面上那些有着生动的光影效果的形象竟然只是由线条排列形成的，会发现那原本从远处看显得华丽无比的衣着无非是一堆凌乱的颜料，会发现处在空间纵深处的景物只不过是被画得小了点儿和简单了点儿的树和房子而已——简言之，再美好的事物归根结底也是粗陋、禁不住细究的，这是事物不可摆脱的有限性，因而意味着不自由。然而，不管绘画有何具体内容，单从媒介的层面讲，观看绘画的过程会给我们带来自由感，这是因为，我们可以随意选择是站在适宜的距离观看还是有意在近处观看，也可以随意选择是让自己沉浸在错觉中还是有意打破错觉。换言之，我们在观看绘画时不仅是在认识画中的内容，而且还是在反思自己的观看方式，并在反思中意识到自己可以在不同的观看方式之间自由切换。而这种自由切换恰恰是与观者自己所是的主体所拥有的深层次自由重合在一起的——主体可以在高贵与卑微之间自由地来回转换，他或她先前是卑微的，但仍有希望得到救赎，有权利变得高贵，反之，他或她也有权利放弃救赎和高贵。在这个意义上，人是卑微与高贵的统一，并且在某种程度上已经是神了，而这一点正是浪漫型艺术所要揭示的——人就是神，神就是人。

在第三个层次上，自由和不自由的关系体现为有限者与无限者的关系。这一点最直观地体现在画框上：一方面，由画框所隔离出来的场景仿佛处在另一个世界中，并因而体现了超越有限现实的自由；但另一方面，那个世界同时也是有限的和不自由的，因为它只能存在于画框中，甚至可以说是被画框捕获了。在悲剧中，一方面，主人公可以为实现宏大精神而努力，并且会接受失败的命运，这当然是一种自由；但另一方面，他或她的有限性是与宏大精神的无限性不相称的，这种不相称注定会带来他或她的失败，甚至是毁灭，这种结局的必然性以及由此带来的悲怆和无力感无疑是对不自由的呈现。在喜剧中，主人公时常自认为实现了某种目标，但我们作为旁观者十分清楚目标根本无法实现，换言之，宏大精神在此不但只能以虚假的方式实现，而且还暴露了内在于自身的非真实性。当然，喜剧的滑稽效果在后来的戏剧中是以不那么明显的方式出现的——与时间旅行有关的电影就是典型：未来之人回到过去，把涉及先进科技的发明转交给过去之人，过去之人借此创造出了使未来之人得以生存的工具或环境。这里的自由和不自由体现为：首先，主人公固然可以自由地穿梭于时间中，但却并没有真正摆脱时间的束缚，反而只能生活在一个由过去和未来形成的闭环中；其次，发明成果是凭空产生的，这当然是一种摆脱现实的自由，但反过来看，不自由体现在，人们并没有能力真正发明出什么东西，这难道不显得滑稽吗？

（二）假言推论

对假言推论的分析便于我们从以下三个维度看待浪漫型艺术中的外在性：

第一，宏大精神需要在行动中外化为现实。假言推论把同一个意义表述了两次,这体现为,当我们把它分解成第一部分"如果 A 发生那么 B 发生"和第二部分"现在 A 发生了,所以,B 也发生了"之后就会发现,这两个部分实际上都是对 A 与 B 的相互关系的表述。那么,第二部分把第一部分的内容重复一遍又是为了什么呢?回答是:第一部分只确认了 A 与 B 之间的必然关系的存在,但它并没有确认 A 的存在,因此这个关系纯粹是虚拟的,即完全内在的、非现实的,只有当第二部分宣告"现在 A 发生了"时,内在关系才能外化成现实。反过来讲,第二部分之所以具有必然性,是因为它只是在外在的形式层面重复了原本就具有必然性的第一部分的意义而已。总之,假言推论弥补了直言推论只有内在必然性而缺少外在必然性的缺陷。我们在浪漫型艺术中发现了同样的逻辑:行动以实现宏大精神为目标,就此而言,行动只是一场表演,是形式上的,单纯是为了重复宏大精神中的内容。然而,行动,这场表演,这个形式,却是完全必要的,只有它才能使抽象的、非现实的宏大精神变成具体的、现实的。

第二,行动者身不由己,受制于外在条件。从直言推论的前提"人是理性动物,理性动物能够运用概念"可以推导出"所以,人能够运用概念"的结论,这个结论也可以表述为"如果某个存在者是人,那么这个存在者就能够运用概念"。换言之,直言推论的结论有着一种"如果 A 发生那么 B 发生"的结构,而直言推论之所以要转化为假言推论,只不过是因为要更明确地展示这种结构。假言推论中的条件性对应着浪漫型艺术中的**条件性**,即,英雄如果想让宏大精神变为现实,就必须顺应社会为他或她提供的客观条件。

第三，主体外在地设定了客观条件。从表面上看，在假言推论的第一个分句"如果 A，那么 B"中，条件 A 生成了结果 B，因此 A 是中介，B 是被中介物。然而，A 和 B 实际上都把自己的存在寄托于对方，不仅 B 的存在有赖于 A 而不是它自身，而且 A 也不为自己存在，而只为 B 存在，换言之，它们必须在以对方为中介的情况下才能存在，每一方都既是中介，又是被中介物——中介同时就是被中介物。这种相互关系也适用于宏大精神和实现它所需要的全部客观条件。一方面，仅当条件全部被满足时，宏大精神才能够实现，前者设定了后者；另一方面，到底哪些条件是实现宏大精神所必需的，这是由宏大精神决定的，后者设定前者。不过，假言推论的 U–S–P 的结构说明，这种相互设定是由外在于这两者的英雄完成的。我们在此关心的是这种相互关系的后一半，即宏大精神反向地经由英雄来设定客观条件——说得更直白些，尽管表面上英雄是在知道宏大精神的实现有赖于哪些条件的情况下才去行动的，但实际上，他或她并不能预先知晓这些条件，而只能回溯性地去辨别出它们。这意味着英雄才是真正的中介。就此而言，尽管中介原本被认为是外在于被中介物的，但是在此它却在另一个意义上具有内在性，即，它是内在于英雄的心灵的。

（三）选言推论

浪漫型艺术有着选言推论的结构，这表现在以下三个方面：第一个方面是，如前文所言，假言推论中的 A 和 B 相互依赖并因而有着平等地位，它们无非是有着同一个内容的两个形式而已，换言之，它们只是特殊者，它们的统一才是普遍者。普遍者理应与特殊者的合集相对应，而不应错误地与单个特殊者相对应——这个错误原本是直言推论的缺陷，但选言推论所做的正是把这个缺陷直率地摆在面前，把它重新表述为在普遍者下对特殊者进行的选择，并进而把这种选择性当成自己的核心特征。这样一来，选言推论的第一个分句就有了"A 要么是 B 要么是 C"的形式。与此对应的是，正如前文所言，在浪漫型艺术中，一方面，英雄并不是实现宏大精神的唯一人选，另一方面，宏大精神要求英雄做很多事情，但是英雄只能选择做或做好其中有限的一部分，因而注定不可能真正实现宏大精神。当然，"A 要么是 B 要么是 C"意味着浪漫型艺术不能只说明英雄选择了什么，还必须暗示出那些未被他选择的选项，以便证明英雄无论如何都是在自由地进行选择，而不是被迫选择这个或那个。

第二个方面是，如前文对选言推论的介绍所言，U 不仅是推论中的元素，而且是推论形式本身，可见，选言推论与假言推论一样都在强调形式的重要性，并且，作为浪漫型艺术的内在逻辑，两种推论都在强调行动的重要性。区别在于，假言推论强调的是行动的条件性，而选言推论强调的是行动的**选择性**。

第三个方面是，浪漫型艺术因为具有选言推论的结构而走向解体。推论本身的解体可以从以下两个角度进行解释：从第一个角度看，选言推论和假言推论对形式的强调弥补了直言推论只有内在的、内容上的必然性而没有外在的、形式上的必然性的缺陷，甚至，选言推论中的 U 既是内容又是形式。因此，我们完全可以不再区分内容与形式了。不要忘记，在黑格尔那里，一分为二之物被视为具有间接性，而简单的、自身统一之物被视为具有直接性。而就推论不再有内容与形式区分而言，它就是一个直接性的存在。同样不要忘记，对黑格尔而言，这种直接性的存在就是物，或者说，它具有物性或客观性，尽管它最初只可能是最抽象的物，只具有最抽象的物性和客观性——不同学科以及哲学的不同分支对于如何定义和区分物性和客观性当然有大量讨论，但在此我们需要知道的仅仅是，物性在黑格尔哲学中等同于客观性（不是完全等同，而是基本上等同，因为前者在一定意义上可被看成是后者的初级阶段）。在这个意义上，推论作为一个直接性的存在，就是物。从第二个角度看，选言推论既是推论的终极形态，又标志着推论结构的瓦解。不过，推论是主观性继概念、判断之后的第三个阶段，它的瓦解意味着整个主观性也随之瓦解了。而如果主观性瓦解了，接下来上场的便是它的对立面——客观性或物性。换言之，在推论最初转化成物之时，这个物暂且是以否定性来定义的物，即，是以"不是主观东西"或"不是推论"来定义的物，是最抽象的物而不是有实质特征的物。用当下的视角来看，推论之自动转化成物意味着，即使人不做任何具有"赛博格"或"后人类"特点的事（把意识上传到硬件上或把先进机械装置植入身体等等），人就已经是物化的了。

如果说传统艺术（象征型、古典型和浪漫型艺术）有着推论的结构，那么推论结构的解体及其向物的转化也就意味着传统艺术的解体。我们在这种解体中看到了一种女性结构，这是因为，推论的形式一方面在选言推论中发展至顶峰，另一方面却又在这个阶段瓦解（因为它无法提供新内容，因为这个形式仅涉及 A 和 B 这两项而不是 S、P 和 U），并且选言推论如前文所言已表明形式即是普遍者，这难道不正是女性结构所揭示的那种普遍性发展到极致就会瓦解的逻辑吗？不过，正如女性结构暗示了一种超越普遍者的解放一样，传统艺术的解体也为后来的艺术创造了发展空间，而这正是本书后边的内容要讲述的。

▲ 26 表演生活

§ 我们既是在生活,也是在表演生活。

何为表演?在前文对主观逻辑的介绍中,我们可以找到范畴层面的两种表演:首先,尽管概念具有明晰性,但这种明晰性最终要通过推论加以证明和演示;其次,单就推论的诸形态而言,每一种靠后的推论都是在言明前一种推论暗含的逻辑,特别是,假言推论和选言推论言明了之前的所有推论中的条件性和选择性。范畴层面的这两种表演最终让概念外化成了物(这是因为选言推论最后变成了物)。我们在此把表演定义为一种使抽象东西既能得到实现又能得到演示的行动。

对于以戏剧、舞蹈、行为艺术和行动绘画等肉身性的艺术为主题的研究来说,表演是一个关键术语。而我们接下来要说明的是,象征型、古典型和浪漫型艺术亦包含可被视为具有表演性的东西,而我们先前对这三种艺术类型的分析有助于证明这一点。

在象征型艺术中，神以及由它体现的大自然都过于强大了，表演无法帮助人们与神建立关联，祭祀也是一种不平等的乞求。表演因而可以说是无用的。在此情况下，一种能够创造意义的表演便是在作为艺术作品的建筑内生活——生活本身就是一场表演，而建筑则要"包容"并"收集"一切喜怒哀乐和爱恨生死的戏码。人们只是在生活，无意表演，所以表演只是一种不是表演的表演，或者用黑格尔的话来讲，只是潜在的表演。建筑外在于表演，表演也外在于建筑（即，它本不是建筑的一部分）。

在古典型艺术中，神与人的关系更紧密了，人与神共享一些个性特征，并且神有着人的外表并像人一样行事，但更重要的是，人可以与神互动，因为人们需要求助于神，而神也乐于干预人世。这种互动在神话里表现为人与神交谈或合作，在日常生活中则表现为，人们总是打着神的名义行动，神被认为时刻都在影响现实行动，因而人们需要举行祭祀。换言之，个性作为普遍者包含两个特殊者，一方是人，一方是神，双方会进行互动，以此解决双方的矛盾。这种互动可被称为一种相互配合的表演，这是因为，每一方都不是独立的，其存在都有赖于另一方，并且，在双方之上不存在其他更高的东西，真正有意义的只有作为表演的互动。

在浪漫型艺术中，人类把握生活的能力大大增强，对行动也有了自信，相信行动可以带来宏大精神的实现。假言推论直观地展示了行动的作用，它用"现在 A 发生了，所以，B 也发生了"实现了原本仅处在虚拟状态的"如果 A 发生那么 B 发生"。但是人一旦行动就会陷入矛盾和迷茫，就如同选言推论所展示的那样，他或她只能做有限的事情，而且所做的事情也有对有错。

不过，假言推论和选言推论都反映了行动的一个更重要的特征：首先，如前文已经提到的，假言推论中的 S 起到了连接 P 和 U 的作用，就此而言，S 比 U 更普遍，S 才是真正的 U；其次，这一点在选言推论中得到了明确化，即，这个 U，这个真正的 U，出现在三个分句中并把自己引向了结论。英雄的情况与这两个推论相仿：首先，与假言推论相对应的是，英雄是设定预设者，他或她回溯性地知晓并识别出了实现宏大精神所需要的条件；其次，与选言推论相对应的是，这种回溯性以新的形式得到了明确化，这表现为，个体英雄同时也是普遍者，他或她仿佛真的存在于宏大精神的实现过程的每一个阶段，仿佛真的从一开始就决定了一切，尤其是决定了自己的命运。这种设定预设的回溯性等同于齐泽克所说的必然性回溯性地源自偶然性的逻辑。[110]

总而言之，表演固然可被看成是形式，固然会带来矛盾和迷茫，但就其拥有这种回溯性而言，必须被视为一种必不可少的形式。

浪漫型艺术的媒介使得表演成了作品不可缺少的一部分。绘画是一个适合静观的静态平面，并不涉及表演，但我们仍可说它在两个方面是具有表演性的：首先，如前文所言，观者可以自行选择观看绘画的距离和角度，选择观看整个画面还是观看细节，艺术效果因而部分地取决于观者。这种能动的观看行为可以看成是观者自己在画作前的表演——尽管观者自己不会把这视为表演。其次，画家的炫技同样也是一种表演，只不过它最终只能落实为画面上的形象，只能暗示出征服媒介和内容的过程。音乐明确地把表演当成自己的一部分。人们读一份乐谱和实际聆听演奏的体验是非常不同的,这是因为演奏者会把自己的情感和对曲子的理解融入表演过程中。对戏剧而言,表演以及与之相关的演员气质和演技等更是不可或缺的因素。不过,只有在喜剧中,这种不可或缺性才达到极致:角色的滑稽与演员的滑稽在表演中是融为一体的。

▲ 27 无用感

§ 做什么都没用了，没什么可以做的了。真的吗？

在浪漫型艺术解体之后，艺术家还有什么存在的价值？——印象派画家不得不直面这个问题。

要理解印象派画家的处境，我们就要先回忆一下前文提及的所谓本体论层面的自由。让我们看以下几个例子：（1）一个白发苍苍的老人追忆曾经的辉煌经历；（2）在法国大革命之后，一个相信历史已经终结的历史学家反思整个人类历史，或者，一个哲学家相信哲学已经发展到顶峰了，开始反思整个哲学史；（3）人工智能研究者收集了记录着人类世界大量信息的文本数据，并把它们当成训练模型的素材。（4）选言推论的前两个分句"A 要么是 B 要么是 C，A 不是 B"只能引出第三个分句"所以，A 是 C"。

以上例子的共同点是，某物已然处在独立、完整和无法修改的状态了，人们不可能再做些什么来进行干预了——老人不可能回到从前，干预年轻时的自己；历史学家和哲学家的反思不可能真的改变已过去的历史；人工智能研究者无意修改文本，更不可能去修改这些文本指涉的现实世界；选言推论的第三个分句是多余的，它只是被别无选择地从前两个分句中引出的。

然而，也正是因为某物不会因为我们的所作所为而产生任何变化，我们才是自由的——老人只要愿意，就可以随时随地进行回忆；历史学家或哲学家可以从不同角度或在不同抽象水平上提炼经验或理论；人工智能模型的训练者会利用从原始数据得到的矩阵以及以这个矩阵为基础生成的任何符合需要的矩阵；选言推论之所以肯定是正确的，正是因为它本来也没有得出真正的新结论。

这些例子体现了两方面的自由：一方面，既然一切应做之事均已做完，那么我就不再有负担并且终于可以休息了，艺术也不用再向前发展了，艺术也自由了——这当然只能算是一种消极的自由。另一方面，更重要的是，这种情况同时也体现了一种积极的自由。我们先前提及的本体论层面的自由不正是这种积极的自由吗？——逻辑学的范畴链条从存在出发返回到存在，被添加上去的范畴无非是存在的变体，这一点是无法改变的，但也正是因为这一点无论如何都不会被改变，我们才可以随心所欲地添加范畴。

印象派画家面对的正是这种情况：首先，老大师们的技艺已经是成熟且完美的了，人们很难再创新并超越他们了。其次，摄影轻松地再现现实的能力，特别是再现细节的能力，让绘画望尘莫及。再次，摄影装置都是在大多数画家所不熟悉的工厂或实验室内生产的，而摄影师能做的也只是布景、指导模特摆姿势和按下快门而已，这些都是外在于设备生产以及摄影装置内部的光学、化学机理的。

感觉天要塌下来了，世界上的事情好像都不再与我有关了，太可怕了——理解当时画家的恐慌并不难，我们自己不是有时也会有这种感觉吗？

然而，正如人工智能能够生成惊艳的图像一样，印象派画家在技法和主题等方面令人惊艳的创新开辟了现代主义艺术的新道路。如格林伯格所言，现代主义艺术家要保持水准，他们不是要模仿老大师，不是要追赶老大师，而是要做些什么来与他们竞争。[111]

很难！不过，印象派画家也许会说："有时，我们做了一些事情，但又好像什么都没做；有时，虽然我们好像什么都没做，但毕竟还是做了一些事情。"

▲ 28 不可说

§ 物可说吗？不可说吗？可说吗？不可说吗？可说吗？不可说吗？

这里要预先对术语进行一下说明：在包含概念、判断和推论的主观性部分终结之后，客观性便出现了，它包含从物到目的论在内的诸多范畴。由此可见，**机械物**——我们简称它为**物**，即有**物性**的东西——已经可以被看成具有客观性了，只不过还是最初级的客观性。

我们现在迎来了主观逻辑的客观性这一部分的第一个三元组：**物—物的累积—物的漠不相关性**。

物是从推论中产生的，或者也可以说，物是从主观性中产生的，对此，我们已经从选言推论为何转化成物的角度进行了说明。然而，纵观整个推论环节，我们发现物的产生毋宁是推论为了对抗不可能性而产生的内在要求：为了解决 S 和 U 不可能直接连接的问题，第一式 S-P-U 便出现了，但它同样被不可能性所困扰，S-P 和 P-U 的无根据性使得 S-U 的连接仍然不是必然的。与此相仿，如前文所言，个体似乎可以借助个体——特殊领域——善的伦理结构解决这个不可能性的问题，进而融入善，但是，这个结构亦需要其他结构的支持。在推论层面，这个不可能性最终是由选言推论去除的，因为选言推论的结论是必然正确的。但吊诡的是，黑格尔的范畴总是在一边解决问题一边创造问题，并最终会让问题严重到无法收拾的地步——选言推论在去除掉不可能性的同时却也使推论结构解体了，如果说第一式 S-P-U 被不可能性困扰的话，那么选言推论同样也可以被称为具有不可能性的推论，只不过两者中的不可能性有着不同体现方式而已。与此相仿，鉴于伦理结构与推论是同构的，伦理结构也终会解体。因此，浪漫型艺术以后的艺术不再建立在伦理结构之上。

那么，物又有怎样的特征呢？很遗憾，如我们先前所言，它此时除了是选言推论所呈现的那种直接性以外什么都不是，我们无法说它有何种特征，它也与任何关于它的特征的表述漠不相关。我们也许会谈论物的数量是什么，物有哪些具体的属性，例如，我们会说这里有三个而不是一个铁球，它们有一定硬度和运动速度，然而，这些表述仅对我们有意义（用黑格尔的话来讲，只是外在的反思），而物对这些表述则是无所谓的：首先，它是一种处在一与多的模糊状态中的东西，我们不能说这里有一个物还是有三个物，甚至不能说物是可数的还是不可数的，因为可数性和不可数性也算是属性；其次，任何质的属性都外在于物，因此我们也不能说物是或不是球体,是或不是铁的,有或没有硬度和速度;再次,我们甚至不能把物与物所拥有的属性区分开,物抗拒这种物与属性之间的二分法。

● *29* 微言

◆◆◆◆◆

§ 微言生大义。

◆◆◆◆

与**物**相对应的艺术作品是**印象派风景画**。要预先强调的是，当我们在这里及以后宣称一些作品与一个逻辑范畴相对应时，并不是指这些作品直接就是这个范畴，而是指这些作品的存在以及对它们的创作或欣赏需要以特定的时代精神为背景，这种时代精神是与某个逻辑范畴的内涵等同的。

物具有外在性，这就是说，它在坚持自身的持存的同时把任何特征都当成外在的并加以排斥。印象派风景画具有外在性，单从字面上看，这体现为印象派画家热衷于到户外——外在于工作室——去作画，但显然它还体现在更重要的方面。这样的作品也有着 S-P-U 的结构：P 是指自然界中被描绘的特定风景，遵循自然规律，并且可以被视为物；U 是作品，它是有着一定物理化学性质的颜料在画布上留下的痕迹；S 是画家，它可以被称为一种遵循生物学规律的物（这种表述的确听起来比较奇怪），并且只不过是完成绘画的全过程中的一个环节。总之，S、P和U都是物，而绘画过程只是一个机械过程，仿佛一切都只不过是自然界在自然规律的作用下自己生成了作品而已，而自然界本身并不在乎这个作品是否存在，因而作品的生成也是外在于自然界自己的。然而，摄影难道不也是这样吗？被拍摄事物在感光物质上留下痕迹不也是一个遵循自然规律的过程吗？我们只要把S-P-U这个机械链条中的画家替换成按下快门的摄影师，把绘画媒介换成遵循光学和化学原理的装置以及最后得到的照片即可。

当然，十分明显的是，我们也不能仅仅把画家/摄影师看成物，还要把他们看成主体，而作画和按下快门则是把主观意志施加给自然物的行为。这种主观意志创造了一种齐泽克所说的最小差异，或者说事物与自身的差异——被画家/摄影师记录的世界与先前的世界没有什么区别，两者的微妙区别仅在于前者被添加了一个抽象的主观意志，并因而打上了"被记录"的标签，后者的标签则是"未被记录"。换言之，印象派绘画存在于两个世界之间的最小空间之中，摄影作品亦是如此。

要强调的是，我们在这里看到了前文已详细分析过的作品可以自动生成的现象，不过现在我们强调的则是这种现象中的一个关键特征，即，艺术家希望主观意志施加尽可能小的影响，但这些影响却被期望产生连锁反应，而作品正是这种连续反应的后果。换言之，虽然印象派风景画只是想通过为自然添加一个拉康意义上的空洞主体来得到一件作品，但一些艺术家则进一步希望由空洞主体所打开的缝隙——即他们所施加的那尽可能小的影响——

能够被自动产生的大量连锁反应填充。基于提示词的 AIGC——用一系列复杂的算法把我的一个念头转化成包含未被我言明的无数细节的作品——是这种自动生成的最晚近的表现形式,不过,从早期的印象派和摄影到晚近的 AIGC 之间的这段时间还出现了大量以不同方式体现这种冲动的产物。例如,在摄影领域,杉本博司让胶片直接与放电工具——在此它显然是快门的变体——相连,由此生成的名为《放电场》(Lightning Fields)的一系列有着丰富细节的图像不仅呈现出了闪电的形态,还呈现出了像微生物一样的形态。再看 20 世纪早期,蒙德里安等人的现代主义抽象绘画把艺术本身的元素当成主题,体现了一种更抽象的自动生成:把绘画的形式元素(水平性与垂直性、三原色,甚至是一张除了具有平面性之外不再有其他特征的空白画布)当成绘画这门艺术的根据摆在那里,仿佛一幅作品会在自身的根据之上自动生成。也许人们会追问为什么这些形式因素就是最底层的根据,是否在它们之下还有更深层的根据。对此,现代主义者也许会回答,这些因素之所以是最底层的根据,仅仅是因为——用黑格尔的话来讲——艺术家是在设定预设,即,他们自己将那些形式因素设定为绘画的根据。更重要的是,似乎单单一个探寻根据的简单念头或意图就可以让那些形式因素自动嬗变为一幅画作,因此,抽象绘画既是在展示一个图像,又是在展示那个简单念头。20 世纪 70 年代之后,这种双重展示又出现在了以分形几何为基础的计算机生成作品中,这些作品既是在展示迷人的抽象图案,又是在借助图案来展示使它们得以自动生成的算法。

▲ 30 扁 平

§ 世界是扁平的，是等级化的，是扁平的，是等级化的……

物是将追求自我这个原则坚持到底的范畴，它当然也会有一些特征，但是它却是质疑一切者，它不把这些特征当成自己的，而是把它们当成外在他者，并把它们排斥开来。这固然是一种坚持自我的内在决定并拒绝被外在他者决定的努力，但它的所谓自我只不过是一个抽象的持存者。而被排斥到它之外的那些东西也无非是另一些它自己，一些抽象的持存者而已。这样一来，我们就看到了**物的累积**。

要强调的是，世界只是平等之物的非等级化的累积，这种观点无疑是扁平本体论者愿意看到的。然而，我们要注意以下两个方面：一方面，诸个体都排斥外在他者，这体现了它们的漠不相关性，但这恰恰意味着漠不相关性就是它们的共性，它们就统一于漠不相关性之中，作为共性的漠不相关性因而是超越所有这些个体的。换言之，等级制毕竟还是在这些漠不相关的平等者之中出现了。另一方面，在黑格尔哲学中，统一体是某种包含了多种具体的维度或个体的东西，这种包容性使该统一体成为不但具有一定独立性，而且还在这种独立性的影响下排斥他物的个体东西。现在，漠不相关性就是这样一个统一体——尽管它还是十分抽象和空洞的，但作为诸物的统一，它仍然具有独立性，并且又开始像原来的那些物一样排斥他物了。以上两方面意味着，从黑格尔辩证法的角度看，扁平性和等级制都不能算是事物的终极状态，两种状态实际上是交替出现的。

31 等　待

§　静观、重复、执着，主体性以倔强的方式呈现了出来。

与**物的累积**相对应的艺术作品是**印象派的系列风景画**，它指的是莫奈等印象派画家在不同时段针对同一个景物所画的多幅作品（干草垛系列、教堂系列等等），这些作品记录下了不同时间的日照和天气在景物上留下的色彩和光影效果。景物是具体的物理物，而光线相对于它们而言是抽象的，因此，虽然光线使景物的外观发生变化，并进而造成了描绘同一景物的多幅画作的差异，但是我们仍然把一个系列中的多幅作品视为同样内容的累积。在此，自由体现为一个景物原则上可以在无限多的画作中复制自身，但这一点同时也是不自由，因为画作似乎只能围着同一个内容打转。

一个物是物，累积的多个物也是物，可见，同一个东西的重复似乎并没有对物有任何超越。进一步看，尽管所谓系列化生产"直到极简主义和波普艺术……才得以协调地整合到艺术作品的技术生产之中"[112]，但它的影子早已出现在莫奈的系列风景画中。这种系列化生产中的体系化无疑是物性的无限蔓延，它无法容纳艺术家主体的存在。

然而，换个角度看，我们就会发现系列风景画还是在三个方面昭示了一个主体的存在：第一，以同样的景物为内容的系列风景画，暗示了一个持存着且等待着的主体的存在——艺术家。他或她需要静待并捕捉合适的色彩和光影效果。第二，系列风景画是一种自我复制，似乎系列中的第一幅画能够生成与自己有所差异的其他自己，这种自我复制暗示了主体的存在，因为它以简单的方式表达了黑格尔认为主体应有的那种状态——在他者之中就像在自己之中一样。第三，这种自我复制同时也是一种自我控制，即不偏离同样的内容，并因而是一种字面意义上的艺术自律性。

▲ 32 净 化

◆◆◆◆◆

§ 我要消除一切强加给我的东西，我所接受的一切都必须建立在我的根据之上。

◆◆◆◆◆

既然我们已经拥有了多个物，那么我们就可以概括一下它们的共性了。如上文所言，这种共性就是**物的漠不相关性**。

在谈及艺术时，黑格尔说："在美的对象里，无论是它的概念以及它的目的和灵魂，还是它的外在的定性、丰富复杂性和实在性，都显得是从它本身生发出来，而不是由外力造成的……"[113]这段话无疑是对被人们认为源自康德，后又被波德莱尔、阿多诺和哈贝马斯等人反复阐释的艺术自律性的清晰表述。不过，正是格林伯格揭示了以批判性为特征的自律性与作为艺术的特定阶段和潮流的现代主义之间的紧密联系，正如他所言：

> 现代主义的批判则来自内部，是通过某些本身被批判者

的程序展开的,……人们都可以在整个19世纪的其他领域也感受到这种批判的存在,任何社会活动都开始要求一种更加理性的证明,"康德式"的自身批判最终被用来适应和说明哲学以外的各个领域中的这一要求。[114]

另外,弗雷德所强调的反剧场性提出的要求是,绘画、摄影或影像作品中的人物应该完全沉浸在他或她正在做的事情中,以至于"忘记了其他的一切,特别是,观者的在场也被包括在被忘记的东西中"[115],又或者,艺术家通过让这些人物与观者保持较远的距离、让人物朝着远离观者的方向走去或让人物背对观者,来使观者感到难以和人物进行交流互动。[116]以这些方式产生的效果便是,作品中的人物仿佛处在与观者的世界毫无关联的另一个自足的世界中,并因而不可能被观者干预。可以说,这种反剧场性的要求之所以是现代主义的,就在于它意在把人物的被隔绝状态与艺术自律性等同起来。

总的来讲,艺术自律性是一种在艺术内部为自身寻求根据的要求,正是这个根据决定了人们可以把什么东西当成艺术的内容或主题,把什么当成评价品质好坏的标准,以及最重要的并且也是我们在此关心的,把什么当成判断某物是否算是艺术、是否具有艺术资格的标准。历史地看,我们先前提到的艺术的外在性使得艺术很难在自身之内找到这样的根据和标准。对研究者而言,一个被准确表述的艺术的定义,是判断某物是不是艺术的终极标准,而艺术作品本身显然不在乎自己是否被人类用定义来考量。当然,艺术的定义问题是艺术理论这个更大领域的一部分,而对于后者，丹托亦在介绍他的风格矩阵时表示，有些事物"在没有理论和艺术界的历史的情况下也就不会是艺术作品"[117]，换言之，某物的艺术资格要靠艺术理论来保证。而在现代主义以前，判断某物是否拥有艺术资格的根据同样是外在的，它不言自明地来自宗教、政治、教育等外在于艺术的领域——被视为艺术作品的某物一方面像现实中的其他事物一样有意义，另一方面又不能像其他事物那样服从于有用性的逻辑，因此，把一块石头雕刻成人形摆在神庙里就是在创造艺术，并且其作为艺术作品的意义就在于，那个石头人直接就是神本身。我们已在前文中把这种艺术从自身之外的领域获得合法性的情况阐释为伦理结构个体—具体领域—善对艺术的支持。甚至，连印象派都是有外在根据的，那就是弥漫在当时整个社会中的对快乐的追求以及画家对作画时的快乐的享受。可见，艺术资格总是需要一个外在的东西来保证。然而，即便如此，艺术也仍然保留着独立性：《圣经》让自己的精神渗透到绘画中并得以表达，可是，一方面，《圣经》中还有许多叙事或教义是绘画没法表达的；另一方面，绘画也有《圣经》所没有的形式因素和触发情感的功能。这两方面意味着《圣经》和绘画都是独立自足之物。

由此可见，寻找自身的根据与从外界获得根据这两种倾向一直都在相互斗争，只是这种斗争呈现自身的方式在不同时代有所差异而已。因此，真正要确定的不是哪一方必然能打败另一方，而是内在决定与外在决定之间的比例是什么。

从更广的视角看，内与外的对立——本己的、属于某物的本性的一方与附加的、未被本性规定的另一方之间的对立——在艺术以外的领域也广泛存在：人类智能与人工智能的对立、人的肉体与生物技术的对立、私人领域与公共领域的对立、消极自由（仅追求不被外在力量胁迫）与积极自由（涉及做事情的具体可能性）的对立……所有这些对立及其引起的分歧，在各领域内部都是无法被消除的，而只会呈现为一个此消彼长的动态过程。

现代主义艺术无非是在反映作为时代精神的现代主义的深层次特点：我拒绝任何属性，因为我作为一个持批判态度的人，认为任何属性都是从外部强加给我的，我对它们漠不关心。例如，如果有人对我说"你是温柔的"，那么他就是把温柔这个普遍属性强加在了我身上，我于是便一分为二，分裂为我自己和我的温柔，在这种情况下，我也许为了保持内在同一性而拒绝被描述。然而，如果每个个体都坚持同一性的话，那么我们就会因缺乏特征而无法彼此区分开了。看来，我毕竟还是需要一些特征的。而问题就在于由谁来决定我有什么特征。任何有可能为我作决定的人都没有这个权利，因为他们都是与我相同的自身同一者，他们也需要另一个决定者，而后者同样需要被他者决定，以至无限。寻找最终决定者因而是一个不可能完成的任务。

总之，现代主义的根本问题是：我需要一个决定者，但我不知道谁是决定者，并且我也不承认任何人拥有成为决定者的合法根据。我们看到，一方面，现代主义艺术的各个流派都试图用某种方法在艺术层面解决这个时代精神层面的问题；另一方面，这个问题又在某种程度上是超越特定时代的，这个问题在改头换面后同样困扰着当代人，或者更直白地说，无论是印象派还是人工智能艺术，都试图在某种程度上回应这个问题。

不过，换个角度看，抽象同一、与他物漠不相关并且没有任何特征的东西至少还有一个特征：它的漠不相关性就是特征，或者用黑格尔式的"强词夺理"的话来讲，没有特征本身也是一个特征，尽管只是一个否定性的特征。众多的物都具有漠不相关性，因此漠不相关性就是使得它们得以统一的普遍特征。没有共性就是共性！吊诡的是，我们在此看到了主客观的抽象统一：作为物的本质特征的那种排斥一切的漠不相关性只不过是一个完全抽象的、否定性的普遍特征，它超越一切物，并因而不具有任何客观性；可是，超越一切客观东西以便摆脱它们的限制，这不正是对主体的最标准定义吗？客观性竟然直接就是主观性。由此可见，从表面上看，现代主义追求主体的自主性，但是，要想成为主体，就必须先成为物！

　　总而言之，世界不缺少主观性，即使世界都被物所填满并只剩下客观性，这种客观性本身也会自动成为主观性，并且与客观性对立起来。而就黑格尔逻辑学而言，在主观性的结尾处（即选言推论）出现的是作为对立面的客观性；而物作为客观性的初始环节又生成了与客观性统一在一起的主观性；最终，主客观的真正统一将在绝对理念中实现。

33 失神

§ 发呆属于现代主义。

物的本性就是漠不相关性。与**物的漠不相关性**相对应的艺术作品是那些**描绘失神、茫然，甚至是呆滞的人**的印象派画作，画中的人似乎并不在意自己面前或旁边的人，而是在等一些永远也不会出现的人。其典型是马奈的《女神游乐厅的吧台》（*A Bar at the Folies-Bergère*）中的酒保和《铁路》（*The Railway*）中那位坐着望向画外的妇女。前文曾提及，系列风景画暗示出一个在时间的流逝中坐等着的主体，而现在，这个主体，这个失神者，终于现身了。

单从表面上看，失神状态只不过反映了心灵的空洞和精神的缺失，它是现代主义环境的消极产物：我们在渴望拥有具体特征的同时却又不确定应该拥有何种特征。然而，这种消极状态仍然有着积极意义：首先，如上所言，没有特征毕竟也是一种特征，抽象的、不确定的特征毕竟也是特征，因此，处于这种空洞状态的某物同样是有积极性的。与此相仿，失神者的那种消极的精神状态同时也是一种积极的状态。其次，也正是因为我们毕竟还是有这样一个具体特征的，所以我们仍然可以自信，不必过度担忧，这意味着，失神状态同时也是一种漠不关心式的自信和自由。

这些失神之人一方面似乎只是睁着双眼，但却什么也没有看，另一方面，他们似乎又在望向画面外的我们，这既是求助——请求我们把他们带出禁闭着他们的世界，又表达了一种与其他主体建立关联的渴望。可是，我们显然无能为力。那么，这些自信却又带着无声怨气的人，还能做些什么呢？

▲ 34 轻触

§ 人与人，物与物，都是只拿自己的表层触碰他者的表层。不要涉及内在性！当然，本来也没有内在性。

自信的人当然要**社交**！统一于漠不相关性中的物当然要相互传递——可是，被传递的东西是什么？我们现在开启了客观性阶段的第二个三元组：**传递—传递与特殊化—静息**。要强调的是，这些范畴的名字听起来有些拗口和不知所云，但是，真正重要的是我们要理解名字背后的内涵，而名字本身只不过是对内涵的权宜性的概括而已。

让我们从**传递**开始。

我难以找到一个能把一些特征赋予我的终极外在根据，而且，与其寄希望于这样的最高之物，不如把目光投向那些与我平等者，因此我要与他们社交——当然，社交属于主体的行为，而在物的层面发生的事情就是传递。传递又被黑格尔视为一种形式的机械过程。传递之所以纯粹是形式的，是因为它指的仅仅是一物用自己的表层去触碰另一物的表层。它们在这个过程中持存着，其内部既不会被对方触碰也不会被这个传递过程改变，而这显然是因为它们此时还不拥有明确的具体特征，因而根本谈不上有什么内部特征。但是，传递过程根本没有触及双方的内部，这意味着实际上没有任何东西被传递，所谓传递只不过是一种传递的尝试，并因而只是抽象的、形式上的。同理，在社交场合，我与他人的沟通在多数情况下都流于形式，这种沟通要么单纯是礼貌性的或表演性的，要么仅仅是在对他人的意向或态度进行试探；而我的内心却不会在社交过程中发生变化。

不过，不传递任何东西的传递毕竟也是一种传递，它作为抽象的普遍性把诸多物统一起来；与此相仿，社交虽然未必能改变人们的内心，但毕竟也是一种能够让人们产生共同体感的必要形式。

● 35 宿 醉

◆◆◆◆◆

§ 宿醉会告诉你前夜的社交有多么空洞和浮浅。

◆◆◆◆◆

  与**传递**相对应的是那些**描绘野餐、郊游、舞会、散步和观看演出等社交活动的印象派绘画**。如果说前文提到的描绘失神者的画作所反映的时代精神就是自我根据的缺失的话，那么这些跟社交有关的画作所反映的时代精神则是一种沉迷于各种社会活动的快乐。艺术家是社交的记录者，艺术家的亲朋好友不但是活动的参与者，而且还因此成了艺术家的模特，城市的公共场所中的路人亦可以入画，而城市建设的决策者则为这些活动提供了美好的环境……所有这些人都以直接或间接的方式参与了创作。

  尽管对我们而言，抽象的、自身同一的物是没有本质的，但是对物自身而言，这种抽象性和自身同一性就是其本质，正是这个持存着的本质保证了物在相互传递过程中的不变性，它能够与多个物建立关联并且在每一种关联中呈现出一个外观，但它并不会被任何一个外观永远占据——这就如同，我们在不同的社交场合中或在面对不同的人时，会有不同的形象和不同的言行，但我们相信在这些可变的形象背后有一个不会迷失的本真自我。

相互传递的过程尽管是抽象的，但毕竟还是造成了影响，这体现在，如果说此前的物仅仅具有同一性，那么处在相互传递中的物则具有反思性，或者说，它具有反思性的同一性——它在与他物建立关联的同时仍然可以返回自身。返回到哪里？返回到一个抽象的、不确定的特征。这就如同，对社交活动的参与者而言，这些活动固然是热闹、欢快和自由的，但同时也是空洞、浮浅的，是无法摆脱的劳烦，是人们在看不到任何超越的希望之时陷入的疯狂螺旋，幸亏人们还可以抽身返回到一个宁静的单一点。哪个单一点？返回到前文所说的那种失神和发呆的状态。这意味着，有社交就会有失神，它们共同组成了完整的生活。失神就是心灵以那些丰富活动为能量进行自我分层并且愈加深邃的过程。

▲ 36 深邃

§ 形式并不会流于形式,它会让人变得深邃。

如果物之间的传递过程没有让物发生什么改变的话,那么它就确实没有什么意义。然而,顺着黑格尔那"牵强附会"的思路来看,一方面,物具有个体性,另一方面,它与其他物统一于它们共享的传递过程中,因此传递就是普遍者,物因而既具有个体性又具有普遍性,而普遍性与个体性的统一是特殊性,因此物就具有了特殊性。**传递与特殊化**这个范畴说明,单纯形式因素的叠加对黑格尔来说其实也是可以生成实质东西的,因此,形式化的传递过程终于使原本抽象的物变成了有明确的具体特征的东西。

物先前拒斥那些削弱其同一性和独立性的特征,但如果每个物都为此而保持自身同一的话,它们就没法被区分开来了;但现在看来,特征不但不会削弱物的独立性,反而能够使它们得以相互区分开来,因而恰恰维护了它们的独立性。

37 多彩

§ 颜色是自由，颜色也是束缚。

传递与特殊化这个范畴与两类艺术作品相对应，一是后印象派和新印象派绘画，二是立体主义绘画。

在社交活动中变得无限深邃并拥有了具体特征的心灵起初只体现为对普遍性的远离。这种远离正是梵·高所做的，他孤独地生活并作画，他的心灵回归到深沉、感伤并充满被压抑的激情的内在性之中，他的画作正是个性和情感的呈现。高更不仅把更深层次的人类本性当成思考和创作的主题，而且还逃避城市喧嚣，来到原始群落中，因而也是在字面意义上远离普遍性。修拉和西涅克等点彩派画家相信，画家可以把两种颜色用细小的笔触涂在画布上，而观者的眼睛则会自动把它们合成第三种颜色，观者因而也在一定程度上参与了创作。在此，被期望产生的第三种颜色是普遍者，它特殊化为两种存在状态，一种状态是指第一和第二种颜色在画布上的固定存在，另一种状态是指主观的视觉效果，即颜色时而一分为二时而合二为一的那种仅存在于观者眼中的闪烁和模糊。点彩派与其说是在追求那个作为普遍者的颜色，倒不如说是在追求那两种状态以及从第一种状态向第二种状态的转化。就此而言，点彩派同样体现了我们所说的远离普遍性这一特征。

在立体主义作品中，特殊性不再是对普遍性的消极逃避，而是以更积极的方式显现出来：事物的特殊环节，即它的外表的多个部分或多个侧面，都在画布上分散开来并主动凸显自己的独立性，而事物自身，作为普遍者，似乎只剩下一个作为框架的网格，它只能勉强确保那些已经错位的碎片不再进一步错位和散落。如果说这个事物自身所是的框架因其内在性而可以被视为主体的话，那么这个主体已经危在旦夕了，那些碎片都试图让自己一览无余，这暗示了一个拥有明晰性的新主体的诞生。

让我们总结一下上述艺术流派所呈现的自由和不自由。梵·高和高更借助作品表达了极其个性化的精神追求，因而是自由的。然而，这种自由同时也是不自由，因为他们似乎深陷在自己的内心世界中并且再也走不出来了。他们的苦闷为这种不自由提供了证明。点彩派画作的质感让观者感到画中的情境处在一个超越现实的梦境中，因而给人以自由感。但与此同时，画中的形象似乎只拥有一个由色点组成的美丽外壳，但这外壳的内部空空如也，没有任何能支撑起这个外壳的内在东西。这种无根据性带来了不自由感，仿佛这些形象的持存必须依靠观者的观看来维持，而点彩派的特征——最后的颜色只能在观者的视觉中合成——进一步加重了这种依赖性。立体主义作品能够让观者感受到自由，是因为形象的各个部分或各个侧面都能超越观看角度的限制并展示自身，但这种过度展示同时产生了不自由感，因为形象的怪异扭曲似乎正在对这种明晰性是不是真正的自由提出质疑。

▲ 38 释 然

◆◆◆◆◆

§ 我是什么样的人既是由我自己决定的，也是由外在因素决定的。也许没有必要把外在因素彻底消除掉。是不是？

◆◆◆◆◆

物是个体，漠不相关性是物所共享的普遍特征，物之间的相互传递使它们被特殊化——简言之，物此时是个体性、普遍性和特殊性的统一体，因而已然是一个总体了。如前文已指出的，总体性意味着客观性，因此，物的客观性此时亦得到了强化。黑格尔把物所处的这样一种状态称为**静息**。我们可以把静息看成是一种释然、一种心平气和的状态，我们不再允许心理内耗，不再纠结于自己到底是应该被自己决定还是应该被外在他者决定这个问题了，因为我们已经认识到自己肯定是既被自己决定又被他者决定的，只是两者的合适比例在每个人心中有所不同罢了。进一步看，我之所以拥有不再纠结的从容心态，并不是因为我不愿反思，恰恰相反，我是在经过反思之后才允许自己处于这种心态中的，因而，用黑格尔的话来讲，我设定了自身的存在，设定了一种静息状态。

然而，尚未解决的问题是：这个所谓的合适比例又是多少呢？哪个外在他者能够权衡并评价某个比例是否合适？我又如何保证某个在我自己看来是源自我内心的评价标准不是由外在他者暗中灌输给我的？要注意的是，外在他者的作用有两个：首先，它与自我一起决定了我有哪些特征；其次，自我决定与外在他者决定这两者的比例也可能是由外在他者决定的。简言之，尽管我试图设定自我，但无论如何都逃避不了受外在他者影响的命运，静息只不过是一种无法达到的理想状态。这种外在他者设定主体的情况在极简主义中得到了呈现。不过，在最终到达极简主义之前，我们还要走过一些其他阶段。

39 宣言

§ 艺术家既要创作，又要发表宣言，宣言似乎也是艺术作品的一部分。

与**静息**相对应的是**与宣言并存的艺术**——20世纪上半叶的一些艺术家在创作的同时还热衷于发表各种形式的宣言，这些宣言未必会直接以"……主义宣言"的形式出现，而是可能会以艺术家所写著作的形式出现，如康定斯基的《艺术中的精神》（*Concerning the Spiritual in Art*）和《点 线 面》（*Point and Line to Plane*）等；宣言亦可能作为一套松散的观念体系存在于团体、机构、展览活动或教学活动中（"蓝骑士"和包豪斯设计学院等）。

黑格尔哲学使我们意识到，客观性总是颇为怪异地出现在主观性之中。例如，主体强调自己是独立的，任何客体相对于主体而言都具有外在性；然而，外在性是相互的，不仅客体外在于主体，主体也外在于客体，在这个意义上，主观性本身就是客观性。

又如，人们先前强调人工智能有着机械的运作方式，并因此永远不可能取代体现着人类主体性的创造性工作；然而，吊诡的是，技术的高速发展使得包括艺术创作在内的创造性工作反而更可能被人工智能取代，简言之，主观性会无可避免地翻转为客观性。再如，各个艺术流派的宣言均阐明了它们的社会和艺术理念并因而成了它们的存在根据，艺术家在创作时会多多少少地遵循宣言中的普遍原则，并借此完成让自己的个体性与特殊性和普遍性相统一的任务——这种统一正是上文所说的静息。不过，尽管艺术家确立存在根据的行为体现着主观性，但是确立存在根据就要进行证明，而证明需要用到推论，推论又是一种体现着必然性的链条并因而具有机械性——简言之，主观性最终还是会变成客观性。

我们接下来将会看到，与宣言并存的艺术包含一个三元组：**野兽派和未来主义—抽象绘画和现成品—抽象表现主义**。

（1）野兽派和未来主义

野兽派强调通过更自由地运用颜色来表达情感，颜色仿佛获得了独立于物体的生命，并且不必与真实物体上的颜色保持一致，于是画中物体的客观性也就瓦解了。简言之，野兽派画作通过客观性的消解而实现了主客观的统一。

未来主义推崇现代科技的发展，而现代科技的一个重要部分是对高速运动的研究。设想，一个快速运动的物体先是在我们面前突然出现，随后便会消失，仿佛出现和消失是同时发生的。或者用黑格尔的话来讲，物体在被设定之时就被否定了，而这种设定即否定，这种存在与虚无的统一不正是我们每一个人所是的主体吗？简言之，未来主义所要做的无非就是把主体性与速度、科技等同起来。与野兽派相仿，未来主义画作中有着极快运动速度的物体的客观性也在运动中消解了，并进而与主观性融为一体。

（2）抽象绘画和现成品

要说明的是，我们接下来要提到的抽象绘画主要是指20世纪早期蒙德里安、马列维奇等人的抽象绘画，现成品则主要是指杜尚的作品。

如果说在上一个环节中，客观性是自动为着服务于主观性的目的而自行消解的，那么在现在这个环节中，客观性仅在被明确否定的情况下才会消解。这个环节又进一步分解为三个小环节：**蒙德里安—杜尚—房间装置**。（这里要对表述方式作一下说明，一方面，尽管我们会出于行文的方便而用艺术家的名字命名一个环节，但我们的分析仅涉及这个艺术家的一部分作品，而不会涉及他或她所有风格的作品；另一方面，这样来命名也并不意味着符合分类条件的只有一个艺术家，我们只是把被三元组提及的艺术家视为众多同类艺术家的典型而已。请大家不要纠结于各个环节的名称，而要理解其内涵。）

蒙德里安等人的抽象绘画是对绘画惯例的重大否定。但是，绘画惯例是早已成形的东西，它先于当下的艺术家的干预而存在，是他们要面对的既成事实，就此而言，绘画惯例尽管不是杜尚的小便池和自行车零件，却同样是一种现成品。这意味着蒙德里安与杜尚一样也要处理现成品，只不过他们采取了不同的处理方式而已。包括蒙德里安在内的不少画家都有一段从具象走向抽象的转变过程。具体来看，首先，这个过程不仅是探求绘画本质并打破惯例的过程，而且也是自我否定的过程，换言之，这是一个同时否定客观性和主观性的过程。其次,他的那些只使用水平线和垂直线或只使用三原色的作品体现着对绘画媒介本身的反思,并且符合格林伯格所说的关于现代主义艺术应该对属于自身的元素进行探究的要求,换言之,客观性和主观性在被否定之后又统一于一种新的主观性之中,或者说,统一于这种反思和探究之中。

与蒙德里安不同,杜尚直接使用了现成品。思考自我决定与他者决定的问题并且找寻自己存在的根据固然是有意义的,但人们毕竟生活在一个大量事物已然成形的世界中,并且不可能完全独立地为自己搭建出一个全新的生存环境,就此而言,对现成品的使用是完全正当的,不应被看成是在无法自我决定的情况下的妥协。

然而,杜尚同样是在否定现成品,这体现在两个方面:一方面,尽管他能够设想自己的小便池会被当时的艺术体制拒绝,但他仍然有意让这种拒绝变成现实,甚至在某种程度上是在主动寻求拒绝。另一方面,小便池是现成品,艺术体制如上所言亦是现成品,这意味着,艺术体制对小便池的艺术资格的否定实际就是对自身的否定。现成品艺术同样体现了主观性:艺术家作为选择者多少有些任意地选出一个东西,并指定它为艺术作品,或者说,主体设定了某物的艺术资格。总之,杜尚尽管表面上认同现成品艺术,但是,他既否定了现成品,并因而否定了客观性,又通过故意让自己被拒绝而否定了自己,并因而否定了主观性,只不过主观性又通过设定艺术资格而重新显现出来。就此而言,这第二个环节与第一个环节并无差异,杜尚与蒙德里安有着颇为吊诡的共性。

我们还可以借助迪弗的阐释以另一种方法解释这两人何以相同。蒙德里安和杜尚都是通过对媒介进行反思而实现自我否定的。杜尚对媒介进行反思，无非是因为他和蒙德里安一样，都处在一个艺术家不得不反思媒介的时代。但是，杜尚对绘画媒介的反思并不以格林伯格所说的回归媒介的本质为目的，而是要把绘画这门艺术整个否定掉。这种否定，如迪弗所分析的那样，在杜尚的《大玻璃》(*The Large Glass*)中得到了表达：[118]下方玻璃左侧的"光棍"不再研磨巧克力了，因为下方玻璃右侧的研磨装置是自动的，他们现在想做的就是看上方玻璃中的"赤裸"的"新娘"。这个场景是对以下状况的隐喻：研磨颜料是古代画家的核心手艺，因而可以指代绘画；而在工业社会中，颜料都是被制造商封装在金属管中的，不再需要研磨；而画家放弃研磨颜料也就在某种意义上意味着放弃了绘画，或者说得更广些，各类传统手工艺也因为不再重要而被放弃了。画家此刻只想看到绘画的本质（即"赤裸"的"新娘"），但整块玻璃被分成了上下两个相对独立的部分，这意味着"光棍"/画家永远达不到目的。进一步看，画家就算放弃了绘画也不用感到遗憾，这是因为，既然管装颜料可被视为现成品，那么使用颜料的绘画在一定程度上已然具有成为现成品的潜能，因此，完全放弃绘画转而使用现成品，也只不过是为了使绘画的这种潜能得到更好实现而已。

现当代艺术中，大量的房间装置是前两个环节的统一，因为它明确地体现了它们的共性，即，既否定客观性又否定主观性。此类作品的典型包括：库尔特·施威特斯（Kurt Schwitters）的《梅尔兹建筑》(*Merzbau*)、卢卡斯·萨马拉斯（Lucas Samaras）的《房间1》

(*Room 1*)、迈克·尼尔森（Mike Nelson）的《珊瑚礁》(*The Coral Reef*)以及托马斯·赫希霍恩（Thomas Hirschhorn）的《极—自我》(*Pole-Self*)等等。这些作品是对主观性的否定，这是因为，尽管它们包含大量日常用品，甚至是废旧物品，但与其说这些东西是艺术品，不如说整个房间才是艺术作品，这样一来，作品与艺术家主体之间一对一的关系就被去除了。与此同时，就这些作品破坏了艺术惯例而言，它们也否定了客观性，这不仅体现为它们使用了大量现成品，而且体现为，观者此时不是在静观面前的某个作品，而是可以走进作为作品的整个房间之中并与里边的物体互动。另外，整个房间可被看成是一个有着包容性的容器，对主观性的否定和对客观性的否定都被包容于其中。

（3）抽象表现主义

抽象表现主义是前两个环节的统一，这是因为：首先，它像前两个环节一样都在通过反对艺术惯例来否定客观性；其次，它注重情感表达，就此而言，它作为否定之否定又与野兽派和立体主义一样强调主观性。

作为前两个环节的统一，抽象表现主义把现代主义的艺术自律性提升到了一个新高度。然而，事物会在发展到顶峰之时充分暴露自身的局限性，这一点同样适用于达到了新高度的艺术自律性。总的来看，艺术自律性的局限性体现为以下几点：

第一，艺术自律性意味着艺术能够对自身进行设定，能够决定什么属于艺术什么不属于艺术，进而限制非艺术的东西进入艺术领域。然而，艺术在限制与艺术无关的人类生活的其他领域的东西进入艺术的同时，也反过来使艺术自身无法进入这些领域。

当艺术强调自律性的时候，无非是在强调自己能够自由地保持自身同一性，但是，如果它确实是坚定地自身同一的，就不应该惧怕与其他领域相互渗透，而是应该保持开放姿态，应该拥有在融入其他领域时仍保持自身的能力——用黑格尔的术语来讲，某物不仅应该单纯地返回自身，而且应该在走向他者时返回自身。简言之，现代主义的艺术自律性意在强调主观性，但却反而因自我限制而否定了自己的主观性。也许，艺术自律性的要义并不在于排斥生活领域，而在于重新界定艺术与其他领域的关系，但这种重新界定似乎无法在现代主义内部完成。

第二，艺术自律性还试图让艺术与市场、商业和社会潮流保持距离，这亦可视为主观性试图与客观性保持距离的尝试。然而，现实情况是，波洛克的作品的受追捧程度意味着自律的艺术完全可以与那些外在于艺术的因素相互成就。无功利的就是功利的，主观的就是客观的，而这使我们又有了一个理由把抽象表现主义看成一个高于前两个环节的统一体：它在否定客观性的同时又创造出了客观性——当然，这一点对现代主义而言也许是一个缺陷，但对我们而言则是实现主客观的新的统一的一个过渡阶段。

第三，黑格尔强调："美的对象既不显得受我们人的压抑和逼迫，又不显得受其他外在事物的侵袭和征服。"[119]这种观点可被概括为一种与政治保持疏离的姿态，并且是艺术自律性的应有之义。然而，吊诡之处在于，疏离本身也是另一种意义上的参与。或者说，他物是否有权利游离于某物之外同样是由某物本身决定的。现代主义的艺术自律性寄希望于借助消极逃避来得到救赎，可是命运并不掌握在它自己手中。

综上所述，在范畴层面，假如物可以完全设定自身，它便会进入静息状态，只可惜这仅是一种它不可能进入的理想状态；同理，当艺术能够遵循自律性并设定自身之时，它便可以感到满足了，只可惜这种自我设定仍然只是一种冲动，尚未成为现实。

波洛克也许察觉到了这些局限，因而试图在一些作品中寻找突破。例如，在《切除形象》（Cut-out Figure）中，一个人形轮廓出现在画有白色线条的背景中，而填充人形轮廓内部空间的并不是对人体各部分细节的描绘，而是纷杂的彩色线条和点状物——这种看起来不属于人形而更像是背景的混沌图案本应出现在波洛克那些典型的满幅画上。可见，波洛克已不满足于作品的满幅性，他在寻找否定传统的形象与背景关系的新方式。又如，在《切除》（Cut-out）中，人形轮廓内部不再有大量色彩，而是几乎保持空白。这个人形空白似乎是一个空洞的主体，甚至可以说，它就是波洛克自己。他把这个人形区域从画布上切除这一举动似乎暗示出，他感到自己那标志性的泼溅画风格同时也是一种束缚，并且渴望从中挣脱出来。再如，拼贴画《木马10A》（Wooden Horse: Number 10A）给人一种绘画平面向物转变的冲动，这不仅是因为作品上的真实木头本身是物，而且更是因为，"被拼贴上去的木马头与散乱且抽象的颜料滴、泼溅印迹和划痕填充物之间的二元性实在是太突兀了，以至于画面很难保持完整"[120]，简言之，绘画平面已被破坏了。

● 40 刺 穿

§ 真让人着急！徘徊、犹豫着的艺术家与真理只有一层画布之隔。只差最后一步了，为什么不刺穿它？

接下来的三个部分提及的艺术作品虽然出现在艺术发展的链条上，但并不与黑格尔逻辑学中的范畴相对应。我们将要讨论的艺术家包括卢西奥·丰塔纳（Lucio Fontana）、康斯坦丁·布朗库西（Constantin Brâncuși）、弗兰克·斯特拉（Frank Stella）、曼佐尼和安德烈，他们可以被归类到一个三元组中：**丰塔纳—布朗库西和斯特拉—曼佐尼和安德烈**。这些艺术家的共性在于他们都在质疑或反抗现代主义那种表面上的自我设定性。然而，他们的差异在于，第一个环节更强调主体即客体，第二个环节反过来强调客体即主体，第三个环节是前两个环节的统一。

让我们先来看以更激进的方式延续了波洛克破坏惯例的做法的**丰塔纳**。

抽象表现主义对绘画惯例的反对体现在利用随机性、创造纯视觉性的而非触觉性的空间等方面，但是，像波洛克的《切割》那样直接去除掉画布一部分的作品毕竟是少数，更多的作品在反对惯例方面并没有激进到在物理层面破坏画布的程度，或者说，它们对画布的破坏还只停留在虚拟层面。就此而言，抽象表现主义还没有真正打破惯例。与此不同，丰塔纳追求的是字面意义上的而非观念意义上的"打破"，他因而通过用刀在画布上划出真实缝隙的方式创作了名为《空间概念》（*Spatial Concept*）的一系列作品。这些作品的颠覆性体现在以下方面：

第一，这些作品与波洛克以满幅性为特征的作品一样颠覆了形象与背景的关系。这是因为，虽然纯色的画布更适合作为背景让缝隙凸显出来，但是，缝隙后面隐约可见的空间显然比画布表面更远离观者，因而更有理由成为背景来凸显作为形象的画布——可见，形象与背景的关系在此变得混乱了。

第二，这些作品甚至还颠覆了抽象绘画与具象绘画的区别。一方面，与画布上的人物或风景不同，单独出现在画布上的缝隙更接近于没有任何现实意义的几何图形，因而是抽象的。另一方面，具象画中的形象是真实的，画布上的缝隙也是真实的，就此而言，缝隙又是具象的。然而，前者的真实是再现的、错觉主义的真实，而后者的真实则是作为真实的真实——在这个意义上，《空间概念》已然是物，而不再是绘画。

第三，《空间概念》通过强调主观性向客观性的转化表达了对抽象表现主义的质疑。抽象表现主义的艺术自律性大致体现在两个方面，一是它被认为是对心中丰富而微妙的情感的呈现，二是它像其他现代主义流派一样强调反对惯例并与现实生活保持距离。《空间概念》中的缝隙,作为一个抽象的、神秘的空间,固然也可以被认为象征着内心,只不过,这个内心同时是一个客观而非虚拟的缝隙,并且是一道创伤。换言之,在画布上划了一刀的丰塔纳在创造出一个主体的瞬间就把它毁灭了,并把它转化成了一个物——主体即客体。

41 越界

§ 0 + 0 + 0 + 0 + …… = 1

与丰塔纳的作品意味着主体向客体的转化不同，**斯特拉和布朗库西**的作品反过来意味着客体向主体转化。造成这两个环节相互对立的原因在于，它们对艺术自律性有着完全相反的看法。首先，按照艺术自律性的要求，主体应当彰显自身存在并为其寻找根据。不过，换个角度看，如格林伯格所强调的那样，现代主义的艺术自律性在很大程度上是与回归每门艺术的媒介本性相关的。这里所说的媒介要么是物质性的东西，要么是各门艺术必须遵循的原则或必须利用的方法。但这种自律性就其看重媒介这种固定不变之物而言，与其说体现着主观性，倒不如说体现着客观性。其次，媒介固然是各门艺术的根据，固然能够使这门艺术独立于那门艺术，但媒介同样也是对各门艺术的限制。自由固然是指主体能够保持自身同一，但随意变化并转化成他者何尝不是一种自由呢？就此而言，媒介对各门艺术的限制是多余的。

按照上述两种思路，我们发现了两种质疑艺术自律性的方式：一是揭示艺术自律性的客观性如何被超越并转化成主观性，而不再揭示它所标榜的主观性如何转化成客观性；二是表现一门艺术超越自身并走向另一门艺术的倾向。

布朗库西创作的不同版本的《无尽之柱》(Endless Column) 呈现了客观性向主观性的抽象转变：首先，它是客观的，因为堆叠成每个柱子的只不过是一系列由金属或橡木制成的、形状和尺寸完全相同的菱形组件，这些组件没有被雕刻出丰富细节，也不包含具体意义。其次，单单是同一个东西有规则的无限重复的趋势（像心脏的跳动和音乐的韵律等）就可以暗示出一个主体的存在，换言之，客观东西可以超越自身并生成主观东西——这就如同描绘同一个景物的多幅印象派画作暗示出一个等待着的主体一样。再次，这种由重复产生的超越性毕竟还是抽象的，因为它并没有指明事物在超越自身之后会进入何种具体状态。

与《无尽之柱》不同，斯特拉的若干作品同时呈现了超越性和它造成的后果。我们通常把 X 字形、菱形和十字形等符号看成有着某种意义的可独立存在的图形，例如，如果我们在纸上画一个 X 字形，它会显得相当醒目。然而，在《赞比西》(Zambesi) 和《吉尔》(Jill) 等作品中，斯特拉试图让我们相信，组成这些符号的只不过是一些非常基础的元素，即众多平行的白色线条。在克劳斯看来，斯特拉希望借助这些作品揭示出，那些有着某种意义的符号的确不是独立自足的，而是经由某种"演绎结构 (deductive structure)"形成的，更具体地说，斯特拉希望"让意义本身成为表面的一个函数——成为外在性、公共性或空间的一个函数，这个空间既不是先验性的能指，也不是意向的私密性的能指"[121]。换言之，这些符号并不是自然而然地从心灵中产生的，而是来源于人们在客观世界中的惯例和实践（例如，人们习惯于用十字来标注事物在图片或世界中的坐标位置）。更进一步讲，我们可以说斯特拉揭示了一种客观性转化为主观性的潜能。

另外，斯特拉的"硬边画"还体现了一种超越媒介限制的冲动——当然，这对于看惯了用人工智能把一张照片转化成影像的我们来说已不再新奇。在贾德看来，这些作品内部的线条不但能够紧密结合，而且还能够与不规则的画框形成呼应，这些特征使得绘有图形的平面变得非常鲜明，以至于这些平面似乎已经远离墙壁了，而这就使得作品显得"有进攻性且有力量"[122]。简言之，这些作品尽管被视为绘画并仍然被当成一个挂在墙上的平面，但它们似乎超越了平面并且变成了有体积的东西。就此而言，绘画已打破强调媒介性的艺术自律性对自己的限制，开始走向雕塑了。

● 42 匿名操劳

§ 匿名操劳是美的，生活与艺术的边界是模糊的。

以上两个环节都是对艺术自律性的本质以及反对艺术自律性的方式的设想：要么宣称艺术自律性的主观性会变成客观性，要么宣称其客观性会变成主观性。第三个环节是前两个环节的统一并超越了它们，因为它给出了一种让主观性与客观性的对立变得不再重要的新方法来反对艺术自律性。这个新方法就是直接用生产劳动的手段来代替艺术手法，以便更彻底地瓦解艺术自律性——当然，这个对抗艺术自律性的过程实际起到的作用是为它赋予了更深刻的内涵。要强调的是，众多归属于贫穷艺术和极简主义的艺术家都采用了生产劳动手段，而我们要提及的**曼佐尼和安德烈**则是这些艺术家中的典型。

在曼佐尼的《一千米长的线》（*Line 1000 Meters Long*）中，艺术家将一条长达一千米的线用墨水画在等长的纸上，纸又被卷起来放入金属罐中,观者只能看到小罐,而看不到里边的线,更不知道它的长度。作品向观者暗示出了它被制作出来的过程,但这个制作过程只会让人联想到流水线上的工人所从事的最简单的工作,与任何复杂的、高超的艺术技艺都无关。这件作品因而体现出了工业生产中的"匿名操劳"[123]:工人或制作者按照生产要求完成任务,但工人的主体性却在这个过程中被淹没了。这种匿名性在《一千米长的线》是以两种方式体现的:艺术家不但把画有线条的纸卷起来使线条不再可见,而且又把纸卷隐藏到了小罐中。

再来看安德烈。他曾在一次访谈中表示:"我喜欢艺术工人这个词。"[124]而在创作中,他不但把选择和放置这种没什么技巧可言的方法用在了砖块作品中,而且还把它用在了前文提到的文字作品中。他一方面按照发音、拼写和词长等原则选择单词,另一方面还要用单词在纸上摆出一些简单造型。例如,在名为《一百首十四行诗》(*One Hundred Sonnets*)的一系列"十四行诗"中,每一首都只包含被排列成矩形的同一个单词。

那么,为什么艺术家要制作这些仅涉及简单劳动的作品呢,这种做法与艺术自律性又有何关联?对此,我们可以给出以下回答:

第一,与文艺复兴以来的艺术自律性相伴而生的,是对艺术家主体的个性和名望的彰显。这意味着,曼佐尼等人有意采用匿名的工厂式劳动,不仅是在表达对艺术家的作者身份的质疑,而且还是在间接地反抗艺术自律性,更是在揭示艺术家与工人在社会地位上的相似性,并以此宣誓自己会与工人保持亲密关系。

第二,无功利性作为艺术自律性的一个重要方面有着多种深刻含义，然而其字面意义无非就是不以利益为目的，就此而言，艺术家追求自律性，就是主动排斥利益——这可以算是主动的无功利性。相比之下，工厂里的工人仅能用辛勤劳动换来微薄收入，这是被动的无功利性。如果抛开主动与被动的区别的话，艺术家与工人在无功利性方面是相同的。另外，一个客观事实是，除少数人外，多数艺术家都挣不到太多钱。如果考虑到这个事实的话，艺术家与工人相似的程度就更大了。

第三，我们在曼佐尼等人的作品中看到了整个社会的平均化——把一切事物都拉拽到同一个水平面上——的倾向。大众媒介内容的空洞化、人们生活方式的同质化、生产的专业化、批量化和标准化……尽管这些现象被一些人视作社会进步的表现，但也被包括海德格尔在内的另一些人严厉批判。看待平均化的这两种态度之间的对立也在艺术领域出现了：艺术家固然可以主动采用简单方式制作作品，表明艺术不再高于生活，并以此对平均化表达赞美之情；但与此同时，颇为矛盾的是，这同一批艺术家又在对这种平均化发出感慨，因为他们无奈地发现，神圣的艺术自律性已经被"平均"掉了，艺术家并不比工人高贵。

以上几点说明，艺术家处在一种微妙的模糊状态中：一方面，他或她仍对艺术自律性及其许诺的不同于其他社会阶层的优越地位心存幻想；另一方面，他们又相信自己已然与工人拥有同样的地位，并且也应该拥有同样的地位。然而，这种模糊状态不正是一种新的艺术自律性吗？的确，如哈尔·福斯特（Hal Foster）所言，"自从工业革命以来，视觉艺术的手工基础和社会生活的工业秩序之间一直存在一个矛盾"[125]，这个矛盾在贫穷艺术和极简主义所面对的发达资本主义社会中又进一步激化了；然而，为什么非要把这种并存看成是迫使人只能选择一边的矛盾呢，为什么不宽容某种程度的模糊呢？不要忘记，黑格尔所说的统一并不一定是某种不变的稳定状态，相反，在多种可能性之间摇摆不定的状态同样也可以被视为那些可能性的统一。因此，这种新的自律性就意味着，艺术家应当允许甚至乐见自己的身份存在模糊性——说得更直白些，徘徊在艺术家身份与工人身份之间的艺术家才是好艺术家。

艺术技艺与劳动的趋同，意味着任何劳动者都有能力创作艺术作品，而这又进一步意味着艺术的生活化。我们将在后文中更多地探讨这个议题。

▲ 43 执 念

> § 持存是一种执念，不计其数的爱恨情仇都是因它而起。

在静息之后出现的范畴是**持存性**，它引出了一个新的三元组：**自我持存—暴力—物的外在性**。前文提到，一方面，物的静息状态意味着它能够自我设定，并因而是自足的；但另一方面，这种自我设定其实是假象，真实情况是它终归还是被他者设定的，并且无法持存。现在，这两个方面分别凸显了出来，自我持存性指的就是自我设定的一面，而暴力指的则是服从于他者的一面。人们可能会说，前面的很多范畴——存在、根据和概念等——难道不都是自我持存的吗？的确如此，所以，作为一个范畴的自我持存所要做的只不过是在概念层面把早已存在的性质明确表达出来并强调一下而已。

44 静心凝神

§ 码砖块的时候，你能感觉到砖块的厚重，这会让你感到牢靠踏实；你需要非常细心和专注，而这会让你平静下来；砖块整齐地码放在那里，这便是你的实实在在的成就，你会从中发现一种美。

与**自我持存**相对应的是**极简主义**。极简主义有许多值得分析的特点，但我们接下来的分析大多只会围绕以下几个特点展开：

第一个特点是，极简主义是两个意义上的统一。首先，极简主义是动态与静态的统一，虽然作品本身是固定不动的，但是人们要在它旁边走动，以便从各个距离和视角观看。其次，如前文所言，这些作品还是艺术与普通劳动的统一，正如安德烈所言，"搬运和放置这种基础工作"就是他的"笔触"[126]。

第二个特点是，作为逻辑学范畴的静息能够自我设定，或者说，它理应自行确定自我决定与外在他者决定这两者的比例。但实际上，这种理想中的能力并没有真正出现在静息之中。而与静息相对应的包括抽象现实主义在内的艺术流派当然也没有很好地解决这个问题。接下来，丰塔纳和曼佐尼等人的作品都为主客观更高层次的统一作出了贡献，而极简主义则继承了它们创造的这种统一性，并且，鉴于客观性与主观性合二为一了，那么自我决定与他者决定的比例问题就变得不再重要并自行消解了。然而，这个有着主客观统一性的东西同时也是一个简单、自足和直接的东西，而简单性、自足性和直接性对黑格尔来说无异于客观性。这样一来，我们就看到了一种分裂现象：一方面，出现在我们面前的只是一个客观东西，另一方面，主观东西已经与客观东西合二为一了，但它没有消失，反而又分裂出去，成了能够对客观东西进行设定的主观东西。我们接下来会提到三位用不同方式演绎这种自我设定的艺术家，他们构成了一个三元组：**安德烈—贾德—莫里斯**。

第三个特点是，极简主义创造了观者真正可走入的空间，因而不同于创造了错觉主义的可进入空间的具象绘画，亦不同于创造不可走入的纯视觉空间的抽象绘画。

让我们从**安德烈**开始。

尽管安德烈的作品像其他极简主义者的作品一样体现自我设定性，但是他的作品还仅仅具有一种抽象的自我设定性，原因如下：

第一个原因是，安德烈作为一个艺术家，作为设定他物的主体，在放置作为被设定者的砖块的过程中为它们赋予了某些秩序，但这些秩序是如此简单且一目了然（例如，把砖块摆成三角形或矩形），以至于好像并没有为它们添加什么。正如他在访谈中评价自己的作品时所言：

> 它们是块片的非结构性组合，这些块片被以特殊方式整合到秩序里，而这些秩序只不过是那些块片中的任何一个原本就拥有的特质。没有任何多余的力量被施加到集合中以便让单个块片拥有它没有的属性。[127]

按照黑格尔的思路，主体在为他者设定某种属性时，也许那种属性本来就是被设定者自己的属性，这种情况下的设定固然是平滑、毫无阻碍的，但鉴于并没有什么新东西在设定的过程中产生出来，所以它也是抽象的。

第二个原因是，安德烈拒绝为作品注入任何可以用语言表述的意义。他在访谈中强调：

> 说艺术有意义是错误的，因为这样说就意味着你相信艺术像电报一样携带着某种讯息，⋯⋯的确，艺术是表达性的，但它表达的是那些无法以其他形式表达的东西。⋯⋯我最大的困难，⋯⋯就是从心中排净和擦除我先前从文化中吸收的意义造成的负担。[128]

可见，尽管人们时常指责极简主义作品缺少意义，但这种无意义性作为艺术自律性的延续，恰恰是极简主义者所追求的。当然，既然作品看起来并没有被赋予什么意义，那么艺术家对它的设定就是抽象的。

但接下来的问题是,我们说安德烈设定了他的作品,无非是指他选择、搬运和摆放那些砖块,但这些简单工作完全是机械性的,是任何一个人都可以做的,又怎能体现出艺术家的主体性呢?

在回答这个问题前,我们先来看安德烈作品中包含的两个矛盾。第一个矛盾是,码砖块固然是机器都可以完成的没什么技术含量和能动性可言的劳动,但是劳动本身的丰富性得到了保留。安德烈在表达对码砖块的痴迷时宣称,这种工作"暗示了对于属于工匠而非属于机器的那种细心和准确性的需要"[129],还能让他在搬起砖块时感受到它的重量[130],因而是一种对前工业劳动的怀旧。简言之,码砖块对安德烈而言恰恰是非常体现主体性的工作。在多大程度上体现主体性?——我们现在知道,制造出能完美执行码砖块任务的机器人手臂比让人工智能创作绘画更具挑战性,码砖块任务表面上的简单掩盖了它对主体性参与的实际需求程度。然而,矛盾之处在于,用来码放出一件作品的砖块都是由工厂以标准化的方式生产出来的、朴素的、没有实质差异的砖块,似乎唯一能够用来描绘它们的只有数量:一块砖、两块砖、三块砖……如果别人在评价我们的工作时只看量化指标而不看别的更细致的方面,我们会感到反感,因为这个评估者忽视了我们的创造力和热情等主体性的因素。而无差异的砖块不恰恰隐喻着这样一个对劳动进行量化的系统吗?第二个矛盾是,工业社会的劳动分工使劳动被去技术化,简单化了,原则上任何人都可以做任何事,因此是某种无主体性的东西;相比之下,对分工进行规划并把工人组织起来的资本家才是真正的主体。就此而言,安德烈的作品同时包含矛盾的双方：无差异的砖块是被去主体化的工人的隐喻，而安德烈自己作为码放者，则是资本家的隐喻。

以上两种矛盾其实可以归结为一种矛盾，即主体性与对主体性的否定之间的矛盾。正是这种矛盾使我们在面对安德烈的作品时感到迷惑，也正是矛盾双方的相互抵消使得他的作品成了自我否定的——这些被放在艺术馆的地板上的作品因为这种自我否定性而显得十分低调，并不引人注目。这种低调暗示了后工业社会中劳动的全面消失——与服务业和信息产业的崛起并行的是制造业的消失，但制造业不可能真正消失，它只是被转移到了远离大众视野的地方。[131]

综上所述，我们现在可以回答上文提出的安德烈的作品如何呈现主体性这个问题了：我们在此看到了一个三元组：这个三元组的第一个环节是码砖块所蕴含的那种需要手艺的前工业劳动的主体性；第二个环节则是码砖块的另一面，即工业社会的劳动分工所带来的工作的简单化、去技术化和去主体化；第三个环节则是由作品的不起眼性所暗示出来的劳动全面隐去的可能性——不仅需要技术的劳动消失了，而且不需要技术的劳动也消失了，而这无疑是对主体更彻底的毁灭。但即便如此，我们仍然可以从中看到一种主体性——如果我失去了一切，那么我正好可以对一切漠不关心了。说得更直白些，主体本身就是那种不断否定一切的力量，所以，当主体被去主体化时，它反而会变成更高级的主体。

最后要提到的是，安德烈的作品如其他极简主义者的作品一样，提供了一个真正可进入的空间，其意义在于：首先，作品所处的空间不是一个独立的空间，而正是观者所处的空间，艺术因而得以融入现实生活。其次,这个可进入的空间在一定意义上还带来了观者的参与——安德烈希望观者走到他的作品上,去感受不同材料的质地,去听踩在它们上边时的声音。[132]

当然,安德烈的作品所打开的那种让观者与作品共存的空间仍然是抽象的。这是因为,空间本身是处处相同的,砖块作品并不要求展览空间被精心选择或设计。只是到了贾德那里,这个空间才会被特殊化。

45 各尽所能

§ 任何技能都可以成为艺术创作的才艺。

尽管同为极简主义者,贾德却是安德烈的对立面。这种对立体现在以下方面:

第一,贾德的作品都是以长方体为基础形状演化而来的,有的是并列的"盒子",有的是堆叠起来的一系列"抽屉",有的则是并列放置在地板上的多个矩形框架等等。这些作品给人们带来的强烈印象是,它们似乎是在图示各种划分空间的方式:例如,一个"盒子"把空间划分成内与外两部分,"盒子"内部的空间亦可被进一步以各种方式划分;又如,由树脂玻璃制成的有一定厚度的矩形边框本身也包裹了一片空间,这片空间似乎独立于被边框圈起来的内部空间和边框外的空间;再如,空间还可以被划分成"盒子"内或外的真实空间与由光影效果形成的虚拟空间……简言之,与安德烈要在创作中处理像砖块这样的实物不同,贾德所处理的既不是实物,也不是实物占据的空间,而是空间本身,或者用他自己的话来讲,是三维性(three-dimensionality)。[133]

第二,要强调的是,我们可以在贾德那里发现两个意义上的空间,一种空间就是第一点所说的由作品所揭示的空间本身,另一种空间则是被所有极简主义者所看重的那个容纳作品并允许观者走入的空间,也就是作品所处的环境。在安德烈那里,第二种空间可以是一个没有任何特殊之处的空间,这个空间也不需要服务于作品,作品可以被简单地放在地板上,甚至被放在墙角,而观者与作品的互动也与展览环境没有太大关联。与安德烈仅仅需要这种抽象的空间不同,贾德和我们接下来要提及的莫里斯要求空间必须是特殊化的。正如前文在分析氛围性体验时所言,当观者在运动中与作品互动时,他或她之所见不仅取决于作品本身,还取决于环境因素对作品的影响,因此艺术家就要对作品所在空间的形状、尺寸和光照等进行特殊设计。

第三,尽管安德烈也被看成是设定了他的作品,但是,他的砖块以及他用砖块摆出的图案都平淡无奇,因此他的作品中的设定性还只是抽象的。与之相比,贾德对作品的设定具有特殊性,这是因为,他宣称自己要使用"特定的"材料。具体来看,首先,"对三维性的运用使得对各种各样的材料和颜色的运用成为可能",换言之,材料所具有的特殊物质性得到了高度重视,胶木、铝板和树脂玻璃等新材料或先前未被广泛用于艺术创作的材料都可以被利用起来,并且这些材料的颜色、透明度、光滑度等方面也应是多样化的——这显然不同于安德烈所使用的相对没那么多特点的砖块。其次,创作过程涉及多种原本被认为与艺术无关且只会出现在工厂里的工序，包括、冲压、抛光等——这显然比安德烈对砖块的选择和码放更复杂。再次，工人可以在工厂里代替艺术家来完成对多种材料的加工。当然，上述三种方法其实都在一定程度上是20世纪早期建构主义提出的要把艺术带到生产劳动中的呼声的回响。

我们再来看一下被贾德反复提及的整体性。在此对比一下黑格尔和贾德的观点是有益的：黑格尔所说的整体性，也就是作品各部分的统一性，是与各部分自身的独立性相伴而来的，两者对艺术作品而言缺一不可。换言之，各部分不但可以为整个作品的意义表达作出贡献，而且自身仿佛也拥有独立的生命。相比之下，贾德则要求只保留整体，不保留任何部分——当然，毕竟几乎所有事物都是由部分组成的，所以这个不保留任何部分的要求实际上意味着，整体应包含尽可能少的部分，并且每个部分都应尽可能少地为整体作出贡献，以至于可以被忽略不计。

那么，要想让作品拥有力量感，具体应该怎样做呢？

第一，艺术家应该使用实物。斯特拉的绘画留给贾德的感受是，这些画仿佛不再是一个平面，而是一个从墙面上突出的立体东西。贾德相信，这样的东西是有力的，甚至是有攻击性的，但也正是这些特点才使它更具有整体性。不过，要实现这种效果，艺术家完全可以直接使用具有立体性的实物，放弃平面的绘画。

第二，艺术家应该使用矩形/长方体。格林伯格强调绘画的媒介本性是平面性，但如前文所言，在贾德看来，绘画内容的合理性是由绘画的矩形边框决定的，或者说，必须是以边框为基础生成的并且与边框有着某种关联。我们不仅要看到，这种对作为根据的边框的重视仍然反映了现代主义的追求,而且要看到,它同时也满足了黑格尔对于总体性的要求——总体性同时是无限性,但能够被实现的不是新元素不断累加的坏无限,而是有限元素之间的丰富关联,这一点在贾德所赞赏的罗斯科等人的画中就表现为边框与内容的互动。正是借助这种紧密互动,那些作品才显得更加有力,才会呈现出整体性。但与此同时,对这种互动性的需求也限制了绘画,因为可入画的绝大多数内容,包括风景和人物等,似乎都跟边框没什么关系。因此,艺术家应该放弃有着矩形边框的绘画,转而利用有着矩形/长方体外观的实物。

  第三,艺术家应该避免增添太多细节,这是因为,细节也可以被视为是部分,也会破坏整体性和力量感。同时要看到的是,错觉主义绘画为了让观者看到一个仿佛可进入的空间,就必须利用各种细节;相反,极简主义的三维性当然是真实空间才有的特征,这个空间本来就是可以让人进入的,因此艺术家不再需要创造有丰富细节的复杂东西。总之,细节对极简主义而言既是不应该存在的东西也是没必要存在的东西。

46 诱惑剧场

§ 极简主义作品似乎并不只是被动地等着你去看它，而是在诱惑你与它建立关联，而这无非是因为人们本来就总是试图把人的模板套用在事物之上。

主客观统一在莫里斯的作品中以新的形式实现了。第一种形式是，上文已说明，贾德对作品的设定不是抽象的而是具体的，这种设定，即他对材料的使用，可以被理解成黑格尔意义上的传递，艺术家主体把主观性传递给材料，使得最终的作品也具有了主观性；反之，作品也把自身的客观性传递给了艺术家，艺术家因而也在一定程度上变成了客体。第二种形式是，作为主体的观者是主动的，他或她围绕着作为一个客体的作品观看；但是，这种主客体关系同样也会被颠倒。如弗雷德在批判极简主义时所言，极简主义作品似乎要强行与观者建立"特殊共谋关系"，似乎"一直在等待着他"，似乎仅当观者走进放置它的房间去观看它时，它才是完整的。[134] 简言之，作品亦是主体，它要求观者去观看它，而被诱导着去观看作品的观者反倒成了客体。总之，以上两种主客观统一的形式的实质都是：主体和客体相互是对方，不再能够被分清了。

然而，进一步看，如果我们不再把艺术家/观者与作品区分为主体和客体的话，那么我们既可以说，两者间的关系是一种客体间关系，也可以说它们之间的关系是一种主体间关系。我们可以暂且把这种客体间关系与主体间关系的统一称为**凝视**：一方面，凝视者与被凝视者都可被视为主体，都是人；另一方面，双方又都是物，因而是相互外在的。

莫里斯的作品恰恰体现了这种凝视关系。首先，莫里斯宣称极简主义者应使用简单形状，特别是像立方体和金字塔形这样的规则多面体。这是因为，简单形状能够在人们心中形成一个"格式塔"，使得人们在看到作品的瞬间就明白"某人心中的模式与客体的存在事实相对应"[135]；或者说，因为人们对立体事物的完整形状有观念性的预先把握，所以，即使人们只看到了事物的一个侧面，也会预想到其他侧面的样子。对莫里斯而言，能够形成"格式塔"的作品就是有力且有整体性的。说得更直白些，事物已然是一个包含了观看的多种可能性的总体了，我并不能通过观看来改变它，但是，拥有这种不可改变性的难道不是一个萨德（Sade）小说中的肉体吗，它可以经历无限磨难却保持完好？或者，这难道不像是一个完美的工人吗，它不断劳动，不压榨，但却总能神奇地恢复体力？简言之，这种在承受他者的观看的过程中保持不变的状态恰恰是一种受约束和痛苦的状态。但这种状态无非反映了一种吊诡性,一个事物越是坚持自身的完整性和独立性,就越可能受外界影响和操控,或者用黑格尔的话来讲,一个事物越是内在的,就越是外在的。

不过,我们还要看到,这种完整独立之物的另一个特点是多样性。这是因为,当我们说一些东西具有共性时,这个共性想必是这个或那个具体的共性。但是,物的共性如前文所述仅仅是漠不相关性,这个共性太抽象了,以至于谈不上是什么共性。但也正是因为这一点,物反而可以摆脱共性的束缚,进而生成无限多样的特征。在现实世界中,这种多样化是由资本主义实现的,正是它发现并利用了人的劳动力的多样性,也正是它,如众多批判理论所言,通过刺激消费欲望来使其愈发多样化。不过,当我们换个视角看这个问题时,就会意识到,假如主体本身不以多样性为内在特征的话,外界的力量无论做什么都无法使其多样化。换言之,可以想象的是,鉴于人内在地就是多样的,所以,即使资本主义不存在,人的劳动力和消费欲望也是多样的。

需要说明的是,上述分析似乎是把极简主义作品当成一个人来看待了,而按照弗雷德的说法,这种"隐藏着的拟人主义是无可救药地剧场化的"[136],换言之,拟人化正是部分极简主义者刻意追求的。这一点在莫里斯的《包含自己被制作时的声音的盒子》(*Box with the Sound of Its Own Making*)中得到了鲜明体现。如其名称所示,盒子内长达数小时的录音是艺术家在制作盒子的过程中录制下来的,它展示了内在性和外在性的一种怪异的统一:一方面,录音是内在的——它在字面意义上是内在于盒子的,另一方面,这段录音似乎就是盒子所讲述的关于它自己的来源的故事,而录音中锯和锤子等工具发出的声音就是外在他者对它施暴的证明。《我—盒子》(*I-Box*) 同样突出了内在于客体中的主体性：在木制盒子的中间，一个大写字母 I 形的空间被掏空并被放上了一张人体照片，照片中的人仿佛被囚禁在了盒子中。拟人化还更激进地出现在半是行为艺术半是装置艺术的《用于站立的盒子》(*Box for Standing*) 中：莫里斯自己直接站到了一个立起来的形如棺材的盒子中，从而使得作品不再仅仅像一个人，而是直接包含一个人。只是，这个人孤独、僵直地站在那里，似乎是在承受凌辱或是等待审判。这种拟人化对克劳斯而言是极简主义的一个关键特征，她认为，包括莫里斯的《L 形柱》(*L-Beams*)——它由三个完全相同但却以不同方式摆放的 L 形柱组成——在内的很多极简主义作品都是自我的隐喻，这个自我仅在外化自身并被他者看到之后才是有意义的。[137] 莫里斯的这种拟人化做法也以相当不同的方式出现在了其他艺术家那里。例如，伊娃·海塞（Eva Hesse）的《重复 19 Ⅲ》(*Repetition 19 Ⅲ*) 中的那些由玻璃纤维制成并且有着皮肤般的外表的不规则圆柱体比莫里斯所使用的各种立方体更可能让观者联想到人的形象。而保罗·特克（Paul Thek）的《墓》(*The Tomb*) 则似乎在以讽刺的方式利用这种拟人化，这件作品是一个塔状的"墓室"，观者走入后会看到艺术家本人躺倒的蜡制模型、身体各部位的蜡制模型以及一些私人物品——作品内在地包含一个主体，可是这个主体已经死去。

在介绍了莫里斯及其作品中的拟人化之后，我们现在来说明为什么莫里斯是否定之否定的环节，也就是在安德烈和贾德之后出现的第三个环节。

第一，三位艺术家都在以某种方式强调整体感。如前文所言，对安德烈而言，整体感意味着整体不应把部分所没有的复杂特征强加给部分，或者说，部分所拥有的特征就是整体所拥有的特征——这种整体感还只是抽象的。对贾德而言，整体感是指特定的特征被有力地凸显出来，而这种特征实际是由材料的颜色和纹理等因素决定的——这样产生的是一种具体的整体感。在莫里斯那里，艺术家要让事物凭借某种"格式塔"获得整体感，这是因为，要想让观者更好地洞察这个事物与周围环境之间的微妙关联，就必须消除事物之间的关系以及事物内部各部分之间的关联对注意力造成的干扰——就此而言，事物本身的特征并不重要，莫里斯的整体感与安德烈那里的整体感都是抽象的，但区别在于前者的整体感并不妨碍作品与周围环境发生关联。

第二，三位艺术家的作品都涉及某种对劳动的看法。在安德烈那里，砖块和码砖块这种创作方式都是简单劳动的隐喻。在贾德那里，创作所需的工作以及用于完成这些工作的工具都是多种多样的。在莫里斯那里，一方面，制作作品的工序似乎并不像贾德所要求的那样复杂，反而回归到了安德烈所追求的那种简单性；另一方面，莫里斯的作品所暗示的那种被凝视的被动性似乎又说明，这种简单性并不是自然而然地形成的，而恰恰是人为形成的——更具体地说，正是因为处于劳动分工中的工人要使用特定的工具，劳动才会被简单化。

第三，三位艺术家都强调作品与空间有某种关联。安德烈认为，观者应走入真实空间并与作品互动，但这个空间还是抽象的，因为它并不能给作品增添什么艺术效果。相反，对贾德而言，因尺寸和光线等因素而有所不同的各种空间的确会带来不同的艺术效果。莫里斯是前两个人的统一，一方面，他与贾德一样高度重视空间；但另一方面，空间又不那么重要，因为真正重要的是被诱惑的观者与作品在空间中形成的关系，空间归根结底是为这种关系的建立而服务的。

总的来看，极简主义呈现出了主体的自我持存性，即使是莫里斯的那些看起来依赖于他者的观看的作品，也毕竟还能够持存于这种被动性之中。但是，如果暴力完全破坏了自我持存，又会怎样？

▲ 47 创 伤

§ 创伤来自异质他者。

自我持存是三元组的第一个环节，第二个环节则是**暴力**。物一方面是一个拥有具体特征的完整之物，另一方面它的存在又依赖于被他者设定。然而，他者既可能设定持存之物，也可能用暴力毁灭此物，使之不再持存。那么暴力会出现在什么情况下呢？打个比方，"数字9不是蓝色的"这个判断（黑格尔会称这样的判断为无限判断）既不是对的，也不是错的，而是荒谬的，这是因为，数字与颜色不是同一领域的东西，我们可以谈论数字的大小或者它是不是自然数，但却不能谈论它是否拥有只有物理物才会拥有的颜色。而就暴力而言，如果某物与他物处在同一领域，那么他物多多少少能够影响某物，此时暴力就不会被使用；相反，如果两者不处在同一领域，某物会把任何对它的影响都当成异质的并加以排斥，他者无法对它施加影响，因而可能直接对它使用暴力并给它造成创伤。在上述无限判断中，蓝色超出了数字 9 所在的本体论领域；与此相仿，正如精神分析理论所强调的，造成创伤的事物都是某种超出经验世界的东西。

48 三联画

◆◆◆◆◆

§ 形式也可以是暴力,就如同三联画对于画中的人物而言也是暴力。

◆◆◆◆

按照莫里斯对极简主义作品的整体性的解释,我只需要看一眼作品,便能够在心中生成它的"格式塔",而后续的观看只不过是在充实这个"格式塔"而已,可见,我作为设定者是一,这个作品是与一相对应的多。不过,换个角度看,我从作品中获得了丰富的体验,而作品只是给予我多个体验的单一东西,可见,我是多,是具体者,作品是一,是抽象者。如果作品是抽象的一,那么任何具体特征对它来说都是异质的。换言之,我仅仅是凝视作品并在这个过程中指出它有哪些具体特征,这就已然是在对它使用暴力了。

进一步看,主体既拥有"格式塔"这个普遍之物(U)又拥有可充实"格式塔"的这样那样的体验(S),这一点意味着,主体就是 S 与 U 之间的中介，这样我们就得到了一个推论结构 S-P-U（注意，主体在此不是 S 而是 P）。换言之，U 对 S 而言完全是外在的，而 P 的中介作用就在于证明 S 可以与 U 相关联。在现实中，这种推论结构体现为人力资源管理——在此，有效利用劳动者不再意味着尽可能地压榨看起来有无限体力或多样技能的人，而是意味着要用各种理论和模型（U）来解释劳动者（S），或者把前者转化成管理后者的具体方法——随便翻开一本人力资源管理方面的著作或期刊就能看到很多这类理论、模型和方法。当然，如果管理者用这套东西对劳动的绩效、忠诚度和创新能力等开展评估的话，有可能被劳动者抵制。然而，劳动者又不得不接受管理——这样一来，暴力就产生了。

直接呈现暴力（而不是像以战争为题材的绘画那样再现暴力）的艺术作品有不少，不仅包括博伊斯在 1972 年举办的拳击比赛，而且包括那些使用了枪支的行为艺术或装置作品。然而，与呈现跟暴力有关的过程相比，更关键的是呈现暴力造成的结果，即创伤。这意味着我们可以把现当代艺术中那些**采用三联画形式的绘画或影像作品**视为暴力的呈现——这并不是指这些作品的内容与血腥暴力有关，而是指三联画这种形式本身就与暴力有关。这是因为：首先，从形式上看，三联画分为三个部分，而用于证明的推论同样也分为三个部分，即 S-P-U。分环节性因而是两者的共性。其次，正如 S-P-U 的三个部分相互关联一样，三联画不单单是在形式上包含三个部分，这三个部分也确实有着各种各样的内在关联。

例如，在弗朗西斯·培根（Francis Bacon）的大量三联画中，要么三个部分可以合并起来组成一个完整的场景，要么左右两部分的人物与中间部分的人物处在一种看与被看的关系中，从而暗示出三者都在一个场景中。中间部分的人物看起来处在永恒的痛苦和极度的绝望中，某种内在创伤正在使他们变成一摊不再有人形的模糊血肉，但这个内在创伤同时也是外在的——创伤就在于他们没法逃离由三联画构建起来的那个场景。又如，在道格拉斯·戈登（Douglas Gordon）的《似曾相识》（*Déjà-Vu*）中，一部惊悚电影的同一个片段被以三种速度并排播放，这意味着每一个场景都会出现三次，故事似乎成了一个囚禁主人公并让其无法逃脱的牢笼，而观者的时间体验和对故事的理解也被搞乱了。在王拓的《扭曲词场》中，处在不同历史时期的人物的命运有着隐秘的关联，这些人物似乎被困在了无情的历史轮回中。总之，上述作品给观者的感觉是，人物似乎无法摆脱他伤，但这个创伤并不是作品内容的某种东西，而是三联画这种媒介本身，而它作为物理物当然是外在于作品内容的。三联画之于画中的人物，就如同人力资源管理之于劳动者一样，更明确地说，三联画和上文提及的人力资源管理都有着推论的结构，都试图把普遍东西强加给个体，而这种普遍东西不但与个体处在完全不同的领域，而且还把个体置于暴力之下。作为媒介的三联画因而在一定意义上是人类处境的隐喻。

▲ *49* 身不由己

§ 行动的代价之一便是承受他人的评价。

在自我持存和暴力之后出现的范畴是**物的外在性**。人们会质疑的地方是：既然外在性作为物的关键特征已在逻辑学前边的内容中被多次提及了，为什么还要把这一特征单独列为一个范畴呢？对此的回答是：最早出现的物——也就是紧接着选言判断出现的物——具有外在性，但那个物还是完全抽象的物；但是，现在的物早已不是最初的物，它已经用多种方式实现了主客观的统一，而那外在于它的东西也不再是抽象的他物，而是暴力。因此，这里所说的物的外在性更多地是在强调，一方面，物是抽象的、内在的单一体，另一方面，物既然能够对抗暴力，就必须拥有一些看起来外在于这个单一体的具体特征，或者说，它是以一个有着具体特征的特殊者的身份去与作为普遍者的暴力对抗的。那么，它何以让自己拥有特征呢？答案是，它必须有某种行为。

当然，人们会质疑：人是有行为的，但如果说物也有行为，听起来岂不奇怪，这是拟人化的表述吗？对此的回应是：如前文所言，主观逻辑中的范畴自概念开始就已经是主客观的潜在统一了，并且，从主观性的诸范畴（概念、判断和推论）演化到物的过程说明，物无非是一种更高级的主观东西。因此，无论是说人有物性还是说物有行为，在黑格尔的话语体系内都是完全正常的哲学表述，并且与修辞方法无关。

在现实中，我们经常通过一个人的**行为**来了解这个人。如果他或她什么都不做，那么我们就无法对其进行评价；相反，他或她只要做了一些事情，我们就会据此进行评价，因为我们相信行为是内心的体现。然而，行为在很大程度上又与内心不符，它总是受制于无数难以被控制的外在因素。换言之，主体注定要面对的困境是，既要用行为表达内心，又要屈服于外在因素，既要让他人评价自己，又要忍受不准确的评价。

总而言之，作为否定之否定，物的外在性这个范畴实际上具有一种更高级的自我持存性，它的要义是：一个真正持存的东西必须接受自己无法持存的那一面。

50 不期之美

§ 有时,把一切交由他人而不再干预,这本身也是一种美。

与物的外在性相对应的艺术作品有两类,一类体现着内在性与外在性的抽象统一,另一类则体现着两者的具体统一。

首先,内在性与外在性的抽象统一在我们已经提到的韦纳和博赫纳等人的文字艺术中得到了呈现。不过,一个颇为震撼的作品是艺术家组合克莱尔·方丹(Claire Fontaine)的《处处是外人》(Foreigners Everywhere),艺术家用多种颜色的霓虹灯组成数十种语言的"处处是外人"的文字,并将其悬挂在展览场地的各处。这些文字像幽灵一样飘浮着,似乎它们本身就是某种不可言说的他者/外人。在这类作品中,一方面,文字是有含义的,因而是内在之物;另一方面,文字的颜色、尺寸以及在地板上、墙壁上或半空中的摆放方式也被艺术家所强调,而这些属性原本属于物理物并且外在于文字本身的含义。就此而言，文字是内在性与外在性的统一。但这种统一之所以是抽象的，是因为文字的外在性本身是抽象的，即，文字仅仅是被摆在那里而已，而它本身并没什么真正的具体行为。不过，文字也像行为一样包含不确定元素，正如研究者所言："事物、想法、意图、意义、感知不能被简化成语言"[138]，换言之，尽管文字被认为能够表达一切，但文字艺术试图让观者感觉到，总有某些不确定的东西超出了文字含义的覆盖范围。

其次，内在性与外在性的具体统一出现在一些当代艺术作品中。例如，在约翰·瑞恩（John Ryan）的《吞食》（Gorge）中，写有诗歌的纸张被埋在土壤中，土壤中的各种物质、动物、植物等都会让纸张和上边的文字变得残缺不全。在这件作品中，诗歌文字是有含义的，并因而是内在东西，而它却受制于外在因素，被它们"修改"或"重新创作"——这个过程可被视为对上文所提及的那种既表现内在性又受制于外在条件的行为的隐喻。又如，在李明维的《不期之美》中，表演者会送给观者一封信，并请求观者在下一次遇到美的事物时再打开信。而信中的内容，则是由艺术家的朋友讲述的一些关于与美的事物相遇的故事。设想，一个观者在遇到美的事物时读了信中的故事，故事的含义此时一方面取决于讲故事者要表达的东西，另一方面取决于观者在读信时所面对的具体事物，而讲故事者显然不知道观者会是谁，亦无法预知那个具体事物会是什么，更无法确定观者会怎样理解信中的故事。简言之，故事与观者遇到的美的事物之间的关系，就相当于行为与对行为的评价之间的关系。我作为把自己的故事写入信中的人是自由的，因为我借由这封信与一个遥远的匿名读信者建立了关联；但这个读信者却是完全外在于我的，我无法了解他或她的任何情况，我因而又是不自由的。

▲ 51 平台

§ 平台是自由的机械机制，不是因为你我是自由的，而是因为平台自身是自由的。

此前，我们每介绍完一个逻辑范畴都会紧接着介绍与它对应的艺术作品。但从现在开始，我们会同时介绍一个三元组中的三个范畴，再介绍与整个三元组相对应的艺术作品。我们这样做是因为，逻辑学越往后发展，每个三元组在内涵上的系统性就越强，这会使范畴更紧密地结合在一起，以至于人们很难再把它们分开来讨论。

具有较强系统性的第一个三元组是：**中项—端项—自由的机械机制**。我们先前用中项和端项来称呼推论中的元素，但中项和端项本身也是范畴；同样，我们先前把有着不同排列方式的三个推论归为一个群组，但是这个群组本身也是范畴，即自由的机械机制。可见，这个三元组只是在更明确地揭示推论的本质——推论无非就是涉及中项和端项的自由的机械机制。

如前文所言，物借助原本外在于自身的行为而拥有了特征，并且把这些特征视为真正属于自己的，而不像抽象的物那样排斥一切特征。不过，特征又分为本质特征和非本质特征，两者之间的关系是，一方面，两者共存于物之中，另一方面，非本质特征的存在毕竟依赖于本质特征的存在。黑格尔把处在这种共存关系中的本质特征和非本质特征分别称为中项和端项。中项和端项之间的互动体现为，中项能够把自我持存性传递给原本不能持存的端项，而拥有了自我持存性的端项也成为了中项，并拥有了自己的非持存的端项。这样一来，中项与端项这两者的关系就变成了三者之间的关系：拥有最大自我持存性的是绝对中项，是普遍者；拥有较小自我持存性的是相对中项，是个体；只能依赖于相对中项的是无法持存者，是特殊者。对黑格尔来说，推论不单纯是纯主观的东西，而是一种在心灵、生命和物理物等一切层面普遍存在的结构，并且，只要 U、S 和 P 这三者以相互关联的形式同时出现，就会形成推论结构。然而，三者并不是只能形成一种推论，从前文对推论的介绍中可以看到，这三者中的每一个都可以成为推论的中项，于是我们就得到了三个推论：S-U-P、P-S-U、S-P-U，这三个推论的总体被黑格尔称为自由的机械机制——它无非是重现了最初作为主观性的一部分出现的推论的三种排列。这个范畴尽管被冠以"自由的"，但实际上只拥有相对的自由，因为终极的自由只能在绝对理念中实现。而现在这个范畴的自由就体现为：首先，U、S 和 P 三者既可以当中项也可以当端项；其次，三者之间的联系不是被强加的，而是由它们共有的内在因素决定的，这个因素就是重力，即端项向中项聚集的倾向。

黑格尔提及了三种在现实中与自由的机械机制相对应的东西：

第一，整个由物理物组成的世界都体现着自由的机械性。所谓机械性，就是指物与物之间仅通过力的作用相互关联，而在黑格尔看来，压力、摩擦力以及使事物累积或混合的力等等，都无非是重力的特殊形式。显然，黑格尔的这种观点不同于物理学的基本力学说。

第二，黑格尔在自然哲学中把自由的机械性等同于天体系统：太阳是 U，地球是 S，月球和彗星是 P。

第三，政府、个体和需要这三者之间的关系体现着自由的机械性。在此，政府是 U，个体是 S，需要是 P。再看三个推论的意义：P-U-S（<u>需要—政府—个体</u>）是指个体要想满足需要就必须依靠政府，政府是连接个体与需要的中介。P-S-U（<u>需要—个体—政府</u>）是指，一方面，尽管仅当政府能够满足个人需要时才是具体的而不再是抽象的，但是，个体必须先充当中介把涉及各类需要的议题呈送给政府；另一方面，尽管政府代表着某种价值并且希望人们的需要能够以符合价值的方式得到满足，但是，价值能否真正得到落实还要看作为中介的个体如何行事。S-P-U（<u>个体—需要—政府</u>）是指，正是对各种特殊需要的满足使得个体与政府关联起来。

我们还可以列举出很多可被称为自由的机械机制的事物。不过，在当代社会中最符合标准的恐怕就是互联网**平台**的运作机制了。在此，社交媒体、电商网站等平台是 U，用户是 S，平台为用户提供的内容、商品或服务是 P，由此产生了三个推论：

S-U-P 表明平台的核心功能是分配，它包含两个方面：首先，平台是内容、商品或服务的分配者，它能够让用户得到想要的东西并满足这种或那种欲望。其次，平台还是欲望的分配者，它通过各种形式的广告（例如，基于用户画像推荐商品）唤醒和激起用户的欲望——像麦克卢汉这样的传播学研究者也许会把这种平台改变欲望的现象称为"平台即讯息。"上述两个方面说明平台扮演了精神分析中的象征界的角色，主体必须通过象征界来满足欲望，但主体的欲望恰恰是象征界的运作产生的效果。

P-S-U 有以下三种含义：首先，平台之所以知道用户有何种偏好，正是因为作为中介的用户（S）通过自己有意无意的行为让平台（U）获取了自己的信息（P），这些信息又被平台当成数据加以收集和分析。其次，进一步看，对用户数据的收集和分析不仅有助于平台了解用户，而且还使平台所使用的算法得到了训练和升级，拥有了应对更加复杂的问题的能力，换言之，用户成了使平台本身得以进化的中介。再次，归纳推论以许多个案为基础（S此时是指很多个体而不是一个个体），与此相仿，平台也拥有许多用户，这使得一些推荐算法在为一个用户给出推荐时会参考其他用户的选项，这意味着一个用户无意间与其他用户发生了互动。这个互动仅存在于推荐算法的运算中，因而是完全外在于所有用户的，但客观上却让他们交换了欲望，让一个人的欲望成了多个人的欲望。

S-P-U 有两方面含义：首先，得到满足的欲望作为中介使用户更加依赖平台。其次，反过来看，平台亦可借助各种满足或激发欲望的方法来影响用户，从而在某种程度上控制他们的心理或行为，换言之，主体的欲望使其对象征界更加服从。

52 诉 求

§ 要提出诉求,但也要保持豁达。

与**中项—端项—自由的机械机制**这个三元组对应的是**后现代艺术和当代艺术领域中的那些有明确政治诉求的作品**。在此,S代表艺术家以及被作品感召的观者;P不再宽泛地代表各种需要,而是代表那些人们在性别、性取向、种族、殖民历史、消费、文化产业、战争和地缘政治等议题上的诉求,U代表政治、经济和社会等领域的决策者。相应地,S–U–P的含义是:个体有着某种身份或利益诉求,但这并不单纯是他们的私人事务,他们仅凭自身的力量并不能使身份得到尊重,并不能完全保护自己的利益(即,S并不能直接与P相关联)。要想得到尊重和保护,作为中介的决策者就必须制定合理的政策、法律和法规,或至少是向社会发出号召。P–S–U意味着人们认识到自己必须作为中介行动起来,使议题得到决策者的注意并进入政治议程。S–P–U意味着,决策者的合法性取决于其在各种议题上的态度和作为，而这些态度和作为也维系着个体与决策者之间的关联。

从表面上看，就其关注个人身份和利益而言，有明确政治诉求的艺术揭示了人们的自由，但换个角度看，此类作品恰恰又意味着束缚。造成这种情况的原因有两个：首先，尽管此类作品表达了诉求，但诉求的听取者在绝大多数情况下都只可能是决策者。换言之，矛盾之处在于，艺术家及其跟随者一方面对决策者的既有表现感到不满，另一方面却又不得不求助于这些决策者。其次，在此类作品涉及的议题中，事物不再是人们的活生生的现实体验中的事物，而已然是被理论化了的事物——为那些涉及性别议题的作品提供依据的是被精神分析或女性主义理论诠释过的性别，为那些涉及劳动议题的作品提供依据的是被各种喋喋不休的批判理论诠释过的劳动……而把个别事物"套"上理论的普遍框架的做法显然对个别事物而言意味着不自由。

那么，这种提出政治诉求的作品拥有何种使其不同于真正的政治行动（例如向议员提出政策建议）的艺术价值呢？第一，尽管艺术家能够明确意识到作品对外在他者（决策者或各种理论）的依赖，意识到借助作品提出的诉求可能不会得到什么回应，但是，作品本身是物，而物的特点是漠不相关，这意味着，诉求能否得到回应或问题能否得到解决其实都是无所谓的。也正是因为这个原因，此类作品常常给人一种淡泊和忧伤的感觉，仿佛它不但能预见而且甘愿承受自己的失败。在为全球变暖议题创作的作品《冰表》（*Ice Watch*）中，奥拉维尔·埃利亚松（Olafur Eliasson）把从北极运来的巨大冰块放到展览场地中，任由它们慢慢融化——这正是那种消极性的绝佳体现。第二，此类作品的丰富内涵通常不以明确表达观点为目的，反而有意呈现出两面性或模糊性：一方面，这些作品试图表达对歧视、偏见或不公正的反抗，另一方面，这些作品同时把这些负面的东西当成引以为傲的元素。这种两面性在《霍屯都》(*Hot-En-Tot*)和《美国家庭》(*American Family*)等一系列由瑞妮·考克斯（Renée Cox）创作的摄影作品中得到了体现：出现在作品中的非裔女性一方面让人联想到种族歧视的历史，但另一方面也表达了非裔族群因自我身份和身体之美而产生的自豪感。

▲ 53 系 统

◆◆◆◆◆

§ 物理物不但是有规律的,而且是有系统的,再往后,就是有生命的了。

◆◆◆◆◆

接下来出现的三元组是**规律—服从规律之物—化学**。

要想说清这个三元组的含义,我们就要先对规则、规律和化学这三者进行区分。举例来讲,镜子能够反射光线,这个特征既与镜子有关又与光线有关,并因而是这两个事物之间的关联,我们把这种关联称为规则,受限于规则并服从规则的事物就是处在静息状态的事物。规则的逻辑是:"没有什么理由,就是如此这般规定的。"因此,当光线照到镜子上时必然会被反射,仅此而已。然而,进一步看,镜子反射光线的前提是,它具有某种可被称为反光性的内在特征。这就是说,某物与他物的关系是已然内化到某物之中的,这种内在特征是双方发生关联的基础。我们把这种内化到事物之中的关联称为规律。规则与规律的关系有两种:有的规则，例如体育比赛中的一些规则，仅仅是规则，而不是规律；有的规则，例如镜子的反光性，内在地是规律，或者说，此处的规律不是外在于规则的另一个东西，而只是规则的根据而已。

如果说单纯的规则是僵死的机械机制的本质，那么规律则是自由的机械机制的本质。规则之下的静息状态是自由的，那是因为事物与规则能够保持一致，但规则毕竟是外在于事物的。而如果我们说自由的机械机制体现着自由，则是出于两个原因：首先，事物在此服从与重力（我们在介绍中项和端项时提到过它）相关的规律，而规律又是内化了的规则，事物服从规律因而只不过是在服从自己，与自身保持同一。其次，规律界定了事物与他物相关联的方式，而规律又是内在于事物的，因此，服从规律的事物不但不会陷入静息状态，反而会自发地与他物建立关联，用黑格尔的话来讲，规律"本身就是自发的运动的永恒源泉"[139]。

事物不会只与一个他物相关联，而是与诸多他物相关联并因而包含很多特征，事物的规律因而实际上是诸多关联的集合。当这个集合以一个统一体的形式出现时，我们把它称为**系统**，由一套系统整合起来的多个事物被称为**自由的必然者**。在此请回忆一下黑格尔所说的坏无限和真无限的区别：前者是指新事物无终止的不断累积，后者是指有限事物之间丰富的互动关联，而自由的必然者显然拥有真无限的特征。

在自由的必然者中，规律是中项，服从规律之物是端项。这里的问题在于，自由的机械机制看起来也是一种体现着系统性的东西，那么它与自由的必然者有何区别呢？我们看到，在自由的机械机制中，规律的内在性还只是形式上的，例如，在 S-P-U

中，S–P 体现着 S 与 P 的内在关联，但这种内在关联得以存在的前提是 S–U–P 必须作为一个环节出现在自由的机械机制中以便为 S–P 提供根据。说得更直白些，一方面，S–U–P 固然是内在于自由的机械机制的，但另一方面，S–U–P 不能隐藏起来，它作为一个外在于 S–P 的东西必须被摆放在那里——就此而言，它的内在性还在受外在性的困扰，并且因而还只是形式上的内在性。与此相反，在自由的必然者中，两个环节之间的联系不需要以这种方式被明示出来。

但即便如此，自由的必然者也还是不能逃过内在性与外在性的矛盾造成的困扰，只不过这种矛盾在它这里与在自由的机械机制那里有着不同的表现形式而已。在自由的必然者中，一方面，规律固然是内在于事物的本性的，固然可以影响事物；但另一方面，事物是如此地依赖于规律赋予它们特征，以至于如果规律不存在，它们也就不再拥有什么特征了。换言之，规律毕竟还是理想性的，它改变了外在事物，但改变得还不够深，还无法实现任何真正的改变，或者更准确地说，它无法让事物自己赋予自己特征。

当然，如果规律确实使得事物能够自行赋予本性了，那么规律也就转化成了化学——请注意这里的表述，我们平时所说的规律既包括物理规律又包括化学规律，但是，黑格尔在这里所说的规律仅相当于物理规律，他所说的化学则相当于化学规律。在化学中，中项和端项的含义又发生了变化，中项是指化学反应的过程，而端项是这个过程中的反应物和生成物。端项的特征固然是受中项的影响而产生的，但亦可独立于中项而存在。例如，水固然是在氢气和氧气发生化学反应时生成的，但水的特征不同于氢气和氧气的特征，并且它们的特征即使在没有化学反应的情况下也是存在的。

54 睡莲池塘

§ 莫奈描绘的睡莲池塘是一个渗透着爱欲的系统。

系统是贯穿三元组**规律—服从规律之物—化学**的核心概念，因此与这个三元组相对应的就是那些**体现系统性的艺术作品**。这些作品又分为两类，一是符合系统美学要求的作品，二是揭示大众媒介本性的作品。

（一）符合系统美学要求的作品

按照路德维希·冯·贝塔朗菲（Ludwig von Bertalanffy）的定义，当一个要素处在一组关系中的行为不同于处在另一组关系中的行为时，我们就可以说这个要素处在系统之中[140]——这个定义很接近黑格尔对系统的看法。而曾受到贝塔朗菲的影响并倡导系统美学的杰克·伯纳姆（Jack Burnham）虽然并未给系统提出完整的定义，但仍列举了系统应有的一些特点，例如，系统出现在人们对现实时间的体验之中并因而具有过程性，[141]体现控制论规律，体现自动化，能够为行动提供决策、更强调生物性的功能而不是生物性的外表，[142]甚至拥有与"自组织、生长、内部或外部的流动性、激动性和感受性、输入与输出、动态可持续的平衡和最终的死亡"[143]相关的特征。现代社会正在经历从物导向的社会向系统导向的社会转变的过程，这体现为，人们更加重视组织问题，更加重视有机系统和无机系统之间的关系，更多地运用系统分析，[144]更加重视信息处理能力并追求负熵（negentropy），[145]等等。在这种背景下，艺术家不但试图拉近艺术与生产这两者在技术层面或心理层面的距离，而且还更多地关注科技与艺术之间的关系，[146]因而更可能创作出呈现系统性的艺术作品。

实际上，人类一直痴迷于创造某种形式的自动机或机器人，这一点集中体现在所谓赛博格艺术中[147]——当然，假如伯纳姆来到当下，他还会看到人工智能艺术。值得注意的是，出于无法显示出生物机能等原因，包括利用人的外观的传统雕塑、使用机器的动态艺术（kinetic art）和去观念化的极简主义等在内的诸多艺术门类或潮流并不符合系统美学的要求。[148]当然，我们还可以添加一个未被伯纳姆提及的候选者：莫奈的一系列描绘睡莲的画作。在这些作品中，池塘表面就是一个系统，在它的上边或是旁边有花朵和枝叶，它还倒映着花朵、枝叶和天空，它虽然时常静止不动，但微风就能让它荡起涟漪——可见，这个表面不但有虚有实，有动有静，而且还极为敏感，微小扰动就可使它的整体发生变化。这个表面作为一个独立的系统运作着，世界对它而言也只不过是扰动的来源而已。只可惜，这些画作并不符合系统美学的要求，因为系统美学要求作品必须本身就是一个系统，而不能只是再现一个系统。

真正符合系统美学的要求并被伯纳姆推崇的是哈克的作品，我们之前已提到过他的代表作《冷凝立方体》。在他的另一件作品《来访者画像》(Visitor's Profile)中，观者被邀请在现场的计算机上填写一份调查问卷，问卷上的问题有的涉及人口统计学信息，有的涉及对政治、社会等方面议题的态度，计算机会对所有已填写者的答案进行数据分析并实时将分析结果显示出来——作品使用的计算机技术尽管在今天不值一提，但在1969年却算是比较先进的。这个作品的系统性体现在以下几方面：首先，它使观者与作品互动，观者提供的信息成了作品所展示的内容；其次，每个观者填写的答案都为生成数据分析结果作出了贡献，在这个意义上，观者们借助计算机实现了间接的协作和互动；再次，这件作品通过调查问卷使艺术与社会和政治问题发生了关联。不过，同样是利用新技术，白南准在1964年展出了《机器人K-456》(Robot K-456)。这个真人大小的人形机器人虽然外观粗糙，但却能够进行"表演"——根据遥控指令在街上行走并播放录音，因而也许更符合系统美学提出的融合人类与非人类、创造有生命的事物的要求。

在当代艺术中，符合系统美学要求的作品很多。例如，皮埃尔·于热（Pierre Huyghe）的《卡玛塔》(Camata)展示了这样一番情景：一具真正的骷髅俯卧在无边的沙漠中，一支机械臂在它旁边缓慢地运动，好像在对它进行仔细研究，又好像如展览手册上所言，在为它举行"永不终结的葬礼仪式"。这件作品表面上仅以影像的形式出现，但实际上却充分体现出了系统性：首先，展览现场的传感器会收集现场信息，这些信息每时每刻都会影响对原始拍摄内容进行剪辑的软件，换言之，作品并没有一个完整的、固定的版本，观者看到的是刚刚被软件自动剪辑出来的片段。这不仅体现了作品本身的时间性和过程性，而且还意味着现实（即现场情况）与虚拟（即作品内容）产生了互动。其次，完成这件作品拍摄工作的并不是人类，而是受机器学习算法控制的三个机械臂。这意味着人与非人（即机器）产生了互动：人用非人的视角取代了自己的视角。

（二）揭示媒介本性的作品

前文提到，个体（S）、需要（P）和政府（U）这三者中的每一个都可以充当推论的中项，这意味着真正的普遍者不是政府，而是中项，即那个中间位置本身。不过，既然中项可以是这三者，那么它也不会仅仅是一个抽象的位置，而是会实体化为一个具体事物，这个事物便是媒介，更准确地说，它是把个体、需要和政府联系起来的大众媒介，大众媒介在一定程度上享有相对于其他三方的独立性，但它本身是没有内容的，是抽象的，它的基本功能仅仅是不加修改地对来自他处的内容进行复制和传递。但是，它真的没有修改什么吗？

我们可以把沃霍尔的丝网印刷视为一种呈现出系统性的作品。我们在此不仅要看到同一个内容会被复制成略有差异的多个副本，而且更要看到，沃霍尔会用这种媒介处理各种内容。例如，我们不仅要看到梦露的大头像被复制多次，而且还要看到，切·格瓦拉、蒙娜丽莎和沃霍尔自己的形象，以及《死亡与灾难》（Death and Disaster）系列中的电椅、损毁的车辆和种族骚乱等内容都被作了同样的处理。也正是在对一切内容进行无限复制的过程中，所有内容的真实性和重要性都被拉拽到了同一个水平上，不同事物的不同意义都被抹平了，意义变成了无意义，生命与死亡、现实与艺术、美丽与恐怖等一切都被同质化了。我们观看这些作品时的体验与观看透纳的《格里松山的雪崩》（The Fall of an Avalanche in the Grisons）等借助描绘灾难来让观者感受到崇高的作品时的体验是一样的，我们一方面看到了威胁，另一方面又意识到自己此时是安全的。换言之，如果说艺术作品既能呈现威胁又能化解威胁的话，那么沃霍尔就是通过对图像进行无限复制实现了这一目标。在这个意义上，沃霍尔的丝网印刷作品揭示了大众媒介的一个系统性：它固然没有在内容上添加什么具体元素，梦露还是梦露，电椅还是电椅，但是，它却让无意义性、均质性或漠不相关性渗透到了一切内容中。

在由鲁沙创作的"无表情（deadpan）"摄影作品《26个加油站》中，尽管每一张照片中的建筑的确不同，但被拍摄的建筑本身的平淡无奇和拍摄手法的无技巧性仍然带来了强烈的空洞感和漠不相关感。而带来这种效果的媒介，既包括作为复制工具的相机，又包括在拍摄过程中使用的汽车，后者具有字面意义上的机动性。这两者的并置似乎也在告诉我们，媒介的本性无非就是无限的机械复制加上无限的机械运动。

辛迪·舍曼（Cindy Sherman）的《无题电影剧照》(*Untitled Film Stills*)系列中的每一张照片似乎都像是已上映的电影的剧照，但实际上这些照片不属于任何电影，被认为是照片来源的电影实际上根本不存在，这些照片因而是无根据的和自我否定的。进一步讲，我们在这些作品中看到了两个意义上的否定，第一种否定，如上所言，就是否定一张照片背后存在着一部电影，这第一种否定是第二种否定的隐喻，而这第二种否定就是指，电影被否定了，不是这部或那部具体电影的存在被否定了，而是作为一种媒介的电影整个被否定了。尽管这些照片中的人物形象和氛围很符合大众文化的胃口，很适合在杂志、海报等媒介上大量传播，但是以上两个意义上的否定性却使得观者在这些照片中感觉到了一种诡异的空无感。

我们现在得到了一个三元组：**沃霍尔—鲁沙—舍曼**，他们的作品以不同方式揭示出，媒介是静止与运动——或者也可以说是同一与差异——的统一。在沃霍尔的作品中，媒介的运动体现为媒介生成一个又一个内容。可是，媒介在此只是在复制同一个内容而已，同一个内容的不同副本之间的差异可以忽略不计。在这个意义上，媒介是通过复制来保持静止的，因为复制最多也只能算是抽象的运动；或者说，媒介可以通过创造不是差异的差异来保持同一。

在鲁沙的《26个加油站》中，真正的运动（即带着相机的艺术家借助汽车实现的运动）取代了抽象的运动，并且，如果媒介注定要运动起来的话，那么媒介恰恰就是通过让自己处在运动状态来保持静止的；换言之，如果媒介的本性是创造差异，那么只要媒介不停地创造差异，那么它就是符合自身本性的，就是与自身同一的。这种同一性在鲁沙的作品中体现为被拍摄物的均质性。

舍曼的作品作为第三个环节呈现了一种终极运动：消失，即，媒介从存在状态转入不存在状态；并且，如果媒介不再存在，也就不会再变化了，媒介因而得以与自身保持同一。实际上，在作为第一个环节的沃霍尔那里，媒介可以说是已经消失了，这是因为，我们需要媒介提供一些有意义的东西，但如果媒介的复制使得内容被均质化了，那么媒介也就没有存在价值了——当然，这还只是潜在的消失，而真正的消失是由舍曼的作品揭示出来的。

不过从另一个角度看，与其说媒介的本性是复制或真实的运动，倒不如说媒介的本性是透明性，是让自己消失——我们在看电视时关注的是电视中的内容，而电视本身理应隐而不现。就此而言，如果媒介消失了，那么它就真正变得透明了，消失了的媒介才是最好的媒介。

▲ 55 循　环

◆◆◆◆◆

§ 化学中的每一个环节都在解决了上一个环节的问题的同时又带来了新的问题。

◆◆◆◆◆

前文提到，规律的集合作为最初级的系统仍然对立于外在于它的事物，它因而会被其他范畴取代——化学、目的论和有机体之类的范畴虽然名称中不包含"系统"，但实际上它们都是更高级的系统。

我们现在从两个方面来解释化学何以体现系统性：

在第一个层面上，化学反应的过程为反应物和生成物建立了关联，因而是一个系统。不过，我们可以换个角度来看待这种系统性，设想：铁可以与氧气、氯气、盐酸……发生反应，尽管现实中的铁未必会真正经历这些反应，但是与他物发生反应的可能性却一直潜藏在铁之中，铁作为这些可能性的统一本身就是一个系统。或者换个说法，当两种物质发生反应时，它们是端项，而属于它们的中项便是它们之间发生反应的可能性,在这个意义上,物质与他物发生反应的潜能是内化了的化学反应过程。

在第二个层面上,以下三类化学反应构成了一个首尾相连的**循环**。这种更深层的系统性是我们论述的重点——黑格尔只是暗示了这种循环性,但并没有明确把它跟系统联系在一起。

第一种反应(下称 R_1)是任何可以让元素融合在一起的反应,或者说,如果若干种反应物中的一部分元素或所有元素在反应中形成了一种新物质,那么这种反应就可归为这个类别。虽然化合反应无疑属于该类别,但鉴于黑格尔提到了水的媒介作用,所以他心里所想的更可能是酸、碱和盐之间的复分解反应。

第二种反应(下称 R_2)是指包括分解反应和置换反应在内的能够产生抽象环节的反应——如果生成物比反应物的构成更简单,那么它就是这里所说的抽象环节,而最适合被称为抽象环节的是像氢气或氯气这样的单质。

第三种反应(下称 R_3)是指反应物能够"分裂自身,并且在它的客体和另一个客体那里设定张力"[149]的反应,也就是像 $Cl_2 + 2NaOH = NaCl + NaClO + H_2O$ 这样的反应——在这个反应的生成物中,氯元素同时以 -1 价($NaCl$)和 $+1$ 价($NaClO$)出现,换言之,当氯元素无法仅以 -1 价出现时,它就主动让自己差异化,从而为自己创造了与他物发生反应的条件。

以上三种反应构成了一个三元组:$\underline{R_1\text{-}R_2\text{-}R_3}$。那么,它们在何种意义上形成了一个循环系统呢?这还要从它们的内在特征讲起。

R_1 一方面扬弃了**外在性**,另一方面又产生了**静态性**——这两个方面听起来有些费解,现在让我们具体解释一下。物质起初并未与他物发生化学反应,但发生反应的潜能却始终内在于它,于是,它在现实中的存在便与它的潜能成了相互外在的东西并且对立起来,它们之间的外在性和对立性只会在化学反应真正发生、潜能真正实现之时才会消失。当然,相互外在性不仅出现在物质与其自身之间,还出现在两种物质之间:两种反应物能够发生化学反应,但只有当反应真正发生时,它们的潜能才会实现,否则这两者就是相互外在的。但就在化学反应扬弃了外在性的同时,另一个问题出现了:物质发生化学反应的可能性是一种动态的、过程性的张力,但是反应所得到的生成物尽管也可以说是两种物质的统一,但它只不过是静态的东西,因而无法能动地使化学反应重复发生——氢氧化钠和盐酸是被人放到试管里并发生反应的,而它们生成的氯化钠和水本身显然没有能力让这个化学反应再发生一次。

R_2 一方面扬弃了 R_1 产生的**静态性**,另一方面又产生了**概念性**。所谓扬弃静态性是指,R_2 生成的简单物质要么可以重复先前的反应,要么可以直接或间接地参与到其他反应中。换言之,在 R_1 的生成物中,化学元素是僵死的,但 R_2 却把它的潜能唤醒了,使其重新活跃起来。例如,氧气和氢气在 R_1 中生成水;水又在 R_2 中分解出氧气和氢气,这两种气体为重复 R_1 创造了条件。又如,氢氧化铜和盐酸在 R_1 中生成氯化铜和水;氯化铜又在 R_2 中分解为氯化亚铜和氯气,氯气虽然不是 R_1 的反应物,但可以参与到很多其他反应中去。然而,R_2 产生的问题是,它生成的简单物质可能是像氧气或氯气这样的单质,一方面,这些单质既可以直接参与化学反应,也可以在生成化合物之后继续参与其他反应,因而具有巨大的潜能；另一方面，鉴于单质所包含的化学元素尚未与任何其他化学元素建立关联，因此单质的潜能纯粹是抽象的、概念性的。例如，在氧气中，氧元素未与任何其他元素关联起来，而在二氧化碳中，氧元素至少已经与碳元素产生了关联，因此，相对而言，氧气只是抽象的、概念性的物质。

R_3一方面扬弃了R_2产生的**概念性**，另一方面又产生了**外在性**。一个纯粹概念性的东西必然是自身同一的，而一旦这种同一性被打破，那么它的概念性就少了一分，它的客观性就多了一分。如前边的例子所示，氯元素自我差异化为+1价和−1价的过程就是为反应创造客观条件以便让自己的潜能真正得以实现的过程。与此同时，R_3的生成物又成了R_1的反应物，困扰它们的外在性有待被R_1消解。

综上所述，R_1扬弃了外在性，却产生了静态性；R_2扬弃了静态性，却产生了概念性；R_3扬弃了概念性，却产生了外在性……三个环节中的每一个都在扬弃上一个环节的缺陷的同时又产生了新的缺陷。这种由于互补而形成的循环正是化学的系统性。另外，上述分析也说明，这三个环节各自以不同方式实现了无限性：在R_1中，无限性体现为一种物质与其他物质发生反应的无限潜能；在R_2中，无限性不再体现为物质能够一直保持自身同一，而是体现为它有能力以多种方式回到最抽象、最本源的状态；在R_3中，鉴于真正的无限者是内在性与外在性的统一而不能仅仅是内在的，因此物质就应该有能力为自己的外化创造条件。

56 社会闭环

§ 三种行为艺术代表了三个形成闭环的社会环节。

我们现在再来看先前提到的那种揭示媒介本性的艺术作品：一方面，媒介能够传播各种内容，但它本身并不包含内容，就此而言，它是这些内容的否定的统一；另一方面，媒介中的内容似乎形成了一条河流，或者说，媒介为一个内容提供了与另一个内容相联系的可能，就此而言，它是这些内容的积极的统一。然而，上述两个方面不正好说明媒介具有主体性吗，主体不正是那种不停留于任何内容但却把各种内容都连接起来的东西吗？简言之，媒介的真理是主体，而这一点在艺术层面意味着，揭示媒介本性的艺术的真理，正是主体直接存在于其中的艺术，即行为艺术。或者，更明确地讲，与化学相对应的是**三种特定的行为艺术以及带有行为艺术元素但却更多被视为舞蹈或参与性艺术的作品**，它们像 R_1-R_2-R_3 一样构成了首尾相接的循环系统——要特别注意的是，我们在此谈到系统，不再是因为诸如《冷凝立方体》那样的单个作品自身就是一个系统，而是因为这三个艺术类别组合成了一个系统。

与 R_1 相对应的作品具有以下特点：首先，这些作品强调通过参与、合作或对话来建立互动关系或情感纽带；其次，这些作品还特别强调行为中的偶然性。例如，在阿兰·卡普罗（Allan Kaprow）的《场地》（*Yard*）中，观者被邀请到胡乱堆放的轮胎上行走并随意抛掷这些轮胎。在这个作品中，轮胎的摆放和观者的行为无疑是随机的，而观者之间的所谓互动也不过是在一起胡闹罢了。而在卡普罗的《吃》（*Eat*）中，观者被邀请到有着奇特氛围的山洞中随意品尝为他们准备的各种食物，并且还能够在下一批观者进入之前作出改变场地中的摆设的决定。一批观者为后一批观者作决定，这无疑是观者之间的互动性的体现；而他们作了何种决定以及他们在场地内吃了什么，都是艺术家无法预知的，因而都体现了随机性。在《无量之物》（*Imponderabilia*）和《艺术家在场》（*The Artist is Present*）等作品中，玛丽娜·阿布拉莫维奇（Marina Abramović）似乎在以各种方式与合作者或观者进行面对面的无言交流，这种交流一方面似乎是在传递某种情感能量，另一方面又引入了随机性——哪一位观者会参与进来以及如何参与都是艺术家不可预知的。"具体派（Gutai Group）"的一些行为作品似乎是在强调人们能够通过身体能量的爆发来与物质建立各种新的互动方式。例如，在《纸的撕裂》（*Laceration of Paper*）中，村上三郎奔跑着穿过一连串牛皮纸，这些被竖直展开的纸张在破裂时发出的巨大响声似乎是被释放出来的某种主体性的能量。又如，在《挑战泥土》（*Challenge To The Mud*）中，白发一雄在一片泥土中走动、翻滚和搅动泥土，从而使其成为留下人的行为印迹的"雕塑"。

总的来看，一方面，上述作品试图实现人与他人或他物建立关联的潜能，从而消除人与自身潜能之间、人与他人或他物之间的相互外在性。另一方面，这些作品同时也有陷入静止的危险：虽然这些作品都是表演性的，甚至是参与性的，但是，我们只要静观这些作品，甚至只需阅读对作品的文字描述，就可以理解艺术家意在实现何种潜能——正如氢气与氧气发生反应的潜能已然静止于作为生成物的水中并能够被我们看到一样。

与 R_2 相对应的是那些能够消除静止性并使潜能重获动态性的表演性作品。雷纳的《地形》(*Terrain*)和《三重奏A》是此类作品中的典型。这些作品中的舞蹈动作似乎非常简单且无需技巧，以至于观者会觉得艺术家是在使用某种"日常语言"，或只是在"完成任务"[150]。当然，这种效果实际上是舞者有意追求和精心设计的，她希望自己的舞蹈能够实现"能量平等"，即表演过程中的每个部分或动作都具有同等重要性，不存在明显的高潮或焦点；她希望作品只包含所谓现成动作，即看起来未经特别设计过的动作；她还希望舞蹈动作具有极简主义的风格，成为一些完成任务般的活动。[151]

我们在此要注意作品的两方面特征：一方面，艺术家编排的动作都是抽象的，或者说，它们过于简单，甚至比我们日常生活中的各种动作还要简单，并且看起来并不表达什么意义或情感；另一方面，正因为每个动作都是同等重要的，所以舞者能够顺畅地连续完成一个又一个动作，从而让这些动作看起来充满了内在动力。综合这两方面，我们可以说，抽象的动作同时也拥有巨大运动潜能,而这正是 R_2 的特点——生成物是一些能够与很多其他物质直接或间接发生反应的简单物质,它们可被用于新的 R_1。我们因而可以把雷纳的作品看成是一种对生活进行再模块化的尝试。更具体地说,生活中那些我们早已熟悉的行为是僵化的,在这一背景下,雷纳的舞蹈带来的启示便是,我们可以用多种方式把这些束缚我们的行为还原成简单但却更活跃的模块,以便借助这些模块和它们蕴藏的潜力重塑生活。另外,要强调的是,与以上那些跟 R_1 相对应的作品不同,雷纳的舞蹈会触发我们的身体产生一种要运动起来并模仿舞者的倾向,而如果我们不再观看她的作品,如果我们只是阅读文字描述而不真正去观看作品的话,身体就不会产生这种倾向。

进一步看,把生活中的行为进行还原并非只有一种方式:把它们还原成抽象的模块固然是一种方式,而把有意识的行为还原成潜意识则是另一种方式。这意味着艺术家应该想办法呈现潜意识的内容。实际上,雷纳在某种程度上已经在这样做了,因为"她把身体当成一个有着难以控制的生理属性的材料来对待,并且,这些材料在她的要求下所呈现的形式没有阻止那些属性的浮现"[152]。简言之,舞者的身体对雷纳而言的确可以呈现潜意识的内容。然而,真正将呈现潜意识内容视为核心目标的,则是作为一种心理治疗方法的所谓真实动作(Authentic Movement)。真实动作是否属于艺术固然是个有争议的话题,但它至少在某种程度上可被视为一种舞蹈/动作疗法,或被视为一种艺术疗愈的方法。在这种疗法中,患者被称为动者(mover),治疗师或同时被治疗的其他患者是见证者(witness)。动者要"闭上眼睛,允许自己被内心世界的感受、图像和感觉所感动",要"关注内在体验并对那个体验作出反应"。[153] 在这个过程中,动者的潜意识就外化为动作了。见证者要观看动者,并且要在动者完成动作后与其进行交流。在观看过程中,见证者的内心世界与动者的内心世界是"同样宽广,同样复杂"[154]的,并且,正是见证者的潜意识决定了他或她如何看待动者以及会与动者谈些什么。

总之,真实动作与 R_2 有着相同的特征:首先,真实动作是动态的和过程性的,因为它要求参与者真正动起来——不仅动者要做出动作,见证者亦可用动作或语言来回应动者,而在化学这边,R_2 消除了 R_1 的静止性。其次,真实动作意在揭示被还原了的潜意识,由此产生的动作就其毕竟不是日常生活中会出现的动作而言还只是抽象的,而在化学这边,R_2 则能够生成在元素构成方面更加简单的物质。

以上对雷纳的作品和真实动作的介绍显示出,尽管它们呈现出了动态性,但是,艺术家或参与者并没有把超越生活之物还原成日常生活,而是更激进地将其还原成了比生活更具基础性并因而脱离了现实的抽象元素。

与 R_3 相对应的是那些以各种方式强调身体的自我差异化的作品,艺术家在创作或表演过程中让自己一分为二,一部分仍是自己,另一部分要么成为一个充满对抗性的现实场域,要么成为能把自己与现实联系起来的工具——正如赫尔曼·尼特西(Hermann Nitsch)所言,艺术家可以与自己的"肉与血"一起工作。

例如,维也纳行动主义(Viennese Actionism)的许多作品无疑属于此类艺术,这些作品强调身体就是可表现心灵创伤或挑战既有规范的工具。这个流派中的典型作品是冈特·布鲁斯（Günter Brus）的《行动6号：维也纳散步》（Action Number Six: Vienna Walk）。在这件作品中，艺术家行走在维也纳的街道上，他身穿白色衣服，并将双手等部位涂成白色，这使他看起来像是一件行走的雕塑。在他身体的前方，一条边缘参差不齐的黑色粗线从头延伸到脚，这不禁让人联想到丰塔纳在画布上留下的划痕。这条黑线也许有着双重意义，一方面，它象征着艺术与生活的分离带给人的创伤，另一方面，它又像是一个被草草缝合的伤口，象征着艺术与生活的重新结合，而这也正是艺术家进行街头表演的目的——要让艺术走出展馆，走进生活。

又如，在以影像方式记录的行为作品《姿态》（Gestures）中，汉娜·威尔克（Hannah Wilke）反复击打自己的面部使其变得扭曲。她的面孔因而仿佛变成了一件尚未固定下来并且在外力的作用下不断变形的雕塑，而那个外力恰恰来源于她自己。艺术家似乎想借此揭示文化对标准女性形象的偏好给女性自己带来的伤害，而她扭曲的面孔又像是对这种标准的嘲讽。同样是以面孔为"战场"，奥兰（ORLAN）在《圣奥兰的再化身》（The Reincarnation of Sainte-ORLAN）中对数次整容手术进行了直播。借助这些手术，艺术家拥有了著名油画中的女性的面部特征。艺术家还在手术时清醒地阅读诗歌，这似乎不仅是在对抗疼痛，也是在对抗社会施加给女性的压力。

再如，奥兰的《仿奥兰机器人》（ORLANoïde）确实是一个能够代替她表演或与她共同表演的分身。这件作品是一个有着奥兰面孔的机器人，当奥兰用法语回答现场观众的问题时，机器人利用云端服务将回答翻译成英语，然后再将其用奥兰的声音说出来。后来，奥兰又把有着她的面孔但却只是用废旧物品制作的机器人和濒危动物的形象一起放在模仿自然环境的背景中，以此呼吁人们关注环保问题。

纵观其创作历程，我们可以发现奥兰对于分身的痴迷：在20世纪70年代的一些行为作品中，她会根据真人尺寸制作自己的形象并将其放在自己旁边，但这些以纸或木头为材料的形象是没有生命的；此后，她利用整容手术得到的新面孔在某种意义上固然也是一种分身，并且还是现实的、有生命的分身，只是这个分身会把它的本体覆盖掉；再往后，一个有着她的面孔并整合了人工智能的机器人就成了她的新分身。

以上这类强调自我差异化的作品固然摆脱了第二类作品的抽象性，但同时也揭示了不可避免的外在性——在《姿态》中，观者在看到艺术家的怪异表情时的不适感可被视为对外在性的体验；而对奥兰而言，整容所遵从的美的标准是外在于她的，而多次整容的结果又是外在于美的标准的，因为她在手术后变得丑陋了，而没有变得更美。这种外在性会在与 R_1 相对应的作品中消解。

综上所述，与 R_1、R_2 和 R_3 相对应的这三类行为艺术代表了社会系统的三个环节：第一类作品代表了最一般意义上的行动，是主体实现自身潜能并把潜能固化到某种产出成果中的行动；第二类作品代表再模块化，也就是把现实诸领域的惯例拆解成简单单元，而这些单元拥有重新组合成新行动的自由；第三类作品代表为潜能的实现创造条件的活动。

▲ 57 内稳态

§ 内稳态意味着实时的、敏感的自我监控和调控,意味着在每一个无限小的时间段中都要进行自我评估。但这是可能的吗?

从表面上看,在化学的三个环节 R_1、R_2 和 R_3 中,扬弃外在性只是 R_1 的功能而不是后两者的功能,但其实这三个环节只不过是在以不同的形式扬弃外在性而已。R_1 虽然能够扬弃一种反应物与自身潜能之间的外在性以及两种反应物的外在性,但是它本身无法为自己提供反应物,因此它仍是外在于自身的,它不能彻底扬弃外在性。例如,氧气和氢气虽然能够在 R_1 中生成水,但是氧气和氢气却不是由 R_1 自己产生的。R_2 让 R_1 的生成物变成了简单物质,或者说,R_1 的反应物虽然是生成物的前提,但它与生成物毕竟不是一种东西,是外在于生成物的,因此 R_1 的生成物就通过 R_2 来设定自己的存在,试图把外部起源变成自己能够创造的东西，就此而言，R_2同样是在扬弃外在性。例如，水在R_2中分解为氧气和氢气，而后两者便是R_1得以发生的前提。R_3的一部分反应物是像氯气这样的单质，单质中的元素没有与任何其他种类元素结合，因而处在完全抽象的、漠不相关的状态。然而，漠不相关性对黑格尔来说无异于物的外在性，因此，R_3让单质中的元素自身差异化的过程就是消除外在性的过程。

总之，消除外在性是化学中的三个环节的共性，这种共性使它们得以统一并成为一个试图把任何他物都当成外在东西并加以否定的范畴：目的。对目的而言，其他一切都没有它自己重要，都只是手段而已。

黑格尔所说的目的论并不只是目的与手段的关系，而是一个三元组：**主观目的—手段—已实现的目的**。其中，主观目的是指尚未实现的目的，已实现的目的是指客观世界在被手段影响后的最终状态。

上述三个环节具有推论 U-P-S 的结构。主观目的是 U。这是因为，主观目的可以通过这种或那种特定手段实现，这些手段都为主观目的服务，因而主观目的就是它们的普遍内容，是它们的统一。一方面，主观目的坚持自己的独立性和持存性，把他者当成外在于自己的手段；另一方面，本身拥有某种属性的事物之所以是有用的并且能够成为手段，不是因为它本身有用，而是因为它对主观目的而言是有用的，例如，笔可以用来写字，但它仅对需要写字的我而言是有用的，而在其他人眼里，它要么没用要么有其他用处。换言之，尽管手段外在于主观目的，但它同时又在一定程度上属于主观目的，它的外在性是一种内在的外在性，主观目的对它的排斥只是一种内在排斥或自我排斥。

手段是 P。原因有二：一是主观目的使手段特殊化，这就是说，诸事物中仅有这个或那个特定的事物被主观目的挑选出来并成为手段，并且，在一个事物的诸多属性中，只有某些特定的属性被主观目的视为有用的并被挑选出来。二是手段反过来也能够使主观目的特殊化，生活中时常遇到的一种情况是我们只是模糊地知道自己要做什么，仅当某种潜在地可成为手段的事物出现在眼前时，那个目的才被明确下来。

已实现的目的是 S。被主观目的排斥到自身之外的是遵循各种规律的客观世界，但客观世界实际上可以被分成两部分，手段本身就是这个世界的一部分，而另一部分则是经过手段的改造而变得符合目的的世界。但是，满足主观目的的要求的最终状态不止一种，而最终出现的状态只是诸多可能状态之一，它因而是普遍之下的个体。例如，我可以选择用铅笔、钢笔、彩色蜡笔写字，用这些工具写出来的字的效果各不相同，但我一旦选择使用铅笔，那么一种特定效果就被确定下来了。

目的论作为一个系统的特点是，推论结构 U-P-S 衍生出了 P-S-U 和 S-U-P。这三种推论结构代表了手段—目的逻辑中的三种**评估**，或者亦可说是反馈、校正或调节。

第一种评估是指，行为体要评估取得的成果是否符合最初的主观目的，相应的推论是 U-P-S。其含义是：一方面，主观目的外化为手段只是一种自身外化（U-P）；另一方面，手段毕竟也是客观世界的一部分（P-S），手段作用于客观世界以便实现目的的过程，就是客观世界作用于自身的过程。上述两方面意味着：

我们要想评估主观目的是否已完美地在已实现的目的中得到落实（U-S），就必须认识到，P 是 U 和 S 的中介，或者更具体地说，我们在拿主观目的跟已实现的目的作比较时，必须参考手段，因为正是手段把原本抽象的主观目的具体化了，并且规定了已实现的目的可能是什么样子。一个典型的例子是，我们在评判古人的成就在多大程度上与其最初目的相符时，必须考虑到古代的科技水平带给他或她的可能性和局限性。

我们还可以换一种方式表述上面的分析：一方面，主观目的为实现自身而将自身外化的决定是由它自己作出的（U-P）；另一方面，手段作用于客观世界的过程听命于客观世界中的各种复杂因素，这个过程外在于主观目的，并不取决于它（P-S）。以上两方面（自我决定与外在决定）的并存与对立同样说明了在评估时以手段为参考的重要性。

第二种评估包含两层含义。它最明显的一层含义是，行为体要评估手段是否符合主观目的的需要，相应的推论是 P-S-U。其含义是：一方面，手段既然是客观世界的一部分，那么它就会利用客观规律让目的得以实现（P-S）；另一方面，已实现的目的就其内容而言应当与主观目的保持一致（S-U）。以上两方面说明 P 和 U 应当以 S 为中介，而这意味着，尽管我们会在做事情之前事先估量一下手段是否有助于实现主观目的（P-U），但真正的评估要在工作完成后才能进行。

第二种评估的另一层含义：我们需要通过评估来辨别何者为主观目的，何者为手段。为什么这一点是必要的？表面上看，两者之间的关系很明确，手段是为主观目的服务的，前者被后者利用，前者借助后者获得自身的存在价值。但这一点难道不同时意味着主观目的被手段利用了吗，主观目的难道不是成了手段获得自身存在价值的手段了吗？简言之，手段成了主观目的，主观目的反而成了手段，更准确地说，它成了手段的手段。这种迫使我们重新评估并反思的情况在现实中并不罕见，例如，科技原本是为社会带来福祉的手段，但某些科技的滥用让人们不禁怀疑，科技把社会当成了手段，它要追求的仅仅是自身的扩散。

第三种评估是指，在前两种评估所得出的结论 U-S 和 U-P 的基础上，我们需要判断目前已取得的成果到底是已实现的目的，还是仅仅是某种中间状态或者被完成的某个中间步骤——要说明的是，手段的含义在此发生了些许变化，那些夹在主观目的和已实现的目的之间的中间状态或步骤现在都被黑格尔称为手段。与这种评估相对应的推论是 S-U-P。它实际上相当于一个选言推论，例如，我们可以说：“主观目的既可能还处在实现的过程中，也可能已经实现，主观目的处在实现的过程中，所以，主观目的还没有实现。”正如选言推论中的 U 同时出现在三个分句中一样，在此，主观目的占据了主导地位：正是它设定了手段和已实现的目的并使前者为后者作出贡献，也正是它有权利评估某种状态到底是中间状态还是最终状态。不过，与选言推论扬弃了推论结构并进一步扬弃了主观性相反的是，目的论中的 S-U-P 通过让主观目的占据主导地位而扬弃了属于客观世界的手段和已实现的目的，并且，进一步看，这就等同于扬弃了目的论的客观性，从而再次进入了主观世界——理念。

或者，我们也可以这样解释为何目的论会转化为理念：以手段—目的逻辑行事的人表面上是一个会把各方面问题都想清楚的理性者,但换一个角度看,这个人不可避免地是非理性的,因为他或她会无意地把评估的不可能性遮蔽起来,以便作出一些无效的、有漏洞的或无根据的评估。具体来看,首先,我们认为目的独立于手段,手段外在于目的,但问题在于,如上所述,我们在评估主观目的是否已得到落实时不得不以手段为参考。其次,我们只能在抵达已实现的目的后回溯性地评估手段是否真正适合主观目的,但问题在于,我们必须预先判断手段是否适合,然后才会利用它来实现目的,而当然不可能预先知道已实现的目的是什么样子。再次,当我们做完一些事情后需要评估自己是已抵达已实现的目的还是仍处在半途中,但这个决定是由作为中介的主观目的决定的,换言之,这种评估必然是一个主观的、武断的评估。总而言之,理性的逻辑链条被内部无法弥合的裂痕所困扰,表面上的可能性被内在的不可能性所困扰。这种不完善性意味着目的论有待向理念发展。或者从精神分析的角度讲,象征界内部的不一致性造成了它的失败,而实在界正是从这种失败中产生的。

58 介 入

§ 艺术在某种意义上是无功利的,但在另一种意义上它又是有用的,有介入能力的,并因而是功利性的。

与**目的论**相对应的艺术作品有以下两个特征:第一,这些作品是被艺术家以介入现实并对人们生活的某些领域产生影响的目的创作出来的,就此而言,这些作品体现了自由。第二,艺术家以诗意的方式来实现目的,一方面,这种做法昭示了任务可能失败和目的可能无法实现的结局,从而使作品具有了无功利性;另一方面,这样做也是为了揭示上文提及的那三种评估的不可能性,而这些不可能性在日常生活中通常会被遮蔽起来。

要说明的是,尽管下文提及的三类艺术作品中的每一类都能够同时呈现三种不可能性,但与此同时,每一类又只会突出地呈现三种不可能性中的一种。

第一类作品与第一种评估(U-P-S)相对应,并且**有意通过**

自我决定（U-P）与外在决定（P-S）的并置来凸显它们之间的对立。其典型是卢卡斯·伊莱因（Lucas Ihlein）的《烘烤地球：土壤和碳经济》（*Baking Earth: Soil and the Carbon Economy*）：[155] 一方面，主观目的外化为手段（U-P），这体现为，艺术家与合作者向农民推广一种高效测量土壤中的碳含量的技术，这项已获得专利的技术有助于更合理地为农民提供基于碳吸收量的奖励，并因而有助于减缓全球变暖。另一方面，手段固然可以作用于客观世界以便实现目的（P-S），但这个过程是复杂的，这体现为，艺术家的技术由于没有得到官方的认可和推广而不大可能得到广泛应用，由此反映出来的问题是，一项技术是否能得到推广不仅取决于技术本身，而且还取决于政治和经济等多方面因素。然而，虽然技术的推广存在困难，但是艺术家仍然执着地围绕这项技术开展实验、合作、研讨和展览。看来，艺术家坚信这些活动是有意义的，或者用目的论的话来讲，艺术家坚信已实现的目的与主观目的相符（U-S），仿佛他可以无视手段作用于客观世界的复杂性——但是，对复杂性的无视恰恰反衬出了这种复杂性的重要。

第二类作品与第二种评估（P-S-U）相对应，**启发观者反思手段是否符合主观目的**（P-U）。陈貌仁（Mel Chin）的《重生之地》（*Revival Field*）是此类艺术的代表。艺术家通过种植具有强大吸收能力的植物（P）来吸收受污染土壤中的重金属，再从植物中将重金属提炼出来，从而达到既减轻污染又再利用资源的目的（U）。这个项目固然是以科学原理为依据的，但借助它回收来的重金属恐怕太少了（S）——换言之，如果我们以已实现的目的为参考来评估手段与主观目的之间的匹配性的话，显然会对它们之间的匹配性提出质疑，而艺术家恰恰希望通过这件富有诗意的作品引发质疑和关注。

第三类作品与第三种评估（S–U–P）相对应，它**一方面无疑介入了社会实践并实现了某些目的，另一方面又号召人们意识到当前所做的还不够，还要做更多事情**。换言之，它试图揭示手段与已实现的目的之间的模糊性（S-P）——某种状态会被认为是最终状态，但也许它只不过是中间状态罢了。此类作品的典型是埃利亚松的《小太阳》（*Little Sun*）。在这个项目中，艺术家及其团队以较低的价格向非洲无电地区销售一种有着雏菊造型的太阳能小灯；与此同时，团队还把当地民众组织起来进行创业培训，鼓励他们通过售卖这种小灯来获益。在此，手段与已实现的目的之间的模糊性体现为一种朦胧的美好希望，即，尽管项目的直接目的是让民众能够享受照明并赚取微小利润，但其更重要的目的是启发人们帮助这些民众找到更多通往美好生活的路径。此类作品的另一个例子是克尔基斯多夫·沃蒂兹科（Krzysztof Wodiczko）的《无家可归载具》（*Homeless Vehicle*），这是一种为流浪者设计的有着奇怪外形的手推车。这种手推车固然满足了流浪者存放杂物和休息等方面的需要，但其更重要的作用则是引发人们对无家可归问题的重视。

▲ 59 奇　迹

§　奇迹是与可能性统一了的不可能性。

终于到了主观逻辑的最后一部分：理念。在详细介绍理念所包含的多个范畴之前，让我们先概述一下理念的产生、系统性以及与理念相对应的艺术的一般特征这三个问题。

（一）理念的产生

要理解目的论何以过渡到理念，请先看以下两种关于目的论的表述：

第一种表述是：主观目的在吸取了手段所能创造的效果后就抵达了已实现的目的。已实现的目的当然是客观的，并且像手段一样与主观目的对立，但现在主观目的却承认这个客观东西就是主观目的自己，因此这种抵达相当于回到它自身，而已实现的目的也借助与主观目的相符来获得存在的意义。另外，在实现目的的过程中，手段也被消耗掉了，或者说，其存在被否定了。不过，鉴于手段的本质就是为实现目的而否定自身，因此，当手段被否定时，它才真正实现了自己的本质，它通过否定自己的存在来获得自己的存在。

第二种表述：在主观目的与手段的关系方面，手段固然属于客观世界并与主观目的对立，但是，主观目的之外化成手段是出于自愿，因此手段并不是完全外在于它的。在主观目的与已实现的目的的关系方面，两者都只不过是同一个目的的不同形式而已，或者说，主观目的之抵达已实现的目的只不过是抵达另一个自己而已。

以上两种表述中的每一种都说明了以下三点：第一，主观性扬弃了客观性并且返回到了主观性自身。第二，严格来说，主观东西并没有彻底否定客观东西，而是在扬弃了客观东西与主观东西的对立性之后又接纳客观东西为自己的一部分（主观目的在扬弃手段的过程中使手段成为手段，主观目的承认自己与已实现的目的之间的同一性）。第三，此时的主观性已不再是最初的主观性，而是把客观性包容在自己之内的更高的主观性，就此而言，它是主客观的统一。这种更高的主观性便是理念。

必须承认的是，"理念"这个词虽然并不神秘但却有很大误导性。也许黑格尔希望人们在看到这个词后既想到主观性，又想到主客观的统一。但问题在于，人们会误以为它只是纯粹主观的东西。为了化解这种误解，我们只需要简单地换个角度来看这个问题：我们并不是只能宣称主观性在接纳了客观性之后变成了更高级的主观性，我们同样可以宣称客观性在接纳了主观性之后（原本漠不相关的事物被系统渗透和控制、客观世界被主观目的渗透等等）变成了更高级的客观性——这后一种观点当然也意味着主客观性统一，并且它与前一种观点只不过是硬币的两面罢了。

理念的三个环节构成了一个三元组：**生命—认知—绝对理念**。这三个环节中的每一个虽然都具有自由的全部特征，但又会凸显出一种特征：生命对应着自我返回性，其目的就是不断生产新的自己，并且这个新的自己与旧的自己保持同一；认知对应着关联性，它明确承认主客观的差距并试图弥合这个差距；绝对理念对应着否定性，它并不否定主观性和客观性，而是否定了它们的片面性以及它们之间的对立，以便使它们得以统一。人们可能提出的一个质疑是：黑格尔为什么宣称生命和认知等现实中的现象或行为是逻辑范畴？对此的回答是：对阐释逻辑学的黑格尔而言，生命之类的东西只不过是主客观统一的不同形式而已。

（二）系统性

在简单地介绍了理念之后，我们现在可以梳理一下黑格尔关于系统的看法。如前文所言，黑格尔把系统等同于自由的必然者之间的关联，但事实上，系统性贯穿整个主观逻辑，它的演化可以分为三个阶段。

阶段一：主观逻辑的第一部分，即主观性，是一个前—系统的阶段。概念已经呈现出了某种系统，这是因为，普遍性、特殊性和个体性这三者不仅每一个都依赖其他两者，而且每一个都同时就是其他两者。这三者之间的关系在判断和推论中得到了更充分的发展。但是，主观性所拥有的这种系统性还只是初级的系统性，原因在于，这种系统性是自然而然和不可否认的，但恰恰因为它是自然而然和不可否认的，所以它只是潜在的。或者说，系统本应对它牵涉的事物有所影响，但概念所拥有的系统性却是尚未实现的，并因而是无效的——我们是否把一个概念称为概念，是否把它放到判断和推论里，这些问题对于这个概念本身来说是漠不相关且毫无影响的。

阶段二：到了主观逻辑的第二阶段，即客观性的阶段，系统性存在于物之中，因而不再是抽象的了。系统性此时体现为，物排斥一切特征，把一切他者都当成外在于自己的，但这种外在性恰恰就是使物成为物的物性，外在性于是被等同于物性，因而就是内在于物的。外在性与内在性的等同最终在规律和服从规律之物中完全发展为系统——由系统所支配的那些事物既外在于系统又内在于系统。此后，物的系统又在化学和目的论中得到发展。

阶段三：主观逻辑的第三阶段，即理念，包含着更高级的系统。例如，**生命**是依照特定模式把外在东西转化成内在东西的范畴，它因而是一个系统。又如，对生命而言，**感受性**、**激动性**和**再生性**这三者同样构成了一个系统：感受性是把外在东西带到内部，激动性是让内在东西转化为对外影响，而再生性则是前两者的统一。再如，**定义**、**划分**和**定理**构成了一个系统：定义给出事物的内在特征，划分是对现实事物（它们外在于观念性的定义）进行划分，定理则要给出外在于定义的特征。**绝对理念**是终极的系统，因为它所体现的辩证法直接承认一切对立范畴都可以相互转化——内在性与外在性这两个对立范畴当然也可以相互转化；另外，辩证法不仅可以用来分析哲学问题，而且可以用来分析其他问题，这同样是在把外在东西消化为内在东西。至此，我们已经看到了系统的简单本质：所谓系统就是一种关系，这种关系使得一个事物不仅依赖他物，而且可以转化成他物。

（三）与理念相对应的艺术作品的一般特征

与以往的范畴相比，理念是主客观的更高级的统一，而与理念相对应的艺术（以下简称理念的艺术）亦具有一些共同特征。

第一，表演性和过程性。隶属于理念的范畴大多是某种整合主观东西和客观东西的行为，并因而体现为一个过程。例如，获取真理是一种行为，行善是一种行为，而如果我们允许"行为"这个词的含义更宽泛一些的话，细胞的复制和基因的表达同样可被看作行为。与此相应的是，以人工智能行为艺术为代表的理念的艺术大多不以独立的、固定的事物的形式存在，而是会以动态的过程的形式存在，并因而在一定意义上可被视为某种行为。这些行为要么可以持续一段时间，要么可以被多次重复，要么能够造成持续的现实影响。

第二，平等性。在理念中，主观东西与客观东西充分融合。这种充分性并不仅仅是深度上的，而且还是广度上的。换言之，少数几个主体与客观世界的统一是不够的，我们希望看到所有主体都与客观世界统一。而在艺术领域中，我们也将看到一种平等化的趋势，理念的艺术不再仅由少数艺术家创作，相反，很多领域中的人，甚至是所有人原则上都能提出关于艺术的见解并拥有创作能力。不过要说明的是，与理念中的诸范畴相对应的各类艺术在平等性的程度上毕竟还是会有差异的。

第三，艺术与生活和生产劳动的融合。这种融合是上述艺术平等化的一个后果，它曾被无数理论家和艺术家思考和实践过，但它终将在理念的艺术中得到更好实现。人们在艺术创作中所需的将仅仅是一些日常行为以及专业性的或非专业性的技术——极简主义所追求的通过码砖块、切割或打磨工业材料等工作来做艺术的理想将会得到实现。

▲ 60 草履虫

§ 草履虫是一种简单生物,但它也是有灵魂的。

与此前的范畴相比,生命体现出了更多的总体性,这体现在两个方面:第一个方面是,生命是目的与手段的更高级的统一,它的目的无疑是不断再生自己并让自己持存,并且,它把自己当成手段,以便实现这个目的。第二个方面是,前文已经说明,主观目的、手段和已实现的目的这三个环节中的每一方都既是自己又是另外两方,或者更进一步讲,每一方都既是自己又是整体,这意味着整体性会渗透到目的论链条中的各个部分。部分与整体之间的这种更复杂的关系在生命中体现为:首先,躯体的每个部分都是整个躯体的生命过程的产物,不能与躯体分离;其次,一个被脑科学家熟知但却不被黑格尔所知的事实是,原本有着特定功能的脑区其实也可以拥有其他脑区的功能,或者说,在某些情况下,大脑的一部分可以发挥整个大脑的功能。

生命包含若干三元组：**灵魂—躯体—有机体**、**感受性—激动性—再生性**、**需要—痛苦—同化活动**以及**属—个体生物—认知**。

我们先来看**灵魂—躯体—有机体**。这三者代表了对生命的三种看法：第一种看法是，生命就是灵魂，躯体只是手段，是外在的、不重要的；第二种看法是，生命不是抽象的，而是现实中众多有生命的个体，而使生命客观化和个别化的东西正是躯体，躯体才是最重要的；第三种看法是，灵魂和躯体分别代表生命的主观方面和客观方面，这两方虽然都是重要的，但也都是片面的，生命其实是双方的统一，即有机体。

● 61 生物工程

§ 灵魂外在于躯体，他人的意志更外在于自己的躯体。

与灵魂—躯体—有机体相对应的艺术作品有以下两类：

第一类作品的特点是，艺术家在完成表演的过程中需要服从一个自我施加的规定并在这个过程中忍受痛苦。尽管有这个特点的作品在行为艺术领域有很多，但谢德庆的作品无疑具有代表性。例如，在《打卡》中，他在一年的时间中每隔一小时拍照打卡一次，这意味着任何要花费较长时间的事情——包括睡眠——都会被打断；在《室外》中，他坚持在一年的时间中不进入任何房屋，只在室外生活。灵魂与躯体的关系在这些作品中表现为：一方面，为自己制定的原则是主观的，而艺术家在落实这个主观东西时置躯体的痛苦于不顾的做法让躯体显得完全是外在的、可以忽略的；但另一方面，躯体的确是重要的，正是它对痛苦的承受才使作品得以完成，并且，把躯体置于痛苦中就是在否定躯体，而否定性恰恰是主体性的体现。以上两个方面说明，灵魂和躯体缺一不可，它们的统一才是最重要的。不过，这些行为作品还只是呈现了抽象的生命，因为它们并没有涉及具体的生命活动。

第二类作品呈现的则是具体的生命，它主要包括那些运用生物工程技术的生物艺术——爱德华多·卡茨（Eduardo Kac）创作的那些转基因生物是此类作品的典型。躯体的生命过程并不遵从依附于它的那个主体的意志，而是遵从另一个主体的意志——还有什么能比生物工程更好地呈现灵魂与躯体的相互外在和分离呢？然而，躯体并不完全听命于主体，这不仅是因为它也有自身的规律（那些试图改变躯体者也不得不按照这些规律行事），而且是因为DNA等携带的遗传信息本身就是属于躯体自身的主体。

生物工程技术的快速发展——特别是其与人工智能的整合——为艺术家提供了更多可能性。例如，分子和细胞生物学技术允许艺术家设计全新的蛋白质、DNA和RNA等分子，这些分子的艺术性并不在于出现在科研图片、绘画或3D打印雕塑等媒介上的分子结构（蛋白质的螺旋和折叠等）会给观者带来视觉上的美感或震撼，而是在于它们独特的功能。一方面，这些功能可以是某种不存在于感觉层面而存在于观念层面的形式，例如，掌握蛋白质结构预测技术的艺术家可以设计并制造某种多功能酶，让具有不同催化功能的结构域交替出现，从而创造出原本在音乐或绘画中才会出现的"韵律"；人们同样可以对基因进行设计，使其时而表达、时而受到抑制，从而带来时间性的"韵律"，对其生成的蛋白质和RNA的种类和速率的调整甚至可以生成音乐般的"旋律"。另一方面，艺术家还可以为分子设计出诗意的功能，例如，被设计出来的多酶体系的诸催化阶段要么可以令人惊叹地让产物复杂化，要么可以令人困惑地互相抵消；对基因进行编辑则可以使其生成的蛋白质能够吸收利用光能或更高效地发挥矿化功能；尝试利用味觉和嗅觉的艺术家可以利用人工智能将包含祝福词的提示词转化成一套基因编辑的方案，并把由此创造出来的菌类用于酿酒；细菌宏观封装（macroencapsulation of bacteria）[156]领域的发展使人们可以像进食一样方便地服用经生物工程技术加工的细菌，艺术家可以定时服用细菌，从而让身体处在某种状态中（这可被视为谢德庆的《打卡》的生物艺术版本）；光刺激会影响经过编辑的 RNA 的表达[157]，艺术家可将有特定功能的光敏感 RNA 注入体内，并让光刺激的变化与人所处的环境或证券市场实时数据关联起来；科学家利用计算工具设计出来的具有变构性（allostery）的蛋白质可改变自身结构和功能，为蛋白质纳米机器和细胞反馈控制电路的制造提供了更多可能[158]，而艺术家则有望利用此类蛋白质为 20 世纪中期就已产生的所谓机器人艺术（robot art）[159]创作出基于生物工程技术的升级版作品；艺术家甚至可以先研究其他星球的温度、土壤等环境因素并通过基因编辑使生物适合在这些星球上生存。总之，上述技术固然可以被运用到医药或环保等领域，但它们同样可以被完全无功利地运用到艺术中。

此外，能动生物工程（agential bioengineering）[160]为制造类器官和活体机器人提供了更多可能。以往，人们更多地关注如何在最基本的分子层面确保生物组织能够生长并获得特定形态和功能，这种做法会因为人们难以摸清分子层面的复杂机理而受到限制。而能动生物工程则强调，细胞或多细胞集合体本身具有能动性。

它们能够主动根据外在环境的变化调整自身,这意味着人们可以观察它们宏观层面的形态和功能并对它们的生长进行诱导,而不必了解分子层面的情况。相关技术有助于开创一门"能动生物艺术":一方面,艺术家可以创造出某种观者可理解但无法看到的形式,例如,生物组织中的细胞具有扩增、融合、运动、累积等基本行为,艺术家可以将它们整合成有"韵律"的序列。另一方面,艺术家还可以制作类器官或活体机器人,它们可能具备学习和记忆能力,也可能具备各种富有诗意但未必有实用价值的功能。

要强调的是,基于生物工程的艺术作品固然可以仅存在于实验室中,但是,生命具有自我返回性,对这个特征的最佳呈现无疑是艺术家把作品放入动物体内,甚至是放入自己体内,以便让它们真正发挥效果——当然,如果要让作品具有参与性的话,艺术家还可以把它们放入定制者的体内。未来,生物工程技术的普及有望使每个人都可以参与到此类艺术中来,甚至自己成为艺术家。

▲ 62 印象之流

§ 一切他者归根结底都会汇入我心中的河流。

我们接下来看与生命相关的第二个三元组：**感受性—激动性—再生性**。

感受性在现实中的对应物实际就是《精神哲学》所讲述的感受、感觉和意识等精神范畴。感受性具有无限的自我返回性：我吃了一口有甜味的蛋糕，又喝了一口有苦味的咖啡，然后又感到一阵凉风吹来……这些事物都被我内化为纯粹的主观印象，成了我心中那条不断变化且无限延长的印象河流的一部分。简言之，外在的杂多性变成了内在的单纯性。就感受性使外物内化为观念性的东西而言，它虽然还不是认知，但却开启了从生命到认知的过渡。

激动性是指生物在受到感受性的影响之后外化自身并对他者作出反应，生物把这些他者视为一些已经预先存在的客观东西并试图与它们建立关联。正如我们说要了解某人到底是什么样的人就要观察其对待他人的行为一样，每一类生物都有独特的、可被视为它们的本质特征的激动性。换言之，每一类生物都有与其他生物互动的独特方式，包括共生、捕食和竞争等等，这些关系的总和是一个具有高度多样性的**生态系统**。

再生性在此指的是生物的生长，它是感受性和激动性的统一。这体现在以下两方面：一方面，它是这两者的合并——躯体感受到营养物质，并且对其作出回应，将其吸收掉。另一方面，它也是对这两者的否定——它是对激动性的否定，这是因为，它把激动性要回应的那个作为手段的客观事物扬弃了，激动性当然也就被扬弃了；它同时是对感受性的否定，这是因为，激动性只是感受性的外化，因此对激动性的扬弃同时就是对感受性的扬弃。再生性的效果同样有两方面：一方面，它有客观效果，即躯体的生长；另一方面，它有主观效果，即我通过扬弃他者而得到的满足感或其他感觉。

感受性、激动性和再生性中的每一个都同时是其他两者，原因如下：

首先，激动性是感受性，这是因为，生物在与他者建立关联的同时也抵抗他者，从而保留独立性，避免与他者融合，换言之，生物在与他者互动的同时也是时刻返回自身的，而返回自身者正是感受性。不过，激动性还在另外一个意义上是感受性：试想，蚊子有一套特定的吸食血液的方法，每叮咬一个新的生物，它都是在使用这同一种它无比熟悉的方法，换言之，蚊子每次吸血都是在返回自身并与自身保持同一。另外，激动性同时就是再生性，这是因为，所谓以特定的方法对各种他者作出回应，无非就是在不断重复这种方法，这种方法便借助他者实现了自身的再生。

其次，感受性是激动性，因为让他者给自己留下印象也算是一种与他者的关联。另外，感受性也是再生性，因为感受性把他者内化为印象的过程就是在否定他者，而再生所完成的同样是否定他者的工作。

再次，再生性是感受性，这是因为，感受性严格来讲尚未真正否定他者的存在，而再生性则实在地消除了他者，因而真正满足了感受性的要求。另外，再生性也是激动性，这是因为，激动性仅仅意味着抵抗他者，而再生性则意味着把他者"吞食"掉，这显然是一种更有效的抵抗。

总而言之，三个环节中的每一个都既是自己又是其他两者，并因而是总体。反过来讲，这样一个总体本质上是不可分割的，而它的三个环节仅仅是它呈现出来的不同形式而已。

63 吻

§ 接吻的人同时是感受者和激动者。

与**感受性—激动性—再生性**相对应的艺术作品很难被归类或被赋予一个统一的名称,它们的共同点理应是**同时体现这三个环节的总体性**。

这个共同点的最生动案例无疑是奥兰的《艺术家之吻》(Le Baiser de l'Artiste)。在表演时,奥兰邀请陌生人与她深情接吻并捐赠五法郎——接吻的双方既是感受者也是对他人作出回应者,而艺术家收取金钱则是一种"吸收"行为。更进一步讲,如果说金钱象征着经济领域,而接吻象征着爱情并且是艺术的一部分的话,那么这种行为就象征着情感和艺术领域吸收并征服了经济领域。

穆恩·里巴斯(Moon Ribas)的作品鲜明地呈现了主体对外在他者的感受:地球和月球无疑是外在的,地球本身不但不是生物而且还有着神秘的深层结构，而月球更是与人类相距甚远，但里巴斯却可以通过植入脚中的装置来感知由地球和月球上的地震引发的振动。而激动性和再生性则体现为，里巴斯对随时可能出现的振动作出反应，反应的方式便是将振动"吸收"到即兴表演中——在《等待地震》(Waiting For Earthquakes)中，她把振动转化成舞步，在《地震打击乐器》(Seismic Percussion)中，她把不同强度的地震波转化成鼓点。值得注意的是，这些作品揭示出，人类要想拓展对未知世界的体验，就应该突破以人类为中心的视角带来的限制，正如里巴斯在采访中所言："当我闭上眼睛时，我会想象我在进行深入地层的旅行。……这就像我的脚下有枝条和根系一样，……我能够体验地球无休止的运动。"[161] 当然，可穿戴设备的创新和普及将使每个人都可以成为里巴斯这样的艺术家。

与周围神经或大脑进行交互的神经接口以及可用于肌肉控制的光敏感蛋白质为行为艺术提供了新的可能性。艺术家可以借助此类技术在两个相反的方向上进行创作：第一个方向是，艺术家把跟自己的运动（舞蹈或其他表演）相关的信号传递给参与者，使其在电刺激或光刺激的影响下模仿艺术家或产生其他身体反应，这些反应将成为作品的一部分；同理，艺术家口腔肌肉运动的信号可以使参与者发声，面部肌肉运动信号可以使参与者做表情。第二个相反的方向是，艺术家接收来自参与者的运动的信号或有特定功能的类脑器官的信号，并把由信号诱发的身体反应融入表演或生活；同理，来自他处的口腔肌肉或面部肌肉运动信号也会使艺术家发声或做表情。

▲ 64 痛 苦

◆◆◆◆◆

§ 人活在痛苦中，却不会被痛苦撕裂。

◆◆◆◆◆

隶属于生命的第三个三元组是<u>需要—痛苦—同化活动</u>。

上一个三元组中的再生性实际就是感受性和激动性这两者的共性——它们都是内在性与外在性相关联的方式。再生性因而意味着，生物必然朝向他者，并且仅在朝向他者时才符合自己的内在本质，朝向他者乃生物的宿命，或者用黑格尔的话说，生物恰恰是通过走向他者来返回自身并保持自身同一的。这种必然朝向他者的趋势就是需要。

需要与感受性的区别在于，在感受性中，客观世界被预设为一个不由生物所决定的客观东西；而在需要中，生物要反过来设定预设，就是说，它试图去支配那原本不可能由它支配的东西。生物支配客观世界的方式就是把它们当成为自己服务的手段，或者说，对生物而言，客观世界只是虚无，客观世界存在的意义仅仅是为生物服务。这说明，生物在实在地扬弃客观世界之前，早已在观念上扬弃了它；举例来讲，我在吃掉一块蛋糕之前，就已经确信它除了被我享用之外没有任何存在意义。于是我们看到，在生物眼中，客观世界矛盾地具有双重性质，它显然是客观的，但它又是虚无的——这种客观性与虚无性的并置也将出现在我们以后会提到的实践理念中。

不要忘记，此时生物是在通过走向他者来保持自身同一性的，因此客观世界的双重性质对生物造成了两方面影响：一方面，鉴于客观世界具有客观性，因此生物在让自身与它相符时也把自己外化、客观化了；另一方面，鉴于客观世界具有虚无性，因此生物在朝向它之时也让自己变成了虚无，否定了自己。如何理解这种对自我的否定？想象一下，当我说自己需要一块蛋糕时，我实际是在追求我吃完蛋糕后的那种令我满足的饱腹状态，但反过来讲，这意味着我对还没有吃到蛋糕时所处的饥饿状态感到不满，换言之，否定在此是指我希望远离当下所处的不好的状态。

那么，需要又是怎么转变成痛苦的呢？生命是总体，是内在性与外在性的统一，但是，一方面，生物既然必定朝向外在他者，那么它就已然把外在他者的概念包含在自身之内并且已然是总体了。说得更直白些，对生物而言，产生想吃蛋糕的渴望与实际吃到了蛋糕这两者其实是等同的——生物总能找到这种自我欺骗或自我安慰的方法。另一方面，生物把自己客观化，由此形成的那个客观的生物也有权利宣称自己是总体。总之，以上两个方面意味着，原本只存在于总体中的两个环节本身也是总体，但总体又是唯一的，因此这两方之间的关系就成了一种似乎要把生物"撑破"的**矛盾**，这种矛盾便是痛苦。换言之，对生物而言，痛苦便是内在的主观性和外在的客观性之间的矛盾，而生物之生存并不在于消除这种矛盾，它恰恰是一方面生存在矛盾之中，另一方面又承受着矛盾，或者说，承受着痛苦。并且，越是高级的生物，其承受矛盾和痛苦而不被毁灭的能力越强。

以上对需要如何转化为痛苦的分析似乎是在说，痛苦只不过是需要的产物，但真的是这样吗？痛苦作为矛盾是对生物的否定，但既然生物具有否定性，那么它就会把这种否定性施加于自身，它因而是否定之否定。这种否定之否定就使那种矛盾转化成一种单纯的自我同一性，或者说，一种自我确定感——确定只有自己是重要的，而外在他者不重要，是可以被扬弃的，而如上所言，这种对外在他者的扬弃正是需要，换言之，痛苦创造了需要。所以，综合起来看，需要和痛苦其实能够相互生成对方。

同化活动是有需要的生物对待客观世界的方式，它具有以下两个特点：第一个特点是，它既是对物质的内化又是对物理和化学机制的内化，例如，氨基酸固然可以借助自然机制在仪器中形成肽链，而生物不但摄入氨基酸，而且还"捕获"了形成肽链的自然机制并让这套机制在自己体内运作。第二个特点是，生物不仅要让作为手段的他者进入自己体内，而且要把生命注入其中，使之成为生物的一部分，例如，生物不仅要摄入碳水化合物和蛋白质，还要把它们活化并整合到身体中。黑格尔强调这第二个特点似乎是为了印证关于预设性的观点：起初，感受性意味着主体面对着一个客观的被预设之物；接着，需要意味着设定预设，即，主体宣称自己并非只能接受被预设之物的影响，而是能够反过来掌控被预设之物；最后，同化作用意味着，主体不能满足于掌控被预设之物，它要想真正设定预设，就应该进一步让自身渗透到被预设之物中。

要强调的是，**感受性—激动性—再生性**和**需要—痛苦—同化活动**这两个三元组在很大程度上只是在用不同方式表达同一个内容：首先，如以上分析所示，同化活动其实就是再生性。其次，需要相当于激动性（而非相当于感受性），因为两者都在强调生物与外在他者的关联。再次，痛苦相当于感受性（而非相当于激动性），这是因为两者都在强调内在的分裂：一方面，痛苦是生物分裂成主观的总体和客观的总体的结果；另一方面，正是痛苦所创造的主客观的分裂使生命拥有了一个站在对立面的可感世界，换言之，感受性以痛苦为基础，痛苦是**元—感受性**。

65 消 费

§ 拉近消费与艺术，就是拉近消费者与艺术。

与**需要—痛苦—同化活动**相对应的，是**艺术家在时尚设计和时尚传播领域的创作**，如时尚广告片、橱窗陈列展示和完整的视觉策划方案等，这些作品处在艺术与非艺术的边缘，而其优势则是扩大了艺术的受众范围。

让我们以由艺术家制作的广告片为例来说明此类创作与上述三元组的关系。首先，这些广告片无疑是功利的，是"消费主义"的，其最重要的功能无非是诱发需要并促进消费。其次，此类广告片与普通广告片的区别在于，前者具有艺术价值，并因而已然是完美之物——我仅仅欣赏这些广告片就已经得到满足了，而不用再去购买商品。换言之，这些广告片可以离开被宣传的商品而独立存在，并因而是主观总体。与之对立的则是客观总体，即那些真正让我痴迷并渴望得到的商品，可是这些商品对主观总体而言却是不重要且可被扬弃之物。主观总体和客观总体的这种分裂当然便是痛苦,它使得此类广告片带给观者的体验不同于普通广告片带来的愉悦。再次,同化作用意味着活力被注入到原本无生命的事物之中,与此相仿的是,并非是说由艺术家制作的广告片能够更好地呈现商品原本就拥有的社会价值或审美价值,而是说这些价值恰恰是由广告片建构出来并注入商品的。

▲ 66 实 验

§ 生物利用遗传物质创造同类，相当于科学家多次利用同样的实验条件获得同样的实验结果。

隶属于生命的第四个三元组是**属—个体生物—认知**，理念在这个三元组中从生命演化到了认知。我们将从什么是属、属与个体生物、从生命到认知的转化以及明晰性这几个方面来介绍这个三元组。

（一）什么是属

我们在此有必要先回顾一下主观逻辑的结构：主观逻辑的第一部分被称为主观性（概念、判断和推论），又被称为直接理念，它虽然只包含主观东西，但却已然是主客观的潜在统一，因而是一个总体。第二部分是客观性（物、化学和目的论等等），它虽然只包含客观东西，但这些东西实际上也渗透着主观性，因而也是主客观的统一和总体。第三部分是理念，是真正的统一和总体。从理念的视角看，主观性与客观性都是片面的，它们之间的关系是一种认知关系。不过，鉴于这两者都宣称自己是总体，所以这种认知无非是一种自己对自己的认知。

现在，发生在主观逻辑层面的事情同样发生在了与生命相关的范畴中。前文已指出，生物在需要中让自己分裂成主观东西和客观东西两个环节，并且这两个环节都是总体：主观总体和客观总体。这两个总体统一于一种相互否定的关系中，这种关系就是矛盾。虽然这两方就它们都宣称自己是总体而言是相同的，但它们毕竟还是有主观和客观之分的，所以它们之间的关系可以被看成是一种自己对自己的感觉。这种自身感觉当然只是一种低级的反思，而它的高级形式就是绝对精神。

再继续看，虽然主观总体与客观总体之间具有一种否定关系，但是否定关系毕竟也是一种关系。从一个角度看，这种关系当然是抽象且空洞的，但从另一个角度看，既然这种关系同时包含主观总体与客观总体，那么它才是最充实的，它才是真正的总体。并且，我们曾经提到，总体是无限可能性的集合，在它之外不再有其他可能性，因而总体是不随意志改变的，是客观的。换言之，此处出现了两个客观东西，一个是客观总体，另一个是主观总体与客观总体的统一，后者的客观程度高于前者。

另外，总体性意味着普遍性，个体既然拥有总体性，那么它就同时拥有普遍性。换言之，普遍性不是强加给个体的东西，而恰恰是个体的内在要求。在此，个体是现实之物，但其现实性仅仅在于它是那个抽象的普遍者的现实化身。举例来讲，马是很多动物的统称，具有普遍性，个体的马固然与普遍的马相对立，但个体的马却"发自内心"地"渴望"这样一个群组的存在并把自己视为其中一员。

让我们把以上所说的总结一下：主观总体与客观总体是统一的，这个统一体既是矛盾的，又是作为主观东西的自身感觉，还是作为客观东西的总体，并且还具有普遍性。换言之，这个统一体不但是主客观的又一次统一，而且还是一个充满矛盾的普遍者——这便是属。

（二）属与个体生物

个体同时就是普遍者，普遍者又是众多个体的集合，因此个体同时就是众多个体，个体与自己的关系同时就是自己与普遍者的关系，以及自己与作为副本的其他个体的关系。但这样一来，我们就看到了词语含义上的变化——词语含义的辩证改变在黑格尔哲学中很常见：我们之前说生物与客观世界对立，这个客观世界指的是水、果实、猎物等生物依赖的东西，但现在，客观世界指的就是由生物及其同类组成的属。就这个属外在于生物而言，它是客观东西；但就这个属是由有生命的东西组成的而言，它无疑也是主观东西。生物先前要扬弃客观世界，但既然现在客观世界指的就是属，那么生物也就不再把它看成可被扬弃的东西了，而是在其中看到了自己的持存。

然而，生物仅仅承认属包含着生物自己的持存是不够的，它还要参与到这种持存中来,而这里所谓的参与行为就是**繁殖**。什么是繁殖呢?黑格尔给出了一简一繁两种解释。

先来看第一种比较简单的解释。起初,生命是一个抽象普遍的理念,个体生物当然是有生命的,但这个活生生的东西却好像与抽象的生命相对立。理念作为普遍者扬弃个体性,而在个体生物与客观世界打交道并扬弃客观世界的过程中,个体生物证明自己所做之事无异于理念所做之事,它们都是对外在他者的否定统一,个体生物因而自己就是存在于现实中的理念。原本,个体生物之所以是个体生物,乃是因为它有生命,或者说,它源自作为理念的生命,但现在,既然个体生物自己就是理念,那么源自理念就等同于源自它自身。一个生物来自另一个东西,而另一个东西同样也是生物,这种现象就是繁殖。

下面再来看第二种比较复杂的解释。

两个有着相同属的生物,就它们都是个体而言,它们是同一的,因此一方对另一方的感觉就是一种自身感觉。然而,尽管个体生物在这种自身感觉中能够体验到那种同一性,但这种同一并没有真正实现。这是因为,虽然双方统一于其中的那个属才是真正的总体,但是鉴于它们各自同时就是普遍者,并因而是总体,因此它们之间的关系无非就是两个总体之间的矛盾,每一方都试图成为那个唯一的总体,换言之,每一方都试图扬弃自己的个体性并成为属。先前,两个总体之间的矛盾曾出现在需要中,但是需要难以解决矛盾,于是生物只能陷入痛苦之中——虽然痛苦意味着矛盾之无法解决,但痛苦本身就是一种解决方法。而现在,生物找到了解决矛盾的更好办法——创造一个**萌芽**,例如受精卵、种子等等。

创造萌芽为什么是比矛盾更好的方法呢？第一个原因是，萌芽是在相互矛盾的两方以外的第三个东西，因而是对前两方的扬弃。第二个原因是，萌芽是一个现实的普遍者，或者说，它一方面是一个现实中的生物，另一方面它又携带着属的各种各样有待充分呈现出来的信息，它因而是尚存在于概念层面的、潜在的生物。举例来讲，苹果树的种子已然可以被视为一个独立的生物了，苹果树这类植物的具体属性虽然还没有在种子上充分呈现出来，但已经被包含在种子中了，就此而言，种子是苹果树的概念。第三个原因是，在黑格尔看来，如果某种属性直接出现在事物中，那么这个属性对这个事物而言就是偶然的，这种直接性或偶然性需要被扬弃。个体同时就是普遍者，这种双重性质对生物来说正是这样一种直接且偶然的东西。萌芽固然也拥有双重性质，但萌芽是被先前存在的生物创造出来的，因而，用黑格尔的话来讲，萌芽就成了间接的东西，并且扬弃了直接性和偶然性。

我们还可以从相反的角度看待上述扬弃过程：从一个角度看，在这个过程中，个体生物扬弃了直接的普遍性，并把普遍性设定在个体性中，而设定的方法就是创造萌芽；从另一个相反的角度看，这同一个过程也是属（即普遍生物）扬弃直接的个体性，并把个体性设定在普遍性中的过程，或者说，属通过创造萌芽的方法创造了个体生物，而不再像先前那样作为一个抽象的普遍者与个体生物对立。总而言之，创造萌芽有着三方面的意义，它既解决了个体生物之间的矛盾，也使个体生物摆脱了直接性，还使属摆脱了直接性。创造萌芽的行为就是繁殖。

繁殖带来的问题是**死亡**。先前，黑格尔给出了一种关于死亡的解释：生命高于客观世界中无生命的物理化学过程，但生物若要维持生存就必须同化客观世界，因而也就把无生命的东西引入了自身，而这种做法会导致死亡。现在，黑格尔又把死亡与繁殖联系在了一起。他对此的解释是这样的：我们在此拥有两种直接东西，一方面，属是那些隶属于它的个体生物的纯粹统一，因而是直接东西；另一方面，个体生物是现实存在之物，而物对黑格尔而言同样是直接东西。属与个体这两种直接东西的关系在于，属并没有排斥个体生物，而是以之为手段，实现了属自身的持存，它就在这种现实的持存中返回自身。例如，作为一个种群的马通过现实中的马的繁殖实现了该种群自身的现实化和持存。属关心的只是自身的存续，而不是那些可被扬弃的、仅仅是手段的个体生物。或者用生物学的话来讲，遗传物质借助个体生物实现了让自己被传递和扩散的目的，后者对前者来说并不重要。就此而言，属不但创造个体生物，而且还要毁灭它们，死亡实际上是繁殖的必然结果。

（三）从生命到认知的转化

借助繁殖及其带来的死亡，属和个体生物产生了认知，这是如何实现的呢？请看黑格尔自己的表述：

> 在配种（亦即交媾）的时候，有生命的个体性的直接性死去了，这个生命的死亡意味着精神的显露。……[理念

扬弃了自己的特殊性（这个特殊性曾经构成两个有生命的性别），随之给予自己一个实在性，而这个实在性本身就是单纯的普遍性；在这种情况下，它是一个把自己当作理念来对待的理念，……即认知活动的理念。[162]

如何解读这段话？我们来看三种解读：第一种解读是，生物在现实中借助死亡来产生认知。这种解读显然是错的，因为死去的生物当然没法认知。第二种解读是，黑格尔只是在进行比喻，比喻的本体是，现实中的生物能够超越各种局限并进行带有普遍性的认知，比喻的喻体是，肉身的消灭创造了精神。这种解读同样是错误的，因为逻辑范畴链条如果仅能依靠比喻来连接的话，就是不严密的。只有第三种解读才是正确的：个体生物既是有生命的又是有死的，因此，当个体生物被扬弃时，同时被扬弃的还有死亡，而这又进一步意味着，既然借助死亡来产生认知这一方法是行不通的，那么这个方法也必须被扬弃。认知在其最初阶段是对现实中的生存和死亡的双重扬弃，是超越生死的。

然而，生物是通过自己的繁殖来扬弃自己的，这意味着，源自繁殖的认知固然可被视为一种超越，但它只是一种自我超越，换言之，认知既超越生物，又内在于生物，它仍然与生物共享一些特征。具体来看，这些特征就是**概括性**、**累积性**和**连接性**。

一是概括性。通常所说的概括是指，在面对众多案例时，我们关注共性，忽略细节差异，以便从案例中提炼出某种一般规律。更进一步看，概括是作为一种认知方式的**实验**的一个步骤：我们设定好一些实验条件，得到一个实验结果，我们再次设定好这些实验条件，又得到一个相同的实验结果……在多次实验之后，我们便能够有把握地在多个实验结果的基础上概括出一个结论了，并且，我们还确信，如果我们以后在同样的条件下实验，就可以得到相同的实验结果。简言之，这里所谓的概括性其实就是一与多之间的关系，即，一个实验结论与可复制的、被设定了相同条件的多次实验之间的关系。

现在，我们在繁殖中看到了同样的事情：动物的属是一，一代又一代的个体生物是多，而繁殖无非就是在设定同一个属的情况下进行复制——我们现在知道，这个被设定的"条件"其实是遗传物质。不过，认知是比繁殖更高的行为，这是因为，在繁殖中，属在实现过程中不可避免地造成了个体的死亡，而认知在得到一个较为抽象的结论之后固然不再那么需要案例了，但它并不会完全否定案例。

总之，我们得到了一个奇怪的结论：繁殖是自然界中的一种实验。除了对真理的追求之外，对善的追求同样可被视为一种实验，因为善也要求在现实中不断复现同一个价值或规则。

二是累积性。这一点很好理解：我们在提炼一般规律之前，先要积累多个案例或进行多次实验。一代又一代同属的生物的出现同样是一种累积。

三是连接性。得出实验结论的过程通常是在异质事物之间建立关联的过程，例如，我们会把加速度与力联系起来，会把颜色与波联系起来。同样，繁殖行为也需要把多种多样的营养物质整合成新的个体生物。

最后要再次强调的是，以上对生物与认知的共同特征的探讨并非意在进行类比。毕竟，类比是外在于生物自身的行为，生物自身不可能通过类比获得认知能力。而实际情况是，生物的确是通过上述三个特征自动超越自身并演化出认知的，认知因而与生物原有的活动共享那些特征。换言之，同一套特征既使生物保持同一，又使它向更高级演化。另外，黑格尔这种把认知的起源归结于生物的观点也许会受到雅克·潘克塞普（Jaak Panksepp）[163]、雅恩·阿鲁（Jaan Aru）[164]和安东尼奥·达马西奥（Antonio Damasio）[165]等研究者的欢迎，因为他们亦在探讨智能与生物结构或生命活动之间的联系。

（四）明晰性

明晰性在其最宽泛的意义上是指事物处在不被遮蔽亦不遮蔽他者、可被清楚看到并因而不可被否认的状态。胡塞尔和海德格尔等现象学家在各种议题下对明晰性作了大量分析，并将其视为某种值得追求的状态。韩炳哲亦在《透明社会》中把明晰性（也就是他所说的透明）当成了主题，但他却把明晰性跟过度展示、想象力的缺失和叙事的消失等负面现象联系在了一起，使明晰性看起来不那么值得追求了。

在《逻辑学》中，明晰性虽然表面上没有被黑格尔明确且集中地探讨过，但却是一个贯穿始终的主题——我们先前已经多次提到这个问题了。例如，概念相对于位列它之前的范畴而言是明晰的，因为，所有范畴都是概念这一点是不言自明且无法否认的。推论比概念更具明晰性，只不过在此，明晰性的含义发生了变化，它现在指的是有根据性（即，推论的结论必须是从前提推导出来的）。物同样是明晰的，因为任何意义对它而言都是外在的，它不呈现任何意义，它只呈现它自身，此时明晰性的含义就是物的这种直接性。生命具有明晰性，这是因为生命的目的和手段都是显而易见的，它的目的是自身的持存和繁殖，它的手段当然就是它自身。认知是更加高级的明晰性（仅有绝对理念比它更具明晰性），这是因为，此前的明晰性都还只是潜在的明晰性，它们若没有被认知就无异于不存在，因此它们都依赖于认知。就此而言，黑格尔对认知的分析其实就是对明晰性的分析。

在现当代艺术中，对明晰性的强调不再只是要求明晰地展示某个具体东西，而是要求揭示明晰性本身。就此而言，马奈的《奥林匹亚》似乎是明晰性的一次大胆宣誓——画中的奥林匹亚被当时的观者视为粗俗的和不知羞耻的。人为什么会感到羞耻呢？因为人总希望遮掩一些东西。但是，不知羞耻不正好满足了明晰性的要求吗？其实，黑格尔对现象与本质的等同性的强调以及对康德式物自体的拒绝已然在哲学层面预示了《奥林匹亚》的到来，因为两者都在强调现代性的一个重要特点：原本可见的和原本不可见的都已经摆在这里了，都已成为可见的，只要想看随时可以看。毕加索的立体主义绘画借助扭曲怪异的形象让我们意识到了明晰性，它试图展示一个事物的多个侧面，而在现实中，当我们看到某物的一个侧面时，必然无法看到其他侧面。同样体现明晰性的还有极简主义：贾德的长方体只呈现自身，而不以错觉主义的方式再现他物，所见即所是，因而像奥林匹亚一样"不知羞耻"，并因此具有攻击性；对莫里斯而言，明晰性甚至不意味着事物多个侧面的同时展示，因为，事物的完整"格式塔"本来就存在于我们的脑海中，事物在我们面前毫无保留。总之，极简主义似乎意在用这种明晰性使观者感到震撼。至于构成主义者——他们是极简主义者的先驱，则会为确保明晰性而使用"玻璃、胶片、展开的线网等透明材料"，因为"透明材料代表了在意义层面对某种透明性的追求：透明且清晰的可解释模型明确地将事物的本质展示了出来，将它们的真实结构摆在了视线中"[166]。当然，极简主义者追求的明晰性早已被他们所反对的格林伯格提及了，当后者强调用平面上的纯视觉性取代错觉主义的视觉性时，如果不是在强调一切东西都平铺在面前的明晰性，又是在强调什么呢？当鲁沙以平淡无奇的手法拍摄一座座平淡无奇的建筑时，他便把格林伯格的平面性隐喻化了：一切事物都是均质的，是平等的，而且根本没有什么视觉性可言，没有什么深层次的神秘性可言，而这恰恰意味着明晰性。

主体间互动同样存在能否确保明晰性的问题，但没有比呈现他人的大脑中发生的事情更能带来明晰性的了，而雷菲克·阿纳多（Refik Anadol）恰恰进行了这种富有诗意的尝试：他的《融化的记忆》（*Melting Memories*）对真实脑电波进行了可视化；而由无数张利用机器学习算法生成的图像组成的沉浸式作品《机器幻觉－纽约市》（*Machine Hallucination-NYC*）则要进一步揭示人工智能的"大脑"在想什么。当然，利用脑电波进行信息传递的技术以及以此类技术为基础的艺术将会让明晰性达到更高水平。

67 繁 殖

§ 认知与生命的关系就是，认知是更高层次的繁殖。

与**属—个体生物—认知**相对应的艺术作品是**潮流玩具**。潮流玩具——特别是 KAWS 和崔斯坦·伊顿（Tristan Eaton）等著名艺术家参与设计的作品——处在艺术与非艺术的中间地带，尽管它并不意味着更多人能够成为艺术家（最多也只能使更多文化创意工作者成为艺术家），但它至少能够让更多人近距离接触艺术并拥有艺术作品。

潮玩的重要特征之一是它可以"繁殖"，并因而具有前文提到的概括性：一个角色就是一个"属"，原则上可以被一批又一批地复制到无限多的个体上；而如果角色不再以实体玩具的形式出现，而是以虚拟形式出现的话，复制就更容易了。很明显，潮玩还具有累积性，因为它可以供爱好者大量收藏。潮玩甚至还具有连接性，这是因为，一个潮玩角色通常是多个观念性元素的集合，它要么有着特殊意义（源自艺术家创造的经典形象、代表了某种社会潮流或被赋予了丰富的角色设定），要么来源于动漫等包含叙事的作品，要么可以跟隶属于同一个主题的多个其他角色组成一个系列。

▲ 68　那喀索斯

§　我们看到的终归还是自己的镜像。

最抽象意义上的认知在生命的最后一个三元组中已经出现了。接下来我们将会看到多个与认知相关的范畴，它们被划分成了若干三元组：**主观理念与客观理念—理论—真理**、**分析认知—综合认知—分析认知与综合认知的统一**、**定义—划分—定理**和**善—恶—绝对理念**。要注意的是，人们通常不认为善与认知是同一个领域的东西，但黑格尔却把善和人们平时所说的认知放在一起论述了，为了加以区别，我们把人们平时所说的认知称为**理论理念**，把善称为**实践理念**。至于绝对理念，则显然不属于认知，因此我们会对其单独加以介绍。

现在我们先来看**主观理念与客观理念—理论—真理**。

前文已经说明，个体生物与普遍生物（即属）存在矛盾，普遍生物是外在于个体生物的客观东西，相当于个体生物所要面对的客观世界；但同时，个体生物与普遍生物都是生物，因而后者只不过是前者自身的外化，两者其实都是主观东西。简言之，个体生物所面对的客观世界同时也是主观的。现在，同样的事情出现在了认知中。鉴于我们已经进入到了理念的认知环节并超越了生命环节，所以我们现在把实现了这种超越的个体生物称为主观理念。正如先前的个体生物外化出了客观世界和普遍生物一样，现在，主观理念也外化出了另一个自身，这个自身当然也是理念，并且，既然它是认知的对象，那么我们就把它称为客观理念。这个客观理念正是刚刚提到的客观世界和普遍生物的替代者，因而同样具有主观性。这样一来，三元组中的第一个环节就形成了——主观理念与客观理念，这两者被黑格尔看作自为的一方与自在的一方。而所谓认知就是在这两者之间建立关系，这符合我们对认知的最宽泛理解。

不过，此处出现了一个两难困境：既然客观理念只不过是主观理念的外化，那么主观理念对它的认知不就成了对自己的认知了吗？一方面，这种自己对自己进行的认知是必要的，因为它确保了事物是绝对可知的，反之，如果被认知之物是某种陌生的异质他者的话，认知就难以企及了。另一方面，自己认知自己是无意义的，因为认知必然是面向新事物的，如果我们只满足于观看自己的镜像，那就违背了认知的初衷。说得更直白些，我们看到的永远是自己，这既是好事，又是坏事。认知怎么摆脱这个两难困境呢？让我们接着往下看。

客观理念只是主观理念的自我外化，因而它对主观理念而言是没有独立本质的，是可扬弃的。然而，换个角度看，既然主观理念是自我同一且重要的,既然客观理念只不过是另一个主观理念,那么,客观理念同样是自我同一且重要的,主观理念因而无法轻易扬弃它,双方因而处在一种漠不相关的状态中。这意味着,认知固然是接触到客观理念了,但它无法轻易让这两种理念统一,所以它始终还停留在主观理念这边,只能把客观理念转化成一些抽象概念——我们因此时常觉得有些理论只不过是在用晦涩难懂的语言表达本来能用日常语言表达的东西。另外,这种认知固然能够把一些概念联系起来(例如,把力与加速度联系起来),但既然它仅仅是在客观理念中发现了被给予的事物,并且既然概念就来自这些事物,那么这些概念也只是一些直接被给予之物(对黑格尔来说,直接被给予之物就是偶然之物),这一点同样说明认知只是主观的,它只是在把一些偶然得到的、分散的概念综合起来。这种仅停留在概念层面的有限认知就是理论,或称理论理念。

当然,理论并不是与客观理念完全无关,因为它毕竟还要把主观理念和客观理念放在一起作对比。当黑格尔宣称理论有着概念判断的结构时,实际是在强调理论包含这种对比,而不是指理论必须以概念判断的句式出现。(注意:黑格尔哲学中的概念判断是指将事物跟标准进行对比之后得到的判断,例如,"这朵花是美的""这朵花不美"以及"这朵花就其是红色的而言是美的"。)

在理论之后出现的范畴是真理。两者有何不同呢?其实,它们只是我们从不同视角看到的同一个东西而已。上边的分析显示,理论是主观理念与客观理念借助概念实现的统一,但却是一种有缺陷的统一。此时,如果我们满足于这种统一并忽视其缺陷,那么我们得到的便是理论;相反,如果我们重视并承认那些缺陷的话,我们得到的便是真理。更具体地说,理论只是分散的概念以及它们之间的联系,它并没有深入客观理念。真理则是主客观的统一,纯主观的真理不是真理,因此主观理念扬弃客观理念的过程其实也是扬弃自己的主观性的过程。但显然,理论没有真正扬弃主观性。客观理念因而仍是康德所说的那种无法被认知的物自体。黑格尔认为,可笑的吊诡之处是,人们一方面追求真理并把它视为对事物的真正认识,另一方面又承认人们无法真正认识事物。换言之,当这种吊诡之处凸显出来时,理论就变成了真理,只不过,就真理亦有缺陷而言,真理同时也是非真理。

那么,上文提到的两难困境(我所认知的只是我的镜像这一点既是好事又不是好事)又该如何解决呢?其实,要想解决问题,我们还是只要改变视角就够了,不需要做其他事。从第一种视角看,被认知的只是另一个我自己,我将这一点视为局限性并为此感到困扰。但从第二种视角看,不要忘记,那被认知的另一个我自己同时是客观理念,而理论认知中的那些概念也都对应于客观理念中的事物,因此我完全可以宣称,我只是在让事物在理论中如其自身所是地呈现出来而已,我本来也无意让自己的主观任意性对认知形成干扰——而尊重事实不正是人们对认知的基本要求吗?

随着这种视角转换,我们也抵达了下一个三元组的第一个范畴:分析认知。当然,人们也许不禁会问,这难道不是一种自我欺骗,或至少是一种那喀索斯式的自恋吗?我们已经在推论中见到过这种情况了:S-P-U、P-S-U 和 S-U-P 中的每一个都把另外两个当成自己的镜像和支持,从而形成了一个闭环;而现在,主体自恋地专注于自己，却要通过所谓视角转换来欺骗自己，让自己相信被认知的是真正的外物。但对黑格尔来说，这种现象并不令人惊讶，它恰恰是主体的自我返回性的体现，是使主体成为主体的东西。

最后要提到的是，黑格尔在《精神哲学》中提到了心灵感应和千里视之类的特异功能，并对其提出了一些质疑。在理解了黑格尔关于理论理念的观点后，我们可以说，这些特异功能似乎也在尝试弥合主观理念与客观理念之间的裂缝，而它们的升级版正是理论理念，因为后者也在做同样的事。

69 机器学者

§ 人工智能全程参与学术研究。

与**主观理念与客观理念—理论—真理**相对应的是前文已提到的**基于研究的艺术（RBA）**，当然，我们还应算上它的升级版，**基于人工智能强化研究的艺术（AI-enhanced research-based art 或 AIRBA）**。此类艺术的意义，一是开创了新的、具有解放性的知识生产模式，从而说明艺术有能力跨越边界并与其他领域相融合；二是让更多人接触到原本受众范围较小的学术研究，并且挑战了他们看待知识和研究的模式；[167]三是为专业或业余的学术研究者提供了进行艺术创作的机会。不过要说明的是，许多当代艺术作品都是艺术家在进行大量研究之后创作的，因此，我们在此提及的艺术作品与其他那些颇具知识含量的艺术作品之间并没有严格的边界。

RBA 是指具有学术价值的成果的艺术化呈现。在摆脱了标准的学术运作的约束后，灵活的研究手段和跨学科性为 RBA 带来了多样化的可能。此外，RBA 在研究过程中使用的案例（器物、图像和文本资料等）本身具有丰富而独特的文化、社会、考古或情感方面的价值，因而时常成为作品的一部分。在主题方面，不少 RBA 作品都是围绕历史议题创作的，例如，阿林·朗姜（Arin Rungjang）的《246247596248914102516……然后便没有了》（*246247596248914102516…And Then There Were None*）用雕塑和影像等媒介展示了泰国的历史事件；何子彦（Ho Tzu Nyen）的影像作品《一只或几只老虎》（*One or Several Tigers*）与艺术家先前的皮影戏等一起组成了一个以东南亚的老虎为核心形象的作品系列，展示了艺术家对东南亚历史以及人与自然关系的思考。要强调的是，艺术家选择 RBA，在很大程度上是因为研究成果难以借助概念和理论加以表达，并且不适合以学术出版物的形式传播。这一点恰恰体现了理论认知的模糊地位：一方面，它被视为真理，另一方面，它无法真正使主观理念与客观理念统一，真理因而存在于理论之外。

AIRBA 有望利用人工智能与科学研究的结合为艺术开辟更多创作空间。具体来看，AIRBA 作品包括但不限于以下几类：

第一，AIRBA 可以仅仅宣誓自身与真实世界的相合性，并利用真实世界中各个领域的海量数据创造虚拟场景。例如，城市气流运动数据可被用来精细地模拟某区域的气流状况；又如，医院的电子病历数据可被用来生成虚拟医院，操作者可在其中探索并与虚拟病人交谈，这些病人谈到的就诊信息要么是真实的，要么是人工智能借助既有数据随机生成的；再如，艺术家可以生成数量庞大的人工智能虚拟细胞——一种基于大型神经网络的、多尺度和多模态的模型[168]——来模拟处在某种条件中的单个细胞的功能以及它们之间的互动。这种虚拟场景固然有巨大的实用价值，亦有科研教学方面的意义，但与此同时，其艺术性恰恰在于其漠不相关性，它并不是一定要有实用价值，它可以没有值得关注的叙事，更没有戏剧性——但这些特点不也是极简主义的长方体或雷纳的《三重奏》所追求的吗？

第二，如果说第一类 AIRBA 只是体现了观察真实世界的意图且不算真正的科学研究的话，那么第二类作品则要包含真正的科学研究操作。人工智能在科研方面的应用大体可分以下几个层次，首先，在最简单的层次上，人工智能现在已经能够轻松完成的任务包括知识查找、文献综述、搜集并选择案例、提供抽样方案和实验设计、撰写或修改论文以及对论文进行论审等。其次，更重要的是，人工智能还被人们期待能够借助模拟、反事实推理和尝试、定理证明等能力来完成预测、规律发现和设计任务。再次，人工智能能够像人类一样在大量文献的基础上寻找研究空白，寻找符合需要或有前景的研究方向。然而，人类还可以从日常生活的体验和情感中发现值得研究的问题，因此，如果人工智能可以在其"生存"和"体验"中洞察现实问题并产生填补研究空白的意图，那就完美了，只是，人们会高度质疑人工智能是否真能在某种程度上拥有这种能力。相应地，AIRBA 可以让人工智能以异乎寻常的方式完成上述三个层次的任务，例如，收集怪异的案例和数据、采用偏离日常逻辑的算法或提出与现实世界有关联但极富诗意的研究问题、以创造性的方式把参与者组织起来以便利用开源模型或数据等等。这样产生的作品无疑满足了艺术的无功利性的要求，这是因为，艺术家在创造这些作品时将不会以让研究结论融入标准的科学话语为目的。相反，他们的目的恰恰是凸显既有研究方法的缺陷、矛盾和挑战，这包括，在整合由计算得出的结论与领域知识时遇到的困难、基于人工智能的研究的黑箱性与政策制订（后者要求科学结论必须包含可理解的因果关系）之间的矛盾等等。

第三，AIRBA 甚至不一定包含真正的研究，而只需要表达一个承认——承认人类智能与人工智能的相容性。前文曾提到过属，人类与马或其他动物一样都是属，但我们同样可以谈及一个智能属，即拥有智能者，这个属包括人类和人工智能（也许未来还会包括类脑器官或外星人等），而这意味着人类与人工智能有望拥有虽然不同但毕竟可相容的认知。然而，这一点恰恰是被很多人否认的，例如，变分自编码器（VAE）和循环神经网络（RNN）[169]是人工智能工具的常用算法，我们可以将其视为人工智能所理解的时空规律，而这显然不同于人类在物理学中所认知的时空规律。但可以设想的是，黑格尔也许会非常愿意承认这两者之间的统一。如果说科学家的工作是发展出某种统一理论的话，那么艺术家则可以用富有想象力的方式揭示这种统一。

▲ 70 亦虚亦实

§ 有时你以为自己做了些什么,其实你什么都没做;有时你以为自己什么都没做,其实你毕竟还是做了些什么。

隶属于认知的第二个三元组是<u>分析认知—综合认知—分析认知与综合认知的统一</u>。

单从表面上看,分析认知和综合认知会让人联想到通常所说的分析命题和综合命题。就分析命题而言,典型的例子是诸如"红色的杯子是红色的"或"直角三角形是包含直角的三角形"这种谓词跟主词构成同义反复的命题。

然而,黑格尔所说的分析认知显然不止于分析命题。实际上,我们在前文中早已提到过一些虽属于不同领域但却仍可被归为分析认知的例子了。

(1) 老人在不可能干预过去的生活的情况下反思自己的一生。

（2）选言推论的结论中的内容已被前两个句子囊括并因而不是必要的。

（3）黑格尔固然可以在反思哲学史的时候评论柏拉图或康德的观点，但他毕竟无法回到过去并改变他们的想法。对黑格尔而言，对哲学史进行反思的全部内容都已经出现在哲学史本身之中了。

（4）印象派画家担忧自己所能做的不会超越老大师和摄影术所能做的。

（5）机器学习模型只能对已化为数据的事件进行分析，但无法反过来改变事件。

所有这些现象都有一种特征，即，事物已经被完成了，我们无论做什么都不可能回到从前去干预或改变它。分析命题只不过是这种现象的一个特例："红色的杯子"已经道出了杯子的颜色，谓词"红色的"其实就是主词的一部分，我们不可能再说杯子有什么别的颜色。

实际上，任何拥有上述特征的东西都可被视为分析认知——尽管它们可能是客观世界中的一些现象或事件，但我们仍然称它们为认知，因为这些客观东西与分析认知有着相同的本体论结构。要特别强调的是，大家不要认为黑格尔要拿认知的结构与客观事物的结构作类比。这是因为，主客观在理念中已经充分统一了，此方的结构就是彼方的结构，类比是毫无必要的。

让我们进一步来看这种结构。

首先，这种结构意味着一种自我返回性，这就是说，尽管某物与他物相关联，但他物只不过是某物自身，例如，分析命题中的主词固然与谓词有差异，但其实谓词的意义本来就属于主词。

其次，分析认知被认为只是一种形式上的认知，即，它并不会带来新的内容。例如，当我宣称"红色的杯子是红色的"时，我只是在被动地接受认知对象并把它置入一个"S 是 P"的表达形式中，而没有在其上添加其他东西；或者，当我宣称"桌子腿是桌子的一部分"时，我只是在把一种整体与部分的形式关系添加到认知对象上，而这种形式关系无疑属于桌子和桌子腿。

再次，分析认知无非是我们一直在谈论的内在性与外在性之间关系的一种新的体现：分析认知的结构意味着，外在东西被明确地包含在内在东西之中。

另外，这种结构符合明晰性的标准——"红色的杯子是红色的"难道不是再明显不过了吗？

最后，分析认知完美符合真理的标准，保留事物本身，不在认知中任意添加事物本没有的内容，而既然内容本就属于事物，事物当然也无法拒绝它。分析认知因而也体现了直接性，这就是说，客观东西抵达主体固然是以认知为中介的，但认知在此好像是透明的，并没有干预客观东西进入主体的过程。

不过，分析认知存在一个问题：真理本应是客观的，但分析认知却具有主观性。我们如何理解这种主观性呢？一般认为，如果我的认知直接接受了被给予的客观东西，那么认知无疑就是客观的。但黑格尔却对此情况持相反看法，他认为这种情况恰恰是主观任意性的体现，因为这种直接接受意味着我把外在和偶然之物当成了必然之物。这个外来之物并不来自概念，这使得我无法在概念的帮助下触及在这个东西之上的普遍之物以及与这个东西有差异的其他偶然之物。分析认知恰恰就是这样被动地接受被给予之物的，所以具有主观性。

如果说分析认知体现了自我返回性，那么综合认知体现的就是关联性，因为它试图在明显不同的东西之间建立关联，例如，在综合判断"铁是可被氧化的"中，铁与一种化学性质相关联，而这种化学性质仅在我们把铁和别的物质置于特定环境中的时候才会表现出来。然而，问题很快就出现了，尽管综合认知是对分析认知的否定，但它自己也被否定了，这是因为，表面上的外在他者其实就是事物的一部分——正因为可被氧化性确实是铁的一种内在性质，所以我们才可以严肃地而非随意地作出"铁是可被氧化的"这一判断。换言之，深究起来，综合认知其实就是分析认知。三元组的第三个环节因而并不是超越前两种认知的第三种认知，而仅仅是被明确表达出来的承认，即，承认这两种认知是统一的。

两种认知的这种不可分离性表现在前文已提到的大量现象中，例如：

（1）黑格尔逻辑学中的第一个范畴是**存在**，我们可以在它之后添加其他范畴，这种添加可被视为综合认知；但这些范畴其实都是不同形式的**存在**罢了，因此把它们添加上去也只不过是在添加更多的**存在**而已，这种添加因而只不过是分析认知。然而，与**存在**相比，我们最后得到的范畴链条确实丰富深刻得多。

（2）黑格尔逻辑学阐释了很多范畴，这些范畴的共性在于它们都是概念——这虽然是一个正确的分析认知，但却是正确的废话。然而，它又不只是分析认知，不只是废话，因为，正是这句废话把客观逻辑带到了主观逻辑。

（3）我们可以宣称：**概念**是**判断**。但问题在于，概念是概念，判断是判断，概念怎么可能是判断呢？"概念是判断"因而是一个错误的综合命题。然而，我们曾提到，概念自然而然地分裂为普遍概念、特殊概念和个别概念，而判断只不过是在用"S是P"这种结构明确呈现这种本就存在的分裂而已。就此而言，"概念是判断"既是综合命题，也是分析命题，并且，虽然它看起来像是诡辩之言，但确实是正确的。

（4）一物的表面与另一物的表面相接触，这种接触固然只是形式上的，但最后却使物被特殊化了。同理，社交在很多时候都只是形式上的、表演性的，但它的确能让人的内心变得丰富。

（5）推论可以为我们提供新知识，例如，我们可以从前提"柏拉图是人，人是会死的"推导出"所以，柏拉图是会死的"。可见，推论帮助我们从已知推导未知，并因而是综合认知。但问题在于，这个结论难道不是本就蕴含在前提中了吗？反之，如果它并没有蕴含在前提中，那么它就只能是一个不着边际的错误结论。就此而言，推论同样必须是分析认知。

（6）个体生物与作为普遍者的属相对立，但我们先前曾提到，个体生物同时具有普遍性，因此，个体与属的关系既是综合的，又是分析的。

（7）黑格尔哲学中的不少内容都来自对哲学史上的概念的反思，并且至少在黑格尔自己看来是忠实于那些概念的本意的，就此而言，这些反思是分析认知。但是，这些反思同时又是综合认知，因为它无疑包含由黑格尔提出的创造性内容，并且对以后的哲学甚至是现实世界都产生了深远影响。

（8）在浪漫型艺术中，艺术家的炫技行为似乎是空洞的、无实质意义的，但其实艺术家恰恰是在通过炫技来表达情感。我们因而可以说，炫技既是分析的又是综合的。

（9）印象派画家固然感到创作只是在重复老大师所做之事，但他们的确创造出了全新的艺术风格并拉开了现代主义的序幕。或者换个角度看，包括印象派画家在内的现代主义艺术家在创新的同时又返回到了既有标准上——这个标准就体现在历史上的那些杰出作品上。只不过，如格林柏格所言，这种标准不是特定的标准，而是总体的把握和被提炼出来的标准。实际上，在包括艺术在内的社会各领域中，我们时常看到的现象是，提出新东西者会宣称自己只不过是要回归某种早已存在之物，换言之，从旧到新的转变既是综合的也是分析的。

总的来看，以上例子显示出，**综合认知内在地是分析认知**，外在之物同时是内在的。然而，以上例子也告诉我们，我们可以从相反的角度看待两种认知之间的统一，即，**分析认知的不断累积就是综合认知**，内在之物可以外化自身。更具体地说，我们可以从不同侧面或在不同的抽象层面对事物进行形式分析，但形式分析又不仅仅是纯形式上的、空洞的认知，我们只要把它们整合起来便会得到真正的知识。换言之，在分析一系列事件时，我们可以把这些事件的特征划分为质的特征和量的特征，可以把这些事件划分为原因和结果，还可以宣称它们有着某种互动关系或系统，总之，我们只是在把一系列形式因素赋予它们，但结果却是，事件的本质确实清晰地呈现在了我们面前。

当然，体现分析认知与综合认知的等同性的最典型的例子还是统计学和机器学习：针对一套数据，我们可以计算平均值、方差和回归系数等统计量，而自举法或随机森林等算法更是允许我们多次抽取并利用整套数据的一部分，再把多次计算的结果整合起来。人们固然可以轻蔑地说数据分析只是一些不涉及事情本质的数字游戏，但事实却是，无论是定量研究的成果，还是基于机器学习的人工智能的发展为世界带来的变化，都是人们无法否认的，分析的确实就是综合的。

在讨论了分析认知与综合认知的关系后，我们再来看韩炳哲关于大数据的观点。韩炳哲在《精神政治学》中宣称，大数据只是一种记录、计算和累加，而无法实现自我认知，不具有叙事性质。按照他的设想，黑格尔是不会喜欢大数据的，因为，大数据的"全知"其实只是"无知"，它只能反映相关关系，而对于因果关系，以及黑格尔逻辑学所强调的必然关系、相互作用和概念，大数据是无能为力的。[170] 对于韩炳哲的观点，我们只能说，他低估了事物所具有的辩证力量，更低估了黑格尔从空洞和虚无之物中发现丰富意义的信心。表面上看，基于大数据的认知当然是一种分析认知，并且，假如人类只停留在分析认知的层面，那我们当然有理由感到遗憾。但问题在于，人类恰恰不会满足于在分析认知上止步，而是会让其演化出真知灼见和现实成果。换言之，黑格尔固然不太可能喜欢大数据作为一种分析认知的片面性，因为它确实只是在对数据进行不同角度和不同层面的抽象，但黑格尔恐怕同样会真诚地相信这种抽象认知的不断累积会使其自身转化为具有实质意义的综合认知。简言之，大数据既是分析的，又是综合的。

同样，我们还可以说，人工智能既是分析的，又是综合的。休伯特·德雷福斯（Hubert Dreyfus）对人工智能的指责是，它只能使用形式化的运作方式，它难以处理涉及人类文化和实践背景的问题，它无法像海德格笔下的人类那样运用"知道—如何（know-how）"来处理问题。[171] 这些批判中的一部分仍适用于在21世纪以机器学习算法为基础且快速发展的人工智能技术。然而，至少对于人工智能无法处理文化和实践背景这一指责，我们能轻松地反驳：我们确实需要一些未言明的知识，以便让它们充当理解事物的背景。但是，这些未言明的知识是可以通过累积来获取的，因此，如果说人工智能尚无法为自己提供一个借以理解事物的背景，那只是因为它的累积量还不够。换言之，只要用所谓形式化的方式获得的知识能够不断累积，人工智能同样可以获得这样一个背景。

71 炼金术

§ 从高斯噪声中生成图像,从概率中生成下一个词语,这不就是当代炼金术吗?

与**分析认知—综合认知—分析认知与综合认知的统一**相对应的是 **AIGC 艺术**——当然,我们之前已多次提到 AIGC(例如由人工智能设计的蛋白质),但我们在此重点关注那些与绘画和诗歌等传统的艺术形式相关的 AIGC 艺术。此类艺术作品可以方便地利用提示词生成。当然,在指令发出端方面,艺术家直接利用神经接口传达要求也是可行的;在指令接收端方面,基于计算机技术的人工智能亦可能被类脑器官取代。在艺术媒介方面,人工智能除了可以生成小说、音乐、绘画或影像之外,还可根据个人偏好或群体状况(观者的数量、体温的总体水平等)改变建筑内的光线、装饰和结构,以便影响观者的情绪和体验,亦可在连接到 3D 打印机等设备之后生成雕塑之类的实体作品,甚至还可以先完成编舞,再把可引发舞蹈动作的刺激信号通过神经接口传递给舞者——而这可被视为早在 20 世纪 60 年代就已出现的仅包含随机舞步的计算机舞蹈[172]的人工智能升级版。AIGC 艺术将带来真正的艺术平等化,它使得与艺术相关的很多训练和技能不再那么重要了,人人都会获得艺术创作的机会。

  从表面上看,AIGC 艺术的先驱无疑是人们早期利用计算机生成的抽象图片。但事实上,我们可以追溯得更远。例如,20 世纪初期那些符合现代主义的形式主义的标准抽象绘画,就是在字面意义上满足了用形式创造内容的要求,而基于机器学习的人工智能算法显然是在更抽象和复杂的层面做性质相似的事情。不过,更有意思的是,利用提示词来创作也是有先例的:1922 年,拉斯洛·莫霍利—纳吉(László Moholy-Nagy)创造了"电话绘画"方法,即,借助电话来口头定制作品,从而"超前地模拟了一场图像生产的数码化操作"[173]。让我们将"电话绘画"与 AIGC 艺术进行一番对比:首先,"电话绘画"中利用电话讲话的过程现在变成了利用提示词与人工智能进行的互动的过程;其次,由于打电话的艺术家与接电话的操作者分处两地而形成的"远程视觉"现在转变成了人与非人类智能体之间的互动,甚至还可以借助脑机接口转变为人机之间的"心灵感应"。再次,在"电话绘画"中,艺术家有意不直接进行操作,以便把自己的个性从作品中消除掉;同样,AIGC 艺术的内容多多少少疏离于艺术家的个性和情感等心灵境况,而这正是 AIGC 艺术被一些人指责为不应算是艺术作品的原因。但问题在于,艺术作品与艺术家的真实心灵状况之间的关联本来就不是必然的——快乐的作曲家完全可以凭经验和技巧写出悲伤的乐曲。

　　杉本博司的摄影作品系列《透视画馆》(*Dioramas*)在另一个意义上是 AIGC 艺术的先驱：这些作品体现出的那种独特的非现实性会使人们误以为它们是用人工智能生成的。不过，从观念层面讲，这些作品与 AIGC 艺术确实有相似之处，这体现在它们的创作手法上：杉本博司把鹿、狼等动物的标本摆放到人造景观模型中，而没有使用活生生的动物和真实景观，这可被视为是对现实的第一次反思，而他再对被摆放出来的场景进行拍照，这是第二次反思；而在 AIGC 艺术这边，模型有赖于对既有图像进行数字化，这是第一次反思，利用模型生成新的图像，这是第二次反思。简言之，《透视画馆》和 AIGC 艺术都是双重反思的产物。

　　AIGC 艺术与前文提到的基于研究的艺术亦有共性。基于研究的艺术需要艺术家认识客观世界，这种认识在 AIGC 艺术中就转变成了人工智能在模型训练阶段的学习。此时，学习者不是人类，而是计算机。而学习对象不仅包括既有的艺术作品，也包括客观世界的各个领域的内容，唯有如此，人工智能才能够理解人们的提示词。因此，人工智能在生成每一个像素或每一个词语时所使用的概率都是以被它学习的整个世界为基础计算出来的，正是这种与更广阔世界的关联使我们能够在 AIGC 艺术中体验到一种完美性。

　　那么，AIGC 艺术与认知到底有着何种关联呢？让我们从两个层面来说明这个问题，我们先要说明人类的**自言自语**与 AIGC 艺术的关系，再说明 AIGC 艺术与分析认知和综合认知的关系。

在谈到**语言**对心灵的作用时，黑格尔说：

> 我们知道我们的思想，我们具有确定的、现实的思想，只是当我们给予它们以对象性的、与我们的内在性相区别的存在的形式，即给予它们以外在性的形状，更确切地说是一种这样的同时打上最高内在性印记的外在性形状的时候。一种这样内在的外在东西就只是清晰发音的声音，即词。……不可说的东西实际上是某种模糊不清的东西，……这种东西只有当它能够用言语表达出来时才获得清晰性。[174]

该如何理解这段关于语言的重要性的评论？第一种理解具有结构主义色彩，即，黑格尔认为心灵有着像语言一样的结构；第二种理解是，这里的语言不是指像语言一样的结构，而是指真正在现实中被说出来的语言。其实，这两种理解都是正确的，只是它们对应着心灵的不同阶段：第一种理解对应着思维，在此，所谓像语言一样的结构就是指运用概念、判断和推论所进行的思维。第二种理解是我们讨论的重点，它对应着表象。在这个阶段，语言对认知的作用在于，它能够使认知变得清晰——这并不是指我用语言向他人表达我的想法，而是指我要用语言使想法在我自己心中清晰起来。显然，这种观点在丹尼尔·丹尼特（Daniel Dennett）那里得到了呼应，因为他指出，有声或无声的自言自语是一种实现自我刺激的重要能力：

> 这种自动刺激的行动可以在一个人的内部组件之间开辟出一条有价值的新路径。粗略地讲，推动一些信息穿过人的

耳朵和听觉系统，这完全可能碰巧刺激他正在寻找的某种联系，可能启动正确的联合机制，把他想说的那点想法送到舌尖。然后人就可以说出它，就可以听到自己在说，并因此得到他所期盼的回答。[175]

当大脑中的两个区域无法在脑内直接关联时，自言自语就在脑外为它们提供了连接路径，这对于我们获得清晰的认知至关重要。另外，丹尼特甚至还提到，人们还会发展出一些与生存无关的自我刺激方法[176]，而基于提示词的AIGC艺术这种语言与人工智能的结合恐怕在某种程度上也属于此类。当然，我们亦可将其视为人类自由和艺术的无功利性的体现。不过，要强调的差异是，丹尼特把自言自语看成是现实中的众人对话的简化版，而黑格尔——如果他明确表达对这个问题的看法的话——也许只会将其视为与他人无关的认知阶段。

黑格尔和丹尼特关于自言自语的观点真切地体现在了AIGC艺术中。当我们在给出提示词时，不可避免地会有种怪异的孤独感，而这当然是因为，人工智能作为至少拥有一定水平的智能的东西，无非是另一个我们自己而已，我们确实只是在对自己说话，只是这个自己在我自己之外，并且不是人类。而当我们发现人工智能提供的内容不够好，当我们意识到自己不得不很费力地遣词造句以便让它理解我们时，这种怪异的孤独感就更强烈了——我难道都不能透彻地理解我自己了吗？而在面对生成的最终成果时，我们的感觉同样是困惑的：一方面，我们会觉得生成的东西并不能反映我的想法；但另一方面，正如认知上的自言自语确实让眼前的思路变清晰了一样，我们又在某种程度上不得不承认，那些生成的内容，不管多么混乱多么奇怪，都毕竟是属于我的内容。

接下来要回答的是：AIGC 艺术与分析认知和综合认知的关系又是怎样的呢？显然，对目前的人工智能而言，世界只是数据，人们因而指责人工智能并不真正理解世界。就此而言，人工智能本身是分析认知。但问题在于，如果世界对人工智能而言确实是不可理解的，那么人工智能就确实排除了主体赋予世界的任何意义，这样一来，对世界的认识才真正是客观的。或者说，人类的认知已经被意义渗透了，因而必然不是纯客观的；相反，人工智能反而更可能抵达客观性，因而更符合认知的应有之义，并且，在创作时，人工智能更可能实现安德烈在码砖块时向往的那种抹除一切意义的状态。简言之，人工智能之所以是认知，不是因为它真正理解世界，而恰恰是因为它不理解世界。

那么，AIGC 艺术就其本身的运作机制而言到底是分析认知还是综合认知呢？如果我们只看到人工智能只是在对被编码成数值的现实事物进行数学计算并因而只能对已存在的内容或风格进行拼接混合的话，就会说 AIGC 艺术是分析的。然而，我们亦可宣称它是综合的，因为它确实创造出了能够带给我们新体验的内容。而这些新内容与既有作品的相似性并不是否认这些作品的新颖性的充分理由，因为，毕竟，不是由人工智能生成的作品也不可避免地包含先前作品的成分；甚至，在很多情况下，就算人们相信艺术家创造出了全新的东西，艺术家也会宣称自己只不过是在复活某种早已存在的东西而已。

▲72 滑　动

§ 定义、划分和定理不是固定的，而是滑动的。

与分析认知统一了的综合认知有三种具体形式，它们构成了隶属于认知的第三个三元组：**定义—划分—定理**。

（一）定义

定义是指从诸个体事物中提炼出概念，即它们那些必然的、本质的普遍特征。表面上看，定义是以客观东西为基础的，并因而也是客观的，但问题在于，人们在定义时可能会受主观目的等因素的影响，定义因而具有主观任意性，这体现为以下三点：

第一，诸个体事物的共性不止一个，人们偏偏挑出这个而不是那个属性放到定义中，这样做显然是任意的。黑格尔举的例子是，人类有耳垂，其他动物没有耳垂，但我们显然不能把拥有耳垂视为人类的本质并放到人类的定义中。

第二，定义是以一些直接被给予并有待定义的事物为起点和根据的，尽管这些被人们关注的事物似乎是自然而然地合并成一个群组并与其他事物隔离开来的，但被人们忽略的问题是，选择这组事物而不是那组事物，或者选择是否把某物放到待定义的群组里，都只不过是一些带有主观任意性的选择。换言之，定义并不是一个独立的行为，它取决于三元组的第二个环节，即划分。例如，一个人要从动植物中提炼出生命的定义，另一个人则要从动植物和各种病毒中提炼出定义，这两个人给出的定义想必是不同的。定义的这种任意性和以上第一点中提到的任意性使得黑格尔宣称，定义给出的那些属性只不过是人们在事物上找到的一些**记号**而已，未必是深刻的、概念性的东西。

第三，定义中的本质属性被认为是事物必然拥有的，但问题在于，有些缺少那个属性的东西竟然也被判定为符合定义。例如，一棵树隶属于某类植物并且按常理应该长果实，但就算它没有长出果实，人们也还是会认为它隶属于那个类别；又如，人被认为是一种理性动物，但即使某个人完全失去了理性，人们也还是将其视为人。

定义的上述缺陷实际上是内在性和外在性之间关系的体现，因此，上述缺陷还可以被表述为以下三点：首先，定义理应寻找内在特征，但人们最后提炼出来的特征却可能是一些非本质的、可有可无的特征，这些特征对事物本身而言也是外在的、不重要的；其次，定义依赖于划分，但划分是外在于定义的另一种行为；再次，那些缺少定义所提及的特征并因而外在于定义的事物仍可能被定义涵盖在内。

（二）划分

　　划分是指把诸事物进行分类和分组，由此产生的类别或群组要么处于简单的并列关系中，要么被人们按照某种顺序或等级进行排列，从而形成一个系统——这意味着划分有助于形成系统认知。如果说定义是从个体事物中提炼普遍概念，那么划分则是反方向的操作，即，把一个作为标准的普遍概念运用到现实中，看事物是否符合此标准。这看上去是一个相当简单的任务，但细究起来，它却有以下几个漏洞：

　　第一，**划分与定义处在一种相互依赖的关系中**，这种关系让人想起先有鸡还是先有蛋的问题。一方面，要划分群组，就要先将一个说明事物本质属性的定义当成标准，这个定义是划分的起点，是一个其来源不会被质疑的、直接被给予的东西；但另一方面，如上文所言，定义是与一组被定义的事物对应的，而这个群组的形成却又依赖于划分。这种相互依赖导致的结果是，划分和定义都处在动态变化之中。例如，我们先前就已讨论过艺术的定义问题，现在，让我们再来设想：假如一个人只看到过19世纪及以前的绘画、雕塑等作品，那么这个人会给艺术下一个比较有局限性的定义，并且他或她也会以此定义来判断某物是否属于艺术；但当这个人被说服去欣赏20世纪的抽象绘画和现成品之后，就会把先前的定义替换成更具普遍性的定义，或至少对先前的定义进行些许修正；而如果这个人又看到了波普艺术或人工智能艺术，定义想必又会变化……变化过程很有可能是无限的，因此我们很难给艺术下一个本质主义的定义。

那么，划分导致定义改变这一问题的症结在哪里？再看上述例子，那个人原本只借助自己所坚持的那个关于艺术的相对局限的定义去判断某物是否属于艺术，但当他或她被邀请去看20世纪抽象绘画时，这个人凭什么相信那些东西是艺术作品呢？答案是，因为他人说那些东西是艺术作品。换言之，此人之所以默认抽象绘画属于艺术，要么是因为朋友或有权威者说抽象绘画属于艺术，要么是因为在整个社会中，很多人已承认抽象绘画属于艺术。总而言之，人们在判断某物是否隶属于某个群组时所遵循的规则也许并不是"它符合定义"，而是"别人认为它属于这个群组"或其他什么规则；或者说，划分有时并不是以作为定义的概念为起点的行为，而是被掺入了一些其他规则的主观任意行为。

第二，在划分时利用偶然引入的规则，还体现为另一种现象，即，事物是现实的且具体的，而作为定义的概念却是抽象的，我还需要另外一个规则来解释为什么具体事物的属性符合那个定义。简言之，即使我坚持将定义视为最重要的判断规则，我也仍然需要其他规则。例如，我要把一些圆形划分为大圆和小圆，因此划分的标准就是大和小。但问题在于，大和小又是怎样界定的呢？或者，一个圆形的直径是6厘米，直径比它大或比它小的圆形都有，难道把它看成小圆还是看成大圆都可以吗？我不得不引入诸如"直径大于5厘米的为大，小于等于5厘米的为小"的规则以便消除划分时的混乱，而这个规则显然是外在于大和小的概念本身的，并且也带有主观任意性，我有无限多种设定分界线的方法，我可以将其设为5厘米，也可以设为4厘米或6厘米。或者用黑格尔的话来讲，被用来划分的概念没有自我决定的能力，这个概念自身并不包含判断某物是否与它相符的方法。

划分行为所具有的上述两种缺陷可被归结为内在性与外在性之间的对立,即,尽管概念被认为是用来进行划分的内在东西,但我们仍不可避免地需要一些外在规则。

(三)定理

划分通常指的是主体对一些事物进行分类,但问题在于,不仅主体有意进行分类,而且这些事物本身也在自行分类。举例来讲,狮子之所以与羊不一样并与其分别属于不同的物种,不是因为动物学家希望它们不一样,而是因为客观上它们确实不一样,狮子确实需要拥有有着特定结构和功能的牙齿和爪子,以便能够对它所处的自然环境和其他物种进行回应。正是借助这些回应他者的独特方式,一头狮子才能够成为一个相对独立的个体;并且,也正是因为它是一个独立个体,属于它自身的各种属性才能相互关联起来。我们在定理中看到的正是个体所拥有的属性之间的关联。在这个意义上,**定理依赖于划分**,更具体地说,依赖于客观事物的自行划分,而不是主体的划分行为。

个体事物的属性分为两部分,一部分属性是内在于事物的概念,与其他事物无关,这部分属性是定义要表述的内容;另一部分属性则与事物所处的现实环境中的其他事物相关,这些属性因而外在于事物的概念,需要被证明,并且是定理要表述的内容。事物的属性要么是内在的要么是外在的,而如果这两种属性被放在一起,我们便得到了一个总体。然而,我们还必须看到定理的以下缺陷：

第一，我们通常会先对事物进行定义，然后再以定义为基础，去证明那些与事物相关的定理，但问题在于，事物有很多属性，其中哪些是内在的并且属于定义，哪些是外在的并且属于定理，这并非是天经地义且不值得深究的。我们也许会坚信事物拥有某种内在属性，但换个视角看就会发现，那些属性其实也可以算是外在的，而我们先前可能仅仅是受了主观目的等因素的影响才会以某种特定方式划分内在属性与外在属性。说得更直白些，**定义就是定理，定理就是定义**。事物对自己的属性被放在定义中还是被放在定理中是漠不关心的。当然，我们可以找到一条规则以便划分内在属性和外在属性，但我没有理由直接承认这个规则，这是因为，这个规则也是外在于事物的，它也需要被证明，而为证明这个规则所提出来的前提同样是需要证明的……这种情况我们已经在推论中见过了——我们为了证明两个端项的关联而引入一个中项，但中项与端项之间的关联同样需要一个新的中项，这样就会形成一个永远无法完成的坏无限。

第二，我们还可以把对事物的表述分为公理和定理，后者需要证明，但前者不需要证明，并因而被预设为证明的起点。然而，人们发现，这些表面上不言自明的公理——如几何中的平行公理——同样是需要证明的。换言之，公理其实也是定理。

第三，人们在证明时可能会需要一些外在于事物本身的辅助手段，这些手段除了服务于证明定理的目的之外就没有其他独立的价值了，其典型是证明几何定理时所画的辅助线。因此，从一定意义上讲，定理只不过是被这些起辅助作用但最终却不会在定理中出现的"脚手架"**建构**出来的。

第四，在一个领域中，多个定理可以被有序编排并形成一个体系，但问题在于，这种编排虽然表面上看是符合逻辑的，但仍可能会受制于研究者的主观目的，换言之，某种编排事物的方式是外在于事物的，而其他编排方式也许同样是可行的。

定理试图借助证明过程来把事物的概念及事物存在于其中的现实联系起来，因而是概念与现实的统一。或者，从概念的角度看，假如它在排斥他者的情况下保持自身同一，那么它得到的就还是抽象的同一性；但是，在定理中，事物不再排斥他者，而是让自己与他者关联起来，这样得到的就是具体的同一性了。但此处的关键问题是，与概念相关联的那个现实毕竟不是概念自己创造的，因此概念得到的仍然是有缺陷的同一性，它仍然受制于一些外在的、任意的东西，这包括那些决定如何区分内在属性和外在属性的规则、实际上仍需证明的公理、仅服务于证明过程的辅助手段以及编排诸定理的方式。

综上所述，定义、划分和定理这三者由于相互依赖而只能处在一种不断变化的不确定状态中。它们自己无法弥补缺陷，因此要向实践理念发展。

73 平行世界

◆◆◆◆

§ 每个人都有自己的定义、划分和定理，每个人都活在自己的世界中；每个人都有自己的艺术史、艺术理论和艺术作品。

◆◆◆◆

与**定义—划分—定理**相对应的艺术作品不再直接指向由人工智能工具创作的艺术作品，而是转向**能够创作出作品的工具本身**：一方面，基于提示词的编程方式将会使编程得到极大程度的普及，人人都可以成为创作者，自己编写能够自动生成艺术作品的**人工智能软件**；另一方面，这些软件还可以与3D打印机或神经接口等同样有望得到普及的**设备**相连，从而能够使作品实体化。这些工具固然可以创作作品，但更重要的是，它们生成的作品不再需要体现既有的**艺术观念**，而是会反映创作者自己的艺术观念，这包括：第一，艺术的本质是什么（定义）；第二，如何对世界上的艺术作品进行分类，用创作者自己开发的工具生成的作品属于何种艺术门类或风格,或是否属于全新的门类或风格(划分);第三,用这些工具创作的作品还有哪些特征或功能(定理)。至于这些艺术观念是被创作者认真学习过的内容,还是仅仅是人工智能生成的内容,则是无所谓的。另外,既然这些人工智能工具体现了创作者的艺术观念,那么它们就不仅能够生成艺术作品,而且还具有为生成的作品自动撰写策展文案或**艺术评论**的功能。总之,一个人可以同时是艺术家、欣赏者、策展人、评论家和学术研究者,一个人可以凭借这种多角色身份成为一个总体,一个人就是一个艺术世界,即,**一个人的艺术世界**。

前文在介绍艺术的定义时,曾把同时呈现自由和不自由视为艺术的本质;但上文对定义与划分的关系以及定义与定理的关系的介绍说明,我们只能得到相对的定义,而不可能得到绝对的定义。如何协调这两种矛盾的说法?答案是,我们可以明确承认这种相对性,进而平等地让每个人都有权利拥有并表达自己的艺术观念。换言之,以前,我们试图得到唯一的定义,但得到的注定是相对的定义,而这种局面现在转化为,我们转而采取具有相对性的方式——即各抒己见的方式——来获得定义。这些本身就是艺术作品的工具呈现双重特性:一方面呈现了自由性:与人人都可以借助人工智能进行创作所带来的自由相比,人人都可以借助人工智能打破束缚并按照自己的艺术观念进行创作带来的是更大的自由;但另一方面,这种自由本身又包含着不自由,因为人们只能承认,我们不可能为艺术找到一个绝对的定义。在这个意义上,这些工具仍然符合艺术的双重性标准——同时呈现自由和不自由,因而仍然属于艺术。

▲ 74 模糊地带

§ 实践就是在模糊地带作出决断。

隶属于认知的第四个三元组是**善—恶—绝对理念**。善又被黑格尔称为实践理念和行动——我们要把平时被当成行为的近义词的行动，与黑格尔所说的这个含义大体与善相同的行动区分开来。本节只介绍善与恶，而绝对理念并不属于实践理念的领域，我们把对它的介绍放在后边单独的部分。

（一）善与恶

在上一个三元组中，定义预设了现实事物的存在并从中提炼概念；划分是指把概念当成分类标准以便对现实事物进行分类，但概念并没有真正改变事物；定理使概念与现实关联了起来，但现实并不完全源自概念。总之，从主客观关系的角度讲，上述三个范畴的共性就在于主观性并没有创造客观性，客观性仍是外在于主观性的。然而，在善中，主体要做的正是以自己坚持的某种规则或价值为标准去改造客观世界，从而使自己客观化。对主体而言，真正重要的只有它自己，而客观世界虽然被它预设为一个确实存在的东西，但却因为不符合它的意志而被它看成是一种虚无。

但问题在于，客观世界毕竟不等同于主体，因此，无论主体多么努力，客观世界都不可能完全符合主体的意志，善因而体现为一种令人痛苦的坏无限，一种"应然"，它似乎一直处在被实现的过程中，但却总是无法真正被实现。更可笑且可悲的是，主体为自己设置了一个矛盾：一方面，它视全部现实为虚无；另一方面，如果全部现实都是虚无，那么经主体改造过的现实当然也是虚无，既然如此，那主体又何必去改造现实呢？反正现实不论被如何改造都终归是要被主体自己否定的。在这个矛盾中，主体既设定客观世界又否定客观世界——它先是改造客观世界，但却感到不满足，于是便否定改造成果并继续改造，但仍感到不满意，于是便再次否定改造成果，重新进行改造……这样一来，无限改造世界的过程竟然同时就是把世界看成虚无并对其无限否定和毁灭的过程，而这种无限否定就是恶。说得更直白些，对善的坚持本身就是一种恶，善"自带"恶。因此，电影中极其邪恶的反派人物往往宣称自己有着合理且崇高的目标就不足为奇了，他们并不伪善，因为他们确实是在真诚地、不顾一切地追求那个目标。

有鉴于此，黑格尔指出，要想实现善，真正要改造的不是客观世界，而是主观世界，即，主体要相信善已然在客观世界中实现了，而不要总觉得客观世界没有意义，不要总觉得善没有实现。

换言之，与善总是否定客观世界不同，理论理念则会承认并尊重客观世界的存在意义，从这个角度看，善的实现最终要依靠真理。这样一来，善就同时具有了两种对立状态：一方面，善体现了一种"应然"，它永远不会被实现，另一方面，善又已经实现了——在主体的心里实现了。这似乎有些自欺欺人的味道，不过我们对此已经见怪不怪了，它无非是在重复我们在推论那里就已经看到的那种自欺欺人，只不过，在推论中，主体对抗的是不断增加额外推论的坏无限，而在此，主体则要对抗改造世界的坏无限。

至此，我们发现善本身包含三种状态，它们分别与黑格尔式三元组的三个环节相对应：起初，主体相信主观意志会被实现，而把客观世界视为虚无，这相当于三元组中的**知性环节**；接着，主观意志在被实现的过程中遇到现实的挫折，这对应于**辩证环节**；最后，主体改变看待现实的视角并且承认主观意志已然实现，这相当于否定之否定，即**思辨环节**。这意味着，黑格尔所说的善不仅与人们在现实中的实践有关，而且也是逻辑学本身发展的动力，简言之，**善内在于逻辑学**。

善在两个层面上体现了内在性与外在性的对立：在第一个层面上，内在概念与虽然是它的外化但却难以与它相符的外在现实是对立的。在第二个层面上，为实现某种价值而引入的**额外规则**是外在于那种价值的，而这是我们接下来将讨论的议题。

（二）模糊地带

现在让我们深究一下这个问题：我们说主观概念与客观现实

的不一致导致存在于主观概念中的原则永远无法完全实现,但我们可以接着问,为什么二者的不一致会导致原则无法实现?实际上,保罗·维尔诺(Paolo Virno)已经给出了很好的答案。[177]他的分析使我们看到,规则与规则在现实中的应用之间的差距意味着我们有以下两种选择:

第一种选择是,我们需要找到第二条规则来告诉我们如何把规则与现实关联起来。更具体地说,不管是解读一条抽象规则的方式还是落实一条抽象规则的方式,都会有很多种,这些方式可能不仅是不同的而且是相互对立的,因此,我们所需要的这第二条规则要么应该确定如何对第一条规则进行解读,要么应该为了让第一条规则中的要求能够与现实对接而提出具体的、细化的要求。例如,一个人被要求在行事时落实公平原则,但问题在于,落实这个原则的前提是我要弄清到底何为公平以及应采取何种具体措施,而这意味着我要引入额外的解释。然而,进一步看,这第二条规则与第一条规则的联系以及它与现实的联系,不是同样还需要第三、第四条规则以及更多吗?换言之,为了让第一条规则得以落实,我们需要找到无限多条规则,而这显然是不可能的。当然,在现实中,我们在大大小小的选择中并没有为寻找无限多的规则而犯难,这要么是因为我们未加思索地接受了被他人明确告知的规则,要么是因为文化早已潜移默化地为我们灌输了一些规则。

第二种选择是,在不可能找到任何额外原则的情况下,我们需要作出决断,自行找到落实规则的方法。维尔诺认为,决断是一个被神话了的高贵行为,但事实上,它只不过是包括人类在内的灵长类动物的必备能力。换言之，规则与规则的现实应用之间有一片没有任何指导的模糊地带，而人类必然会在一些这样的地带中生存。

实际上，我们可以在黑格尔哲学中找到无数关于此类模糊地带的论述，甚至可以说，逻辑学中的范畴演化有时依靠的就是模糊地带中的决断。现在让我们来看一些例子，要提醒的是，大家会觉得这些例子有着相当不同的形式，但它们本质上都是所谓模糊地带的具体呈现：

第一个例子是，在逻辑学的存在论部分，黑格尔就已经给出了关于模糊地带的一个直截了当的说明：**界限**是一个逻辑范畴，两个事物中间的界限使得双方能够保持自身的独立存在，换言之，界限对于事物而言是不可或缺的一部分。但问题在于，界限本身是属于哪一个事物的呢？答案是：它同时属于这两个事物，因而它的归属是模糊的、不确定的。

第二个例子是，众所周知，在逻辑学的开端，**存在**是一个没有任何特征的范畴；但如果一个东西没有任何特征，那么它就相当于**无**，因此，**存在**就是**无**。换言之，没有任何特征这一点既成就了**存在**也成就了**无**，被夹在中间的它因而具有模糊性。如果这个模糊特征不存在的话，逻辑学就只能停留在存在上了，由此可见，这个模糊特征成了逻辑学发展的动力。有着相似原理的例子还有不少，例如：累积起来的诸物彼此漠不相关，相互排斥，它们没有内在特征，更谈不上有何共性了；但换一个角度看，漠不相关性正是使它们得以统一的共性，换言之，漠不相关性既是它们无法统一的原因，又是它们得以统一的原因。又如，在精神哲学中,世界历史上的一个个人物或事件不断出现,又不断消逝,似乎在世界历史之上就不可能再有更高的范畴了;但是,不断消逝所体现的那种纯粹否定性就是使得这些人或事得以统一的更高范畴,并且这种否定性恰恰就是处在抽象形态的绝对精神。就此而言,否定性就是一个既属于世界历史又属于绝对精神的模糊地带。

第三个例子是,在主观逻辑部分,我们看到了很多在两者之间插入外在他者的现象,例如,在推论中,两个端项在无法建立关联的情况下需要依赖一个中项;在前文对定义、划分和定理的介绍中,我们更是用大量篇幅论述了引入额外规则的情况;这种插入外在他者的现象的最新体现就是善——为了实现善,我们需要引入额外规则来说明如何解读或落实规则。实际上,引入额外规则可以算是在模糊地带中行事的特例(即,上述第一种选择其实是第二种选择的特例),因为它毕竟也是一种人们在没有办法的情况下寻找办法的尝试,它固然意味着主观任意性和偶然性,但从另一个角度讲,它毕竟体现了主体的自由。

关于模糊地带的观点有助于我们理解所谓"人工智障":我们之所以觉得"人工智障"是可笑的,在某种程度上是因为,人工智能是人类创造的东西,其决策有赖于人类为它编写的规则或模型,而它的那些错误、混乱和停滞,只不过是反映了人类在实践中的无所适从和犹豫不决罢了,我们对"人工智障"的嘲笑只不过是对自己的嘲笑。

75 人工智者

§ 洞察到实践智慧的人工智能就是人工智者,但也可能是"人工智障"。

与**善**对应的有两种艺术,第一种是**自毁艺术**,第二种是**人工智能行为艺术**。

(一)自毁艺术

自毁艺术(auto-destructive art)最早是由古斯塔夫·梅茨格(Gustav Metzger)提出的,他将其定义为一种"在其自身之内包含一个能动者,这个能动者会自动地在 20 年内让作品毁灭"[178]的艺术形式。当然,我们可以放宽这个定义,使其涵盖任何拥有以下特点的艺术创作:艺术家并不追求作品的持存性,而是有意制作一些非常脆弱或者会较快消逝的作品,甚至主动在完成作品后毁掉它，而作品消逝或被毁灭的过程具有一定表演性，因而也是作品的一部分。典型的例子如：安迪·高兹沃斯（Andy Goldsworthy）会即兴地用大自然中的树叶和冰块等事物创作作品，然后任凭作品随着水的流动或温度的上升而消失；乌尔斯·费舍尔（Urs Fischer）会在展览期间把自己制作的蜡像点燃，让其逐渐熔化滴落，而他在搭建《面包屋》（Bread House）时使用了真正的面包，这些面包会在场馆中逐渐腐烂并散发出异味。

尽管自毁艺术具有反对艺术商业化、反战等与善有关的意义，但其与善的关系也体现在其形式上：首先，善在现实中因为受到各种外在力量的牵制而难以实现，而自毁艺术的毁灭性正是要呈现这种失败。但是其次，毁灭现实事物的不仅有外在力量，而且还有主体自己，因为如上所言，善的实现过程就是主体永远对现实不满并否定现实的过程，而在自毁艺术中，这一点便体现为艺术家希望作品快速解体，甚至会主动毁掉它。

当然，自毁艺术还只是呈现了抽象的善，因为它更多地体现了对现实的否定，只有在接下来将要探讨的人工智能行为艺术中，善才会真正呈现为改变现实的东西。

（二）人工智能行为艺术

我们先来看看催生出人工智能行为艺术的是怎样的时代精神。

我们在上文中提到，主观性与客观性之间，或者说概念与现实之间，存在着难以弥合的差距。每当这个差距凸显出来之时，或者更具体地说，每当精神看到现实与自己疏离但自己却又被卷入现实无可逃遁之时，精神就会陷入困惑、痛苦、混乱或疯狂之中，与正义或幸福等值得追求的价值相关的伦理观念也会受到冲击，而对于这一点，黑格尔已在《精神现象学》中借助诸多范畴——斯多葛主义、怀疑主义、苦恼意识、心的规律和自大狂、相互欺骗、伦理本质的消亡、恐怖和所谓的优美灵魂等等——进行了生动阐释。

不过，黑格尔未能预见的是当下人工智能的快速发展：物理东西因为被注入了智能而获得了决策能力，甚至体现出一些价值偏好，因此就成了主观东西。在善之前的逻辑范畴的演化已经表明，主客观统一体作为一个相对独立的整体具有排斥性。而现在，人工智能正是这样一种兼具主客观性的东西，并因而把人类这个真正的主体排斥在外。可见，人工智能同样使主客观关系紧张化了，它并不是主客观的真正统一。

当然，人工智能的出现及其对生产和生活的重组只是影响因素之一，我们还看到很多其他因素，包括社交媒体的发展、人口迁移和产业变革等，在这些因素的共同作用下，世界变得越来越复杂了：就求真而言，人们越来越看不懂这个世界了，就求善而言，人们没有看到自己追求的价值在现实中得到体现——简言之，主客观之间的鸿沟愈发难以逾越。我们先前提到，人们在面对主客观差距时可以有两种选择，一是作出决断，二是遵循既有规则。但是现在，一方面，这个差距是如此之大，以至于让渴望作出决断者感到幻灭。另一方面，反思的缺乏使得规则的接受变得愈加偏执：那些热衷于煽动对立言行的人不太可能喜欢深思熟虑，只会把它看成软弱或犹豫不决的表现；包括宗教在内的文化机制在鼓励人们反思自身方面的作用有着很大的不确定性；而一部分本应以最严肃的态度进行深刻反思的批判理论却按照主观目的设置了一个中止点，批判在达到这个中止点之后就翻转成了顽固任性的东西并被传播给众人——反思的缺乏使得人们只会僵化地接受一些规则，而不会对其合理性和现实性加以思考。

一个是作出决断的不可能性，一个是非反思地接受规则导致的偏执，这两者造成的后果是，人们要么以极端方式表达观点或行事，要么在涉及伦理之事上进行表演，装出真诚追求某种价值的样子，要么把这两种行事方式结合起来——把极端言行当成表演。可笑的是，就在人们质疑人工智能是否真能认知、是否真能理解或拥有某种价值的同时，他们自己却在说着自己并不明白、并不相信的话。

理论家们想到的办法则是，要把伦理考量引入以人工智能为代表的新兴领域，并为落实一些必要的价值而制定规范或政策。但这里有两个问题：第一个问题是，理论家自己的视野也可能受到限制，以至于他或她看不到所追求价值的真正含义或找不到将其落实的具体路径。第二个问题是，必须承认，为着伦理原因而制定规范或政策必然会给技术发展设置限制，并且决策者肯定会出于维护秩序、调整利益分配或便于管理等动机主动制定规范或政策，在这种情况下，理论家们又何必去做同样的事呢？他或她怎么能保证被设计出来的过多限制不会阻碍新技术展现更多有益的可能性呢？也许，理论家也确实有自己的动机：他或她也要面对这个愈加复杂的世界，并且预感到自己在拥有新技术的社会中已不再被需要，于是便通过强调对新事物施加伦理限制来获得存在感。

可是,人工智能难道不是为我们提供了另一条相反的道路吗?更具体地说,当谈到人工智能与伦理之间的关系时,我们的重点不再是出于伦理目的为包括人工智能在内的新技术设置限制,而是**用人工智能来解决伦理问题**。维尔诺提到,在弥合规则与规则的现实应用之间的差距时,为了避免找不到具体规则的情况或者每一条规则都需要无限的额外规则作为补充的情况,就需要回归"共同的人类行为方式"——即"构成我们物种自然历史的实践群"中,以便实现两种创新:要么为既有规则找到"古怪的、令人惊讶的、创造性的应用",要么使既有规则发生改变,甚至被废除。[179] 或者说,如果我们在解释或运用规则时出现问题,就要设想一个先于规则而存在的原初情境——规则正是为了解决这个情境中的问题而被制定出来的,而这种对规则制定的初衷的回归有助于我们在决断过程中洞察到新规则,这个新规则并不是我们不加反思地随便从什么地方得到的东西,而是用来解释或落实既有规则的全新东西,甚至是证明既有规则的无效性的有力证据。

如果人类难以回归所谓的共同的人类行为方式,那怎么办呢?答案是:让人工智能做这件事!凭借对社会和历史的更宽广、更深入的把握,基于机器学习算法的人工智能可以对影响当下问题的多方面因素(客观条件的制约、他人利益的得失等)作出评估,再找到或构造出与这个问题相关的原初情境,并从中找到对于价值的创新性理解和实现方法。

以上提及的这些情况为人工智能行为艺术提供了舞台和可行性。那么,这到底是门什么样的艺术呢?我们先要说明三个方面的总体性：首先，追求善的主体视自身为最重要的东西，并因而是总体，而现实只是对主体的限制，是非本质的；其次，艺术，按照我们先前的分析，同样具有总体性；再次，人工智能创造的新规则是以全世界（或至少它学习过的那部分被编码并被数字化的世界）为基础的，亦具有总体性——三者都具有总体性，这意味着，追求善的人本身就是艺术，因此作品必须由人来完成，这就使行为艺术成了唯一选项，并且，表演者的总体性还要与人工智能的总体性相融合。于是，人工智能行为艺术的具体形式便是，在一小时、一天、一年，甚至更长的时段中，追求某种价值的艺术家把这个价值告知人工智能，让人工智能为日常生活中大大小小的一切事务（诸如我该不该把冰镇饮料中的冰块吃掉这样的问题）作出决策并给出指示，而艺术家会一丝不苟地完成指示。就艺术家完全听命于人工智能而言，人工智能成了黑格尔所说的人心中的**守护神**。不过，兼具公共性、批判性和诗意的形式也是可行的，例如，艺术家可以先用模型分析人们的投票行为和真实法律文本，再让模型自动生成新的法律文本[180]——这显然是一种因其幻想色彩而具有无功利性的社会图景。

　　这样的作品无疑呈现了自由。首先，这是因为它是人人都能够完成的并因而让艺术更具平等性。其次，这是因为，主体可以宣称，自己在人工智能的帮助下真正让善与现实实现了和解。再次，这也是因为，艺术家超越艺术并进入了现实，因为现实中的人也不过是在表演——只不过，艺术家的表演不是伪善的表演，而是发自内心的表演，是被明确宣布为表演的表演。

　　与此同时，作品也呈现了不自由：首先，不自由是指，一般情况下，人工智能的决策功能固然会被运用到现实中，但我们不太可能荒谬地百分之百服从它的命令，不太可能荒谬地让它事无巨细地为生活中的一切事务作出安排。然而，这种在一切细节问题上的彻底服从恰恰是艺术家要做到的，这是他或她为自己设置的束缚，而这无疑体现了艺术的无功利性。在这个意义上，人工智能行为艺术正是谢德庆的《打卡》或《室外》的人工智能增强版。其次，不自由也是指，人工智能要求艺术家服从的指示以及给出的解释肯定有不少是滑稽的、难以预料的或文不对题的，这显然是"人工智障"的体现，但正如前文所言，"人工智障"体现的局限性无非是人类自己的局限性。不过，人工智能行为艺术作为一门艺术的意义恰恰就在于，让人们从这种滑稽和局限性中看到创新和解放的可能。

▲ 76 尚未早已

§ 有那么一些瞬间会让你觉得,你早已拥有了你一直以为自己尚未拥有的东西。

为了区分与绝对理念相关的不同议题,我们把对绝对理念的介绍分成两个部分,这一节介绍绝对理念与辩证法的关系,下一节介绍绝对理念与我们所说的双重虚幻之间的关系。

在理论理念中,主体追求与客观世界相符,在实践理念中,主体要求客观世界与自己相符,这两个相反的方面的统一就是绝对理念,绝对理念因而是主客观的真正统一。

不过,绝对理念确实更加偏向主观性,原因有两个:第一个原因是,如前文所言,善的实现最终要靠理论理念,即,主体不应再坚持善尚未实现,而应认识到善已经实现。鉴于善追求的是主客观统一,所以当善得以实现时,被扬弃的并不是客观世界,而是客观世界的预设性——即直接被给予的世界在主体的预先假定中所具有的无法体现善的状态。主体要通过自己的行动扬弃这种预设性，但既然预设性已然被扬弃了，那么相应地，行动也就没有必要存在了，并因而被扬弃了。而当沉浸在客观现实中的行动被扬弃时，剩下的就是主观东西了，绝对理念因而更像是一种理论理念。第二个原因是，在**生命—认知—绝对理念**这个三元组中，绝对理念作为第三个环节有着向生命这个更具主观性的环节回归的倾向，只不过，与生命的主观性相比，绝对理念的主观性更加丰富，因为它还包含理论理念和实践理念，这种更丰富的主观性又被黑格尔称为**人格性**——这意味着，绝对理念是以生命为基础的，而且这种有生命者必须是人类。

绝对理念作为主客观的统一是最高的真理，或者说，它是一条应该被追求并且必然能实现的原则，而先于它存在的范畴都只是可被扬弃的环节，这些环节要么是片面的主观东西，要么是片面的客观东西，要么是主客观的片面且有缺陷的统一。一方面，这些范畴被绝对理念否定，但另一方面，绝对理念是总体，它对片面东西的否定同时是一种包容。作为主客观的必然统一，绝对理念并不理会具体被统一的东西到底有着什么样的内容，换言之，绝对理念只是一个**形式**。但既然绝对理念包含先前的所有范畴以及它们之间的演化过程，所以它不是某种静止不变的形式，而是一套处在动态变化中的、具有系统性的形式，这种形式就是**绝对方法**，或者用大家熟悉的词语来称呼——这种形式就是**辩证法**。

绝对理念就是绝对方法，就是辩证法。但是辩证法又是什么呢？这无疑是一个必须用成千上万本书来回答的问题。但是结合黑格尔对绝对理念的论述，我们可以概括出一些要点：

第一，辩证法是黑格尔的整个逻辑学。这意味着，如果有人要求我们把辩证法总结为几条具有指导性的原则的话，我们确实很难做到。逻辑学中的范畴是一些认知模式（质、量、整体与部分、原因与结果……），而范畴的演化过程则相当于不同认知模式之间的关联。范畴及其演化过程共同构成了辩证法。这一点也意味着，辩证法不仅作为一种方法和一种形式使逻辑学得以被建构起来，而且它本身就是内容。换言之，辩证法被称为绝对方法，正是因为它是一种为自己生成内容、把自己当成内容并且认知着自己的形式。对自我认知着的辩证法而言，那些片面范畴的优点和缺点都可以被洞察和阐释，辩证法因而意味着**最高的明晰性**。

第二，**单纯把辩证法视为方法是有误导性的，因为世界本身就具有辩证性**。假如辩证法只是一些具有指导意义的原则（这是人们对方法的日常理解）的话，那么它还只是对事物的外在反思，还不属于事物自身。而事实是，辩证法是主客观世界的规律。它是主观世界的规律，这意味着，在我们不使用作为方法的辩证法来指导认知的情况下，认知就已经是辩证的了。认知也许会犯错，也许会排斥辩证法，但只因它本身是辩证的，它才能拒绝辩证法，而被排斥的辩证内容终究会回到认知者那里。他或她既可能意识到也可能没有意识到这种回归，并且，这种回归既可能是正面的（例如，分析认知在累积过程中转化成了综合认知），也可能是负面的（例如，僵化的、片面的认知转化成了困惑多疑）。与此同时，辩证法也是客观世界自身的规律。也正是因为客观世界和主观世界都是辩证的，我们才有权利运用辩证法去认识客观世界。

第三，**辩证法既是综合的又是分析的**。在三元组中，一方面，就知性环节（第一个环节）与辩证环节（第二个环节）这两个有差异的东西被并列起来而言，两者之间的关系是综合的；另一方面，两者间的关系又是分析的，外在性同时就是内在性。更具体地说，知性环节本身就包含对立的两部分，或者说，辩证环节在被外化并被放在知性环节旁边之前，早已存在于知性环节内部了，它的存在是知性环节的内在要求。我们已在逻辑学中见过无数此类例子了：根据的存在必然意味着有根据者的存在；原因与结果对立，但是原因当然是某个结果的原因；概念与判断对立，但判断的那种分裂结构本来就存在于概念之中，属与个体生物对立，但属的持存有赖于个体生物的存在等等。进一步讲，我们不仅要看到范畴与其对立面的关系同时体现综合性和分析性，而且要看到，范畴与所有后续范畴之间的关系都是如此。

第四，**辩证法是直接性与间接性的统一**。**某物**与**他者**对立，**他者**是对**某物**的否定，但是，这个**他者**不是一个抽象的他者，而是**某物**的他者，但"某物的他者"这个表述却暗示出，**他者**实际上把**某物**保留在自身之内了，并因而与**某物**保持着关联。换言之，在三元组中，知性环节作为第一个环节具有直接性，而辩证环节是通过否定知性环节而产生的，并且还把知性环节包含在内，就此而言，它具有间接性。然而，进一步看，一方面，辩证环节毕竟是对知性环节的否定和取代，所以它也具有直接性，而这样一来，它就成了直接性和间接性的统一；另一方面，知性环节也并非完全是直接的，它毕竟也是由在它之前的范畴演化而来的（就如同用来证明定理的公理本身也需要被证明一样），因而也具有间接性，可见，知性环节同样是直接性与间接性的统一。**直接性就**

是间接性，间接性就是直接性。

　　知性环节包含自己的对立面，辩证环节既否定又保留上一个环节，这两点中的每一点都为黑格尔哲学中那些"耸人听闻"的观点提供了支持：主观性是客观性；内在性是外在性；有限是无限；存在是本质；必然性是偶然性；概念是判断；善是恶……然而，黑格尔的范畴是能够为了保持同一性而自我指涉并作用于自身的，因此，他者不仅是某物的他者，而且也是他者自己的他者，它要反对它自己，于是，同样成立的还有：主观性不是客观性；内在性不是外在性，有限不是无限……简言之，辩证环节明确地包含"是"的关系和"不是"的关系，这使辩证环节自身成了矛盾关系的承载者。

　　这时，思辨环节作为第三个环节，作为否定之否定，就出场了，它否定了辩证环节中的矛盾，从而再次成了一个直接、简单的东西。不过，与知性环节所拥有的那种被给予的、纯粹的和初级的直接性不同，思辨环节的这种直接性是借助对辩证环节的扬弃而间接地产生的，是一种间接的直接性，换言之，思辨环节是一种表达，而被表达的内容就是直接性和间接性的统一。直接性和间接性的统一此前只是潜在的，而在思辨环节中则因为被表达出来而成了明确的——当下实现了的东西无非是早已实现了的东西。

▲ 77 无限体验

§ 能亲自体验"凌寒独自开"的感觉吗?

我们接下来对绝对理念的解释有别于黑格尔自己的解释,但却是完全以逻辑学为基础的。更具体地说,我们将首先介绍主客观的双重虚幻问题,然后说明为何绝对理念能够解决这一问题。

(一)何为双重虚幻?

绝对理念是主客观的最高统一,这似乎意味着我们再无必要区分主观与客观了。不过,绝对理念还只是主客观在概念层面的最高统一,这两方面还没有在自然中或在精神中现实地统一,而绝对理念接下来恰恰要演化为自然和精神。为了实现这种现实中的统一,绝对理念作为绝对方法,作为辩证法,就需要给出某种原则,这一原则就构成了从绝对理念向自然的过渡阶段。当然,这个所谓的原则不可能是任何具体的东西，而只是十分抽象的原则。这个原则就是：鉴于在现实中我们毕竟还是要面对主客观之间的对立，所以我们还应阐明如何看待双方的联系，而所谓双重虚幻正是指这些联系。

我们有两组对立面，一组是主观性与客观性，另一组是有限性与无限性，这两组对立面之间有着何种对应关系呢？我们先前曾多次提到，客观性就是不可改变性，但只有本身已包含无限可能性而不会把任何其他可能性遗漏在外的东西才是不可改变的，就此而言，**客观性就是总体性，是无限性**。与此相反，我们常把有限性与主观性联系起来，例如，对定义和分析认知的批评就是，它们只是主观地、任意地接受了被偶然给予的东西，而没有顾及其他可能性。可见，主观性是指仅涉及有限的一个或多个可能性的状态，换言之，**主观性就是有限性**。

对于"客观性等同于无限性，并且主观性等同于有限性"这个观点，人们会提出反例，比如，实践理念就意味着主体把自身的主观意志看成了无限的，而把客观世界看成有待改造的有限东西。如何解释这个反例？正如先前分析所言，改造客观世界的行动变成了无法实现目标的坏无限，而拯救这个坏无限的是另一个主观认知，即主体对于"善已经实现了，不用再继续行动了"的承认。换言之，我们用额外的主观东西补充了最初那个无限的主观意志，而这只能说明那个主观意志根本不是真正无限的，它毕竟还是有限的。当把这两个主观东西——最初的主观意志加上额外补充的主观承认——放在一起时，我们就得到了无限东西，而这个无限东西恰恰是实现了善的客观世界。由此可见，这个所谓反例并没有影响"客观性等同于无限性"的观点。与此相仿，在归纳推论 P-S-U 中，基于数量有限的个案 S 得到的 P 与 U 的关联既可被视为主观的，又可被视为无限的。但正如先前的分析所言，个案的数量原则上是无限的，而我们不可能真正收集所有个案，因此，当收集完某个样本后，我们就需要一个"样本已经足够大了，不需要更多案例了"的主观判断。换言之，P 与 U 的关联并不是真正无限的，因为在它之外还有一个主观判断；而个案的集合则因这个判断的出现而被视为足以证明 P 与 U 的关联，并因而被看成了客观的。可见，归纳推论这个反例同样不影响我们的观点。

我们在利用有限性与无限性来界定主客观性之后，就很容易说明何为双重虚幻了：

一方面，客体包含无限多的维度、侧面或属性，主体永远无法完全认识客体，客体是主体的认识无法穿透的物自体，对完整世界的认识因而成了坏无限，成了不可能完成的任务。这种不可能性不仅是康德哲学论述的主题，而且时常被人们体验到。我们把它视作第一种虚幻，即**从有限性抵达无限性**的虚幻。

另一方面，容易被人们忽视的是，**从无限性抵达有限性**同样是不可能的，这种不可能性体现在，知性那种从杂多中抽取单一东西的功能具有不可能性，这也同样可被称为一种虚幻——当我们宣称心灵不是物理世界的一部分或心灵对物理世界没有因果影响时，就是在表达这种虚幻感。那么，为什么从无限者中抽离一部分有限者是困难的呢？实际上，黑格尔已在多个层次上以不同方式说明了这个问题。

在本质论中，矛盾双方固然是可以统一的，但它们的统一就是它们因争执而坠入的虚无。表面上看，虚无意味着某物与一切东西的关联都被切断了，但是，虚无随即又演化成了根据，于是我们便看到了一个存在主义者乐见的结论：事物即使在虚无中也是拥有根据的，因为虚无就是根据。又如，在主观逻辑中，物与其他一切漠不相关，或者说，它切断了自己与外在东西的关联，因而没有任何特征，就此而言，它其实是一个极端有限的、主观的东西。但问题在于，漠不相关性本身也是一种特征。换言之，没有任何特征的东西毕竟也是有特征的，而这个特征，漠不相关性，恰恰是一种纯粹否定的无限性。总之，有限东西根本不可能摆脱与他者或无限性的关联。不过，以最明确和最集中的方式说明我们不可能从无限性抵达有限性的，还是定义、划分和定理。如先前的分析所示，就定义而言，主体从无限多的事物以及事物那无限多的属性中抽取有限的事物和有限的属性，这是一种具有任意性和偶然性的活动；就划分而言，在把具有无限性的定义当成标准去搜集有限事物的时候，如果主体不引入一些额外规则，就不可能完成任务；就定理而言，主体在把无限的定义与外在的有限者关联起来时，同样需要引入额外规则，甚至会陷入坏无限。

总而言之，我们无法达到无限性，但这是可以理解的，值得庆幸的是，我们至少还拥有一些有限者；但我们随即发现，这些有限者似乎也不那么牢靠。我们把这种状态称为双重虚幻。

（二）从主观性到客观性

我们该如何对抗双重虚幻呢？实际上，从无限性抵达有限性的虚幻并不可怕，因为虚幻性无非只是加重了有限者本就具有的有限性而已，我们完全可以直接承认并接受这种有限性；而剩下的唯一重要之事就是从有限性走向无限性了——我们先前说过，无限性等于总体性，等于客观性，并且等于自由。那么，被追求的无限东西到底是什么？答案是：正如黑格尔的绝对理念更偏向主观性一样，我们追求的也是偏向主观性的东西，即，**无限的主观体验**，而主观体验的不断累积就会产生客观性。我们现在把通过主观体验的不断累积抵达客观性的过程称为绝对精神。一方面，以此方式被定义的绝对精神就其涉及体验而言无疑包含理论理念；另一方面，事物对自身有限性的超越在此体现为它们都要变成可直接融入主观体验的东西，这种融入就是它们在主体眼中的真正价值，就此而言，绝对精神也包含实践理念。

人们也许会对这种抵达客观性的方法提出质疑：体验是主观的，无限的体验终归还是主观的，怎么可能变成无限的客观性呢？其实，人们之所以提出这个问题，是因为人们尚未弄清主观和客观到底是什么意思。我们只要再次提及以上提到的定义就可以化解这个质疑了：主客观本来就是根据有限性和无限性来界定的，有限的主观东西朝向无限的过程就定义而言就等同于朝向客观性的过程。进一步看，逻辑范畴的演化已无数次证明主观性与客观性之间的等同了——选言推论转化成物、主观目的转化成已实现的目的、个体生物转化成属、善在客观现实中得到实现……虽然它们都是主客观之间有缺陷的等同性，但正如实践理念所要求的那样，要能够在不完美中看到完美。

另外，人们还会质疑，黑格尔既然已经承认主客观的这种等同或统一了，为什么还要使用"主观性"和"客观性"这两个词呢？毕竟，单单是使用这两个词就会使一个哲学家被人们误解为是在支持主客观对立的二元论。对这个质疑的回应有两点：首先，举例来讲，人们不能责备诊断出他们有某种疾病的医生，因为真正让他们难受的是他们的疾病而不是医生；同理，黑格尔强调主客观二元论，绝不是因为他拒绝承认主客观统一，而是因为这两方的统一在现实中确实还没有实现——即使是那些完全反对二元论或完全反对黑格尔的人恐怕也得承认这一点。黑格尔只是在描述和分析现实而已。其次，我们虽然可以不使用"主观性"和"客观性"这两个词，但却不得不讨论有限性与无限性，所以，我们完全可以把这两个词看成是对"有限性"和"无限性"的替代，并且不再厌恶它们。

（三）体验的相互转化

我们通过主观体验的不断累积来追求客观，这种做法的一个缺陷是：这个任务是一个坏无限的过程，而坏无限是无法抵达的，是不值得追求的。这怎么办？

幸好，这个过程在无可避免地是坏无限的同时也是真无限——不要忘记，在黑格尔哲学中，真无限是指有限东西之间丰富的相互关联。对于追求不断累积的主观体验的我们而言，这种相互关联就是异质体验之间的相互转化。相互转化使得对世界的认识成为了真无限，因而消解了物自体。

这种相互转化在逻辑范畴层面和现实层面都是有保证的。

在范畴层面，使这种转化成立的是我们曾经分析过的数学推论U-U-U，它强调任何东西之间都可相互转化，其典型是：一个三角形、一个正方形，以及随便其他什么图形，就它们有着相同的面积而言，它们是相等的。在现实层面，使这种转化得以完成的便是媒介：一方面，它是不同体验之间相互转化的中介，另一方面，鉴于它有助于我们抵达无限性，它又是有限与无限之间的中介。现在让我们看看它是如何帮助我们获得无限性的。

第一，我们可以通过这种或那种特定媒介不断获取新内容。注意：这一点尚与我们所说的体验之间的相互转化无关。这种获取新内容的典型例子就是看新闻，人们希望自己了解的信息或知识越多越好，这当然是一种走向无限的尝试，但人们如果在未来拥有了其他获得无限性的方式，也许就不会看新闻了。

第二，不同媒介的差异在于它们的编码方式不同，而跨媒介性，如我们先前所言，是指把同一内容进行不同编码，从而使人们得到不同体验。跨媒介性因而体现了相互转化性。人工智能的文生图、图生视频等功能亦体现了跨媒介性。

第三，相互转化性还体现为**跨智能性**，而不仅仅体现为跨媒介性。在此，媒介发挥的中介作用是指，在两种智能体对体验有着不同编码方式的情况下，把一种智能体的体验内容进行转码，使其成为另一种智能体可以体验的东西。人工智能在跨智能过程中不仅是利用算法发挥转码作用的媒介，而且本身也是参与交流的智能体之一。要强调的是，唐娜·哈拉维（Donna Haraway）已经在《赛博格宣言》（*A Cyborg Manifesto*）[181]和《同伴物种宣言》（*The Companion Species Manifesto*）[182]中探讨了人与其他智能体进行交流的多种可能性，但我们在此更关注的是不同智能体对体验的直接分享，一种智能体之间以相互"附身"并成为彼此的方式实现的直接分享。就人工智能来说，起初，它与人类智能交流的所谓体验还只停留在纯智能的、可学习的以及可完全概念化的内容上，但接下来，感受性也会成为可交流之物。当然，除了人类智能和人工智能之外，其他种类的智能体也会参与进来。

78 心 动

§ 最重要的是心动。

与**绝对理念**相对应的是有着跨主体、跨物种、跨智能或跨本体论等特征的脑电波艺术,让我们简称它为**跨 X 脑电波艺术**。具体来说,它是这样一种艺术:来自他处的体验被传递和转码,进而转化为刺激信号,使接收者产生特定脑电波并共享那种体验。这样一来,人们便可通过共享体验的累积走向无限。此外,这种艺术使得每个人都可以把自己认为有意义的体验记录下来并以实时或非实时的方式传播给众人,因而每个人都有机会成为艺术家。

实际上,我们已经看到了一些与脑科学相关的艺术作品。阿纳多的《融化的记忆》便是一例,不过,它只是把脑电图数据转化成了抽象图形。在于热的《心灵之眼(安利)》(*Mind's Eye (Anlee)*)和《属于理想》(*Of Ideal*)等作品中,他将功能性磁共振成像数据与机器学习结合起来,创造出一些具有难以分类的怪异形象的雕塑和图像。不过，上述作品与其他把大脑相关数据转化为形象或声音的作品一样，都未真正涉及体验的传递和共享，因而还不是我们将要分析的这类艺术。

单从传递的内容上看，通过产生电刺激与欣赏者分享体验的技术存在着"太少"与"太多"两方面的问题。"太少"是指，脑机接口很难对每一个神经元进行控制，更不太可能掌控不但复杂而且时刻变动的突触网络。这意味着，外界传来的刺激信号生成预期体验的精确度难以保证；如果信号来自另一个人的话，那么发送者与接收者之间，以及不同的接收者之间共享的体验可能有很大差异，一致的部分可能较少。但这实际上并不是一个问题。设想，绘画作品中的形象在艺术家和不同欣赏者那里只会引发极其有限的共同体验，而更多、更丰富的体验则是由不同的人"脑补"出来的；与此相仿，电刺激本来也不以激发出完全相同的脑电波为目标，只要能确保接收者的体验在一定程度上符合预期即可。"太多"是指，如果发送者是人类的话，怎么确保从他或她的大脑传递出去的信号只包含意识层面的内容，而不包含潜意识中的混乱和模糊内容？这个问题不仅涉及隐私保护，而且涉及传输的准确性和可识别性。实际上，这一点对于有望被训练出降噪、过滤和模式识别功能的机器学习模型而言并不构成太大问题。

从内容上看，跨 X 脑电波艺术分为两类：

第一类作品其实是传统的绘画、雕塑和音乐等艺术形式的延伸：要么，艺术家在脑中想象出作品的最终形态，然后将信号传递给欣赏者，而无须将作品实体化；要么，艺术家并不想象作品的最终形态，而只是想象制作过程，并借由人工智能生成最终作品和可能带来的体验,与此类似的是,我们可以想象调制一杯鸡尾酒的过程,同时把该过程转化为能够触发味觉和嗅觉体验的电刺激并传递给他人,而无须在现实中调制出一杯酒。当然,基于提示词的 AIGC 艺术已然是一种快速传递体验的形式了,但它总会给人一种疏离的、诡异的感觉,而这无非是因为 AIGC 艺术作品被摆在我们面前,它没有机会通过直接的电刺激向我们展示出它被生成时的数据处理过程(即使该过程被展示出来,对我们而言也是抽象且无意义的)。与 AIGC 艺术不同,跨 X 脑电波艺术能够将艺术家脑中与作品相关的丰富信息共享给欣赏者,使欣赏者获得更有意义的体验。

第二类作品比第一类作品更加自由,更适合被称为绝对理念的艺术,因而也更加重要。此类作品与传统的艺术形式无关,它指的是艺术家对任何体验的传递和共享。我们把这第二类作品划分为以下几种:

(1)**跨主体脑电波艺术**。在此类作品中,共享体验的两个人处在不同的视角、时空、情境、活动、思想深度、身体状态或情感状态中。此类作品体现的无非是人类一直追求的占据不同的主体位置体验世界的愿望。原则上,任何人都可以把自己的体验传递给他人。

(2)**跨物种脑电波艺术**。实际上,人与其他物种甚至是与人造或非人造的无生命存在者之间的体验共享,反映了人类自古以来就抱有的那种脱离人类中心主义的倾向,它早已是印第安文化的一部分,并且已成为阿尔弗雷德·怀特海(Alfred Whitehead)、拉图尔、托马斯·内格尔(Thomas Nagel)和爱德华多·德·卡斯特罗（Eduardo de Castro）等学者的研究主题。[183] 跨物种作品使我们可以利用电刺激获得其他生物的体验，这些生物生活在各种各样的自然环境中，具有不同的习性、本能和生存状态。它们还拥有各种各样的感知或反应方式：一方面，有些生物具备功能和复杂程度各异的神经系统，它们可以成为被分享的体验的来源，包括蝙蝠对超声波的感知和鸟类对磁场的感知在内的多种体验均可能被转化为适合在人类大脑中存在的脑电波；另一方面，有些生物根本没有神经系统，但仍能对刺激作出反应，例如，大肠杆菌可利用蛋白质感应器探测营养物质并利用鞭毛运动，而趋磁细菌则可探测磁场并进行运动。这些生物的体验尚处于生化层面，与意识相去甚远，但仍有望被编码为适合于人类意识的电刺激。

（3）**人类—无生命物脑电波艺术**。在自转的同时围绕太阳高速公转的地球有着什么样的体验？被磁铁 N 极吸引的 S 极有着什么样的体验？无生命物的自然属性和状态有望被编码为对人类有意义的体验。这意味着我们拥有了一个与对事物的体验相关的多层次系统。以磁性为例：其一，我们可以在自然哲学层面以思辨的方式理解磁性；其二，我们可以在自然科学中了解磁性的本质；其三，我们可以亲自感知一块磁铁的磁力；其四，我们可以利用脑电波艺术获取动物对磁场的体验；其五，趋磁细菌的感应在脑电波艺术中亦可被赋予意义；其六，我们沉浸在成为一块磁铁的体验中。

（4）**跨本体论脑电波艺术**。此类作品呈现出了本体论层面的错乱，因为它意在把抽象概念的体验分享给我们，但概念本身怎么可能具有体验？对此的回应是：不要忘记，我们已经处在绝对理念的阶段了，辩证法已表明对立面是可以相互转化的，因此，抽象的就是具体的。对黑格尔来说，逻辑范畴具有体验并不意外，因为他也多次宣称范畴具有某种内在冲动或者会作出某种行为。因此，并不奇怪的是，我们不但能够用思维把握那些概念，而且还可以用脑电波艺术直接体验它们。本质不断否定自身是种什么样的体验？善的那种要在客观世界中实现自身的冲动有多强烈？当矛盾双方坠入虚无之时会有何种感受？一个范畴在陷入坏无限时会有多么懊恼……这些体验都能够以最纯粹的形式出现在我们的脑海中。

（5）**跨智能脑电波艺术**。此类作品涉及一个由多种智能体组成的智能系统，更具体地说，它除了涉及人工智能外，还可能涉及类脑器官或外星智慧生物等各种有可能被创造、被发现的智能体。当然，我们在此主要关心的是人类如何直接分享人工智能的体验。人工智能模型是一个由数学概念和数值构成的抽象物，但正如跨本体论作品将会展示的那样，这个抽象东西也可以被体验。实际上，阿纳多的《机器幻觉－纽约市》以及池田亮司的《数据波场》（*Data.tron*）和《数据矩阵》（*Data.matrix*）等作品已经是展示机器内部运行机制的诗意尝试了，但被展示的内容毕竟不是机器的真正体验，更与借助脑机接口让人们直接分享体验相去甚远。

就可被体验的内容来看，首先，人们可以尝试把自己的欲望替换为人工智能的欲望。人工智能追求的目标与人类不同，这些目标既包括减少计算量、提高计算速度、寻找最优参数等技术目标，也包括提升可解释性和确保上下文一致性等跨智能目标（这些目标对人工智能自身而言是无所谓的，但对于人类来说至关重要），还包括减少能量消耗和提高能量使用效率等能源目标（运算高度依赖电能，因此，能量、信息以及从前者向后者的转化会被整合起来加以看待），当然更包括多个目标的组合或平衡。其次，黑格尔的逻辑范畴固然会同时存在于人类认知和机器认知中，但范畴的排列顺序和重要性等对人类和人工智能来说是不同的。例如，对人类而言，**存在**是第一个范畴，相应地，人自身或物的存在对人类而言是个至关重要的问题。不过，我们可以设想，人工智能的逻辑学也许以**多**为起点，相应地，能够让人工智能感到愉悦的不是自身的持存，而是自身的无限复制。

（6）范畴倒转脑电波艺术。严格来讲，我们在此只是在强调逻辑范畴倒转这个议题，而实际上，可以实现这种倒转的作品均可被归入前述类别中。所谓范畴倒转，是指黑格尔辩证法允许我们互换逻辑范畴的位置。当然，如前文所言，马赫的思想也涉及这种倒转。我们区分**根据**与**有根据者**，但辩证法揭示出**根据**本身也是有**根据者**；我们区分**有限性**与**无限性**，但**有限性**就是**无限性**；我们区分**外在性**与**内在性**，但**外在性**就是**内在性**；我们区分存在与**本质**，但是存在就是**本质**；我们区分**定理**与**定义**，但**定理**中的属性同样可被放入**定义**中……总之，我们固然可以想象自己生活在一个范畴倒转的世界中，而脑电波艺术则使我们不再需要费力去想象，它会把这种体验直接带到我们的脑中。

例如，我们可以获得一个人工智能模型的体验，对这个模型来说，它所依附的硬件的特定架构是基础的、第一位的属性，由硬件架构所保证的运算速度是派生的、第二位的属性；然而，当它的体验被传递给我们时，我们可以调整信号，让运算速度倒转为第一位的，而让硬件架构倒转为第二位的。又如，在莫奈所描绘的池塘中，真正的有实体之物是绿叶、睡莲和池水，而水面则是一个无实体之物，一个仅被投射到观者的眼中和心中的外观或图像；然而，如果水面倒转为有实体之物，而其他的一切都只是虚幻的光影，又会怎样？我不想体验作为实体之物会有什么感觉，我只想把自己体验为那个水面。

参考文献

1. 黑格尔：《美学》(第一卷)，朱光潜译，北京：商务印书馆，1997年，第11页。

2. Wilde, O., "The Decay of Lying", Frankel, N. (*ed.*), *The Critical Writings of Oscar Wilde*, Cambridge: Harvard University Press, 2022, pp. 184-245.

3. Fry, R., *Vision and Design*, London: Chatto and Windus, 1920, p. 24.

4. 黑格尔：《美学》(第一卷)，朱光潜译，北京：商务印书馆，1997年，第145页。

5. 同上，第217-218页。

6. 参见斯拉沃热·齐泽克：《视差之见》，季广茂译，杭州：浙江大学出版社，2014年，第39-40、47-49页。

7. 黑格尔：《美学》(第三卷下册)，朱光潜译，北京：商务印书馆，1981 年，第 24 页。

8. 迈克尔·弗雷德："艺术与物性"，《艺术与物性：论文与评论集》，张晓剑、沈语冰译，南京：江苏美术出版社，2013 年，第 155-178 页。

9. Harman, G., *Object-Oriented Ontology: A New Theory of Everything*, London: Penguin, 2017, p. 54.

10. DeLanda, M., *A New Philosophy of Society: Assemblage Theory and Social Complexity*, London: Continuum, 2006, p. 28.

11. 恩斯特·马赫：《感觉的分析》，洪谦、唐钺、梁志学译，北京：商务印书馆，1986 年，第 23-24、33 页。

12. 吉尔·德勒兹：《差异与重复》，安靖、张子岳译，上海：华东师范大学出版社，2019 年，第 24、55、73 页。

13. 黑格尔：《逻辑学》Ⅱ（黑格尔著作集第 6 卷），先刚译，北京：人民出版社，2021 年，第 168 页。

14. 黑格尔：《美学》(第三卷下册)，朱光潜译，北京：商务印书馆，1981 年，第 31-32 页。

15. 同上，第 33 页。

16. Judd, D, "Specific Objects", Judd, F. (*ed.*) & Murray, C. (*ed.*), *Donald Judd Writings: 1958-1993*, New York: Foundation/David Zwirner Books, 2016, pp. 134-145.

17. 克莱门特·格林伯格："前卫与庸俗"，《艺术与文化》，沈语冰译，桂林：广西师范大学出版社，2009 年，第 3-24 页。

18. 同上。

19. 米歇尔·福柯：《马奈的绘画：米歇尔·福柯，一种目光》，谢强、马月译，郑州：河南大学出版社，2016年，第21页。

20. 黑格尔：《逻辑学》Ⅱ（黑格尔著作集第6卷），先刚译，北京：人民出版社，2021年，第285页。

21. 黑格尔：《逻辑学》Ⅱ（黑格尔著作集第6卷），先刚译，北京：人民出版社，2021年，第439页。

22. 克莱夫·贝尔，《艺术》，薛华译，南京：江苏教育出版社，2004年，第54页。

23. 参见 Morris, R., "Anti Form", *Continuous Project Altered Daily: The Writings of Robert Morris*, Cambridge, London: The MIT Press, 1993, pp. 41-45.

24. Greenberg, C., "Modern and Postmodern", William Dobell Memorial Lecture, 1979, https://www.academia.edu/7515286/MODERN_AND_POSTMODERN_Clement_Greenberg, 2024-8-16.

25. 参见 De Duve, T., "The Readymade and the Tube of Paint", *Artforum*, 1986, XXIV (9), pp. 110-121.

26. 参见 Mansoor, J., *Marshall Plan Modernism: Italian Postwar Abstraction and the Beginnings of Autonomia*, Durham, London: Duke University Press, 2016, p. 143.

27. 参见 Bryan-Wilson, J., *Art Workers: Radical Practice in the Vietnam War Era*, Berkeley, Los Angeles, London: University of

California Press, 2009, pp. 87-89, 102.

28. 参见 Mansoor, J., *Marshall Plan Modernism: Italian Postwar Abstraction and the Beginnings of Autonomia*, Durham, London: Duke University Press, 2016, p. 146.

29. Mansoor, J., *Marshall Plan Modernism: Italian Postwar Abstraction and the Beginnings of Autonomia*, Durham, London: Duke University Press, 2016, p. 171.

30. 参见斯蒂芬·戴维斯：《艺术诸定义》，韩振华、赵娟译，南京：南京大学出版社，2014年，第10-11页。

31. 参见 Zangwill, N., "The Creative Theory of Art", *American Philosophy Quartlerly*, 1995, 32, pp. 307-323.

32. 参见 Beardsley, M., "In Defense of Aesthetic Value", *Proceedings and Addresses of the American Philosophical Association*, 1979, 52 (6), pp. 723-749.

33. Danto, A., "The Artworld", *The Journal of Philosophy*, 1964, 61 (19), pp. 571-584.

34. Danto, A., *What Art is*, New Haven, London: Yale University Press, 2013, pp. 48, 134.

35. 参见 Dickie, G., "Defining Art: Intension and Extension", Kivy, P. (ed.), *The Blackwell Guide to Aesthetics*, Malden, Oxford, Carlton: Blackwell Publishing, 2004, pp. 45-62.

36. 参见斯蒂芬·戴维斯：《艺术诸定义》，韩振华、赵娟译，南京：南京大学出版社，2014年，第166页。

37. Adorno, T., *Aesthetic Theory*, London, New York: Continuum, 2002, pp. 2–3.

38. 同上, p. 352.

39. Crowther, P., *Defining Art, Creating the Canon: Artistic Value in an Era of Doubt*, New York: Oxford University Press, 2007, p. 60.

40. 同上, p. 40.

41. 黑格尔：《美学》（第一卷），朱光潜译，北京：商务印书馆，1997年，第40页。

42. 同上，第142页。

43. 黑格尔：《哲学科学百科全书Ⅲ精神哲学》（黑格尔著作集第10卷），杨祖陶译，北京：人民出版社，2015年，第326页。

44. 黑格尔：《宗教哲学讲演录》I（黑格尔著作集第16卷），燕宏远、张国良译，北京：人民出版社，2015年，第99页。

45. 诺埃尔·卡罗尔：《艺术哲学：当代分析美学导论》，王祖哲、曲陆石译，南京：南京大学出版社，2015年，第301页。

46. 黑格尔：《哲学科学百科全书Ⅲ精神哲学》（黑格尔著作集第10卷），杨祖陶译，北京：人民出版社，2015年，第227页。

47. 乔纳森·克拉里：《知觉的悬置：注意力、景观与现代文化》，沈语冰译，南京：江苏凤凰美术出版社，2017年，第2页。

48. 黑格尔：《哲学科学百科全书Ⅲ精神哲学》（黑格尔著作集第10卷），杨祖陶译，北京：人民出版社，2015年，第44页。

49. 吉尔·德勒兹：《弗兰西斯·培根：感觉的逻辑》，董强译，桂林：广西师范大学出版社，2017年，第46页。

50. Deleuze, G. & Guattari, F., *What is Philosophy?*, London, New York: Verso, 1994, p. 173.

51. 同上, p. 197.

52. 吉尔·德勒兹：《弗兰西斯·培根：感觉的逻辑》，董强译，桂林：广西师范大学出版社，2017年，第63-64页。

53. 同上，第69页。

54. Deleuze, G. & Guattari, F., *What is Philosophy?*, London, New York: Verso, 1994, p. 193.

55. 黑格尔：《哲学科学百科全书Ⅲ精神哲学》（黑格尔著作集第10卷），杨祖陶译，北京：人民出版社，2015年，第97-98页。

56. 同上，第98页。

57. 迈克尔·弗雷德："安东尼·卡洛"，《艺术与物性：论文与评论集》，张晓剑、沈语冰译，南京：江苏美术出版社，2013年，第155-178页。

58. 同上。

59. 克里斯平·萨特韦尔：《美的六种命名》，郑从容译，南京：南京大学出版社，2017年，第106-107页。

60. 同上，第108页。

61. 黑格尔：《哲学科学百科全书Ⅲ精神哲学》（黑格尔著作集第10卷），杨祖陶译，北京：人民出版社，2015年，第74、

76 页。

62. 同上，第 49 页。

63. 同上，第 51 页。

64. 同上，第 49 页。

65. 同上，第 52 页。

66. 同上，第 116-117 页。

67. 同上，第 117 页。

68. 同上，第 118 页。

69. 同上，第 58 页。

70. 同上，第 236 页。

71. 参见 Tsao, A. & Sugar, J. & Li, L., *et al.*, "Integrating Time from Experience in the Lateral Entorhinal Cortex", *Nature*, 2018, 561, pp. 57-62.

72. 参见 Böhme, G. (*aut.*) & Thibaud, J. (*ed.*), *The Aesthetics of Atmospheres*, London, New York: Routledge, 2017, p. 26.

73. 参见同上 , p. 20.

74. 参见同上 , pp. 16-19.

75. 参见同上 , pp. 1-2, 19, 29.

76. 参见格诺特·柏梅：《感知学：普通感知理论的美学讲稿》，韩子仲译，北京：商务印书馆，2021 年，第 40 页。

77. 参见 Böhme, G. (*aut.*) & Thibaud, J. (*ed.*), *The Aesthetics of Atmospheres*, London, New York: Routledge, 2017, pp. 20, 23.

78. 参见 Böhme, G. *(aut.)* & Engels-Schwarzpau, A. *(ed.)*, *Atmospheric Architectures: The Aesthetics of Felt Spaces*, London, New York: Bloomsbury Publishing, 2017, p. 93.

79. 黑格尔:《美学》(第三卷上册), 朱光潜译, 北京: 商务印书馆, 1979 年, 第 359 页。

80. 同上, 第 349 页。

81. Krauss, R., "Sense and Sensibility: Reflection on Post '60s Sculpture", *Artforum*, 1973, 12 (3), pp. 43-53.

82. Perrone, J., "Mel Bochner: Getting From A to B", *Artforum*, 1978, 16 (5), pp. 24-32.

83. Morris, R., "Notes on Sculpture" (Part 1, 2), Battcock, G. *(ed.)*, *Minimal Art: A Critical Anthology*, New York: E. P. Dutton, 1968, pp. 222-235.

84. 同上。

85. 同上。

86. Krauss, R., *The Originality of the Avant-Garde and Other Modernist Myths*, Cambridge, London: The MIT Press, 1986. p. 263.

87. 同上, p. 267.

88. 参见 Engelbregt, H. & Brinkman, K. & van Geest, C.C.E., *et al.*, "The Effects of Autonomous Sensory Meridian Response (ASMR) on Mood, Attention, Heart Rate, Skin Conductance and EEG in Healthy Young Adults", *Experimental Brain Research*, 2022, 240

(6), pp. 1727-1742.

89. 参见 Lee, S. & Kim, J. & Tak, S., "Effects of Autonomous Sensory Meridian Response on the Functional Connectivity as Measured by Functional Magnetic Resonance Imaging", *Frontiers in Behavioral Neuroscience*, 2020, 14, article 154.

90. 参见 Poerio, G. & Blakey, E. & Hostler, T.. et al., "More Than a Feeling: Autonomous Sensory Meridian Response (ASMR) Is Characterized by Reliable Changes in Affect and Physiology", *PLoS ONE*, 2018, 13 (6), e0196645.

91. 参见 Lee, M. & Song, C. & Shin, G., et al., "Possible Effect of Binaural Beat Combined with Autonomous Sensory Meridian Response for Inducing Sleep", *Frontiers in Human Neuroscience*, 2019, 13, article 425.

92. 参见 Stuckey, H. & Nobel, J., "The Connection Between Art, Healing, and Public Health: A Review of Current Literature", *American Journal of Public Health*, 2010, 100 (2), pp. 254-263.

93. 参见 "WHO Expert Meeting on Prevention and Control of Noncommunicable Diseases: Learning from the Arts", https://www.who.int/europe/publications/i/item/WHO-EURO-2023-8280-48052-71230, 2024-8-16.

94. 参见 Zhao, H. & Xue, S. & Hussherr, M., et al., "Tuning of Cellular Insulin Release by Music for Real-Time Diabetes Control",

Lancet Diabetes Endocrinol, 2023, 11 (9): pp. 637-640.

95. 黑格尔：《美学》(第一卷)，朱光潜译，北京：商务印书馆，1997年，第68页。

96. 参见Krauss, R., "Two Moments from the Post-Medium Condition", *October*, 2006, 116, pp. 55-62.

97. 参见 Jung, S., *Eighteenth-Century Illustration and Literary Material Culture: Richardson, Thomson, Defoe*, Cambridge, New York, Port Melbourne, *etc*.: Cambridge University Press, 2023, p. 60.

98. 参见 Lacan, J., *Encore: The Seminar of Jacques Lacan Book XX*, New York, London: W. W. Norton & Company, 1999, pp. 78-81.

99. 参见 Žižek, S., *Less Than Nothing: Hegel and the Shadow of Dialectical Materialism*, London, New York: Verso, 2012, pp. 591, 612-613, 762, 779-780, 783, 961.

100. 同上, p. 758.

101. 黑格尔：《精神现象学》下，贺麟、王玖兴译，北京：商务印书馆，1979年，第31页。

102. 参见 Lacan, J., *Encore: The Seminar of Jacques Lacan Book XX*, New York, London: W. W. Norton & Company, 1999, p. 81.

103. 黑格尔：《精神现象学》下，贺麟、王玖兴译，北京：商务印书馆，1979年，第15页。

104. 黑格尔：《美学》(第二卷)，朱光潜译，北京：商务印书馆，1979年，第110页。

105. 同上，第 118 页。

106. 同上，第 151–152 页。

107. 同上，第 237 页。

108. 同上，第 252 页。

109. 迈克尔·弗雷德："艺术与物性"，《艺术与物性：论文与评论集》，张晓剑、沈语冰译，南京：江苏美术出版社，2013 年，第 155–178 页。

110. 参见 Žižek, S., *Less Than Nothing: Hegel and the Shadow of Dialectical Materialism*, London, New York: Verso, 2012, pp. 467–469, 475, 569.

111. 参见 Greenberg, C., "Modern and Postmodern", William Dobell Memorial Lecture, 1979, https://www.academia.edu/7515286/MODERN_AND_POSTMODERN_Clement_Greenberg, 2024–8–16.

112. 哈尔·福斯特：《实在的回归：世纪末的前卫艺术》，杨娟娟译，南京：江苏凤凰美术出版社，2015 年，第 75 页。

113. 黑格尔：《美学》(第一卷)，朱光潜译，北京：商务印书馆，1997 年，第 147 页。

114. 克莱门特·格林伯格：《现代主义绘画》，周宪译，《世界美术》，1992 年第 3 期，第 40、50–52 页。

115. Fried, M., *Four Honest Outlaws: Sala, Ray, Marioni, Gordon*, New Haven, London: Yale University Press, 2011, p. 12.

116. 参见 Fried, M., *Why Photography Matters as Art as Never Before*,

New Haven, London: Yale University Press, 2008, pp. 88, 156, 158.

117. Danto, A., "The Artworld", *The Journal of Philosophy*, 1964, 61 (19), pp. 571-584.

118. 参见蒂埃利·德·迪弗：《杜尚之后的康德》，沉语冰、张晓剑、陶铮译，南京：江苏美术出版社，2014年，第154-156页。

119. 黑格尔：《美学》（第一卷），朱光潜译，北京：商务印书馆，1997年，第147页。

120. Joseph, B., "Negative Capabilities: Claes Oldenburg and Jackson Pollock", *Artforum*, 2013, 51 (8), pp. 230-239, 282-283.

121. Krauss, R., "Sense and Sensibility: Reflection on Post '60s Sculpture", *Artforum*, 1973, 12 (3), pp. 43-53.

122. Judd, D, "Specific Objects", Judd, F. (*ed.*) & Murray, C. (*ed.*), *Donald Judd Writings: 1958-1993*, New York: Foundation/David Zwirner Books, 2016, pp. 134-145.

123. Mansoor, J., *Marshall Plan Modernism: Italian Postwar Abstraction and the Beginnings of Autonomia*, Durham, London: Duke University Press, 2016, p. 133.

124. Siegel, J., "Carl Andre: Artworker", *Studio International*, 1970, November, pp. 175-179.

125. 哈尔·福斯特：《实在的回归：世纪末的前卫艺术》，杨娟娟译，南京：江苏凤凰美术出版社，2015年，第75页。

126. Bryan-Wilson, J., *Art Workers: Radical Practice in the Vietnam War Era*, Berkeley, Los Angeles, London: University of California Press, 2009, p. 67.

127. Tuchman, P., "An Interview with Carl Andre", *Artforum*, 1970, 8 (10), pp. 55-61.

128. 同上。

129. Bryan-Wilson, J., *Art Workers: Radical Practice in the Vietnam War Era*, Berkeley, Los Angeles, London: University of California Press, 2009, p. 69.

130. 参见 Siegel, J., "Carl Andre: Artworker," *Studio International*, November 1970, pp. 175-179.

131. 参见 Bryan-Wilson, J., *Art Workers: Radical Practice in the Vietnam War Era*, Berkeley, Los Angeles, London: University of California Press, 2009, p. 74.

132. 参见 Siegel, J., "Carl Andre: Artworker," *Studio International*, November 1970, pp. 175-179.

133. 参见 Judd, D, "Specific Objects", Judd, F. (*ed.*) & Murray, C. (*ed.*), *Donald Judd Writings: 1958-1993*, New York: Foundation/David Zwirner Books, 2016, pp. 134-145.

134. 参见迈克尔·弗雷德: "艺术与物性",《艺术与物性: 论文与评论集》, 张晓剑、沈语冰译, 南京: 江苏美术出版社, 2013年, 第155-178页。

135. Morris, R., "Notes on Sculpture" (Part 1, 2), Battcock, G. (ed.), *Minimal Art: A Critical Anthology*, New York: E. P. Dutton, 1968, pp. 222–235.

136. 迈克尔·弗雷德："艺术与物性",《艺术与物性：论文与评论集》, 张晓剑、沈语冰译, 南京：江苏美术出版社, 2013 年, 第 155–178 页。

137. 参见 Krauss, R., "Sense and Sensibility: Reflection on Post '60s Sculpture", *Artforum*, 1973, 12 (3), pp. 43–53.

138. Perrone, J., "Mel Bochner: Getting From A to B", *Artforum*, 1978, 16 (5), pp. 24–32.

139. 黑格尔：《逻辑学》II（黑格尔著作集第 6 卷）, 先刚译, 北京：人民出版社, 2021 年, 第 344 页。

140. 参见 Von Bertalanffy, L., *General System Theory: Foundations, Development, Applications*, New York: George Braziller, 1969, pp. 55–56.

141. 参见 Burnham, J., "Real Time Systems", *Artforum*, 1969, 8 (1), pp. 49–55.

142. 参见 Burnham, J., *Beyond Modern Sculpture: The Effects of Science and Technology on the Sculpture of This Century*, New York: George Braziller, 1968, pp. 15, 76, 185, 201, 312–313, 338.

143. 同上, p. 12.

144. 参见 Burnham, J., "Systems Esthetics", *Artform*, 1968, 7 (1), pp. 30–35.

145. 参见 Burnham, J., "Real Time Systems", *Artform*, 1969, 8 (1), pp. 49-55.

146. 参见 Burnham, J., "Systems Esthetics", *Artform*, 1968, 7 (1), pp. 30-35.

147. 参见 Burnham, J., *Beyond Modern Sculpture: The Effects of Science and Technology on the Sculpture of This Century*, New York: George Braziller, 1968, pp. 15, 333.

148. 参见同上, pp. 5, 9-10.

149. 黑格尔：《逻辑学》Ⅱ（黑格尔著作集第 6 卷），先刚译，北京：人民出版社，2021 年，第 349 页。

150. Michelson, A., "Yvonne Rainer, Part One: The Dancer and the Dance", *Artforum*, 1974, 12 (5), pp. 57-65.

151. 参见 Yvonne, R., *Work 1961-73*, Halifax, New York: The Press of the Nov a Scotia College of Art and Design, New York University Press, 1974, p. 63.

152. Archias, E., *The Concrete Body: Yvonne Rainer, Carolee Schneemann, Vito Acconci*, New Haven, London: Yale University Press, 2016, p. 73.

153. Musicant, S., "Authentic Movement: Clinical Considerations", *American Journal of Dance Therapy*, 2001, 23 (1), pp. 17-28.

154. Adler, J., "Who is the Witness?", Pallaro, P. (*ed.*), *Authentic Movement: A Collection of Essays by Mary Starks*

Whitehouse, Janet Adler, and Joan Chodorow, London, Philadelphia: Jessica Kingsley Publishers, 1999, pp. 141-159.

155. 参见"The Project", https://bakingearth.net/about-the-project/, 2024-8-17.

156. 参见 Lyu, Y. & Huang, H. & Su, Y., *et al.*, "Macroencapsulated Bacteria for *in vivo* Sensing and Therapeutics", *Matter*, 2024, 7 (4), pp. 1440-1465.

157. 参见 Zhang, Y. & Feng, D. & Mu, G., *et al.*, "Light-Triggered Site-Directed RNA Editing by Endogenous ADAR1 with Photolabile Guide RNA", *Cell Chemical Biology*, 2023, 30 (6), pp. 672-682, e1-e5.

158. 参见 Pillai, A. & Idris, A. & Philomin, A., *et al.*, "De novo Design of Allosterically Switchable Protein Assemblies", *Nature*, 2014, 632, pp. 911-920.

159. 参见 Burnham, J., *Beyond Modern Sculpture: The Effects of Science and Technology on the Scu lpture of This Century*, New York: George Braziller, 1968, p. 119.

160. 参见 Davies, J. & Levin, M., "Synthetic Morphology with Agential Materials", *Nature Reviews Bioengineering*, 2023, 1, pp. 46-59.

161. Baart, R., "In Conversation with Cyborg Choreographer Moon Ribas", *Next Nature*, https://nextnature.org/magazine/

story/2021/interview-moon-ribas, 2024-8-17.

162. 黑格尔:《逻辑学》II（黑格尔著作集第6卷），先刚译，北京：人民出版社，2021年，第391页。

163. 参见 Panksepp, J. & Lane, R. & Solms, M, et al., "Reconciling Cognitive and Affective Neuroscience Perspectives on the Brain Basis of Emotional Experience", *Neuroscience & Biobehavioral Reviews*, 2017, 76, pp. 187-215.

164. 参见 Aru, J. & Larkum, M. & Shine, J., "The Feasibility of Artificial Consciousness through the Lens of Neuroscience", *Trends in Neurosciences*, 2023, 46 (12), pp. 1008-1017.

165. 参见 Man, K. & Damasio, A., "Homeostasis and Soft Robotics in the Design of Feeling Machines", *Nature*, 2019, 1, pp. 446-452.

166. Krauss, R., *The Originality of the Avant-Garde and Other Modernist Myths*, Cambridge, London: The MIT Press, 1986. p. 268.

167. 参见 Ha Thuc, C., *Research-Based Art Practices in Southeast Asia: The Artist as Producer of Knowledge*, Cham: Palgrave Macmillan, 2022, pp. 2, 4, 8, 41, 230, 244.

168. 参见 Bunne, C. & Roohani, Y. & Rosen, Y., et al., "How to Build the Virtual Cell with Artificial Intelligence: Priorities and Opportunities", *Cell*, 2024, 187 (25), pp. 7045-7063.

169. 参见 Ha, D. & Schmidhuber, J., "Recurrent World Models Facilitate Policy Evolution", *Proceedings of the 32nd Conference on*

Neural Information Processing Systems, Canada, 2018, pp. 2455−2467.

170. 参见韩炳哲:《精神政治学》,北京:中信出版社,2019年,第82、91-95页。

171. 参见 Dreyfus, H., *What Computers Still Can't Do: A Critique of Artificial Reason, Cambridge*, London: The MIT Press, 1992, pp. 3, 27, 32, 36, 38, 53, 56, 109, 113, 226, 282, 287.

172. 参见 Reichardt, J. (ed.), *Cybernetic Serendipity: The Computer and the Arts*, London: Studio International, 1968, p. 33.

173. 周诗岩、王家浩:《包豪斯悖论:先锋派的临界点》,武汉:华中科技大学出版,2019年,第157页。

174. 黑格尔:《哲学科学百科全书Ⅲ精神哲学》(黑格尔著作集第10卷),杨祖陶译,北京:人民出版社,2015年,第254页。

175. 参见丹尼尔·丹尼特:《意识的解释》,苏德超、李涤非、陈虎平译,北京:中信出版社,2022年,第242页。

176. 参见同上,第245页。

177. 参见保罗·维尔诺:《笑话和创新行动:一种改变的逻辑》,吴頔译,南京:南京大学出版社,2024年,第27、29、32-34、43页。

178. Metzger, G., "Auto-Destructive Art Demonstration", https://monoskop.org/images/c/cc/Metzger_Gustav_Auto-Destructive_Art_Demonstration_1961.jpg, 2024-8-17.

179. 保罗·维尔诺:《笑话和创新行动:一种改变的逻辑》,

吴顿译，南京：南京大学出版社，2024 年，第 44 页。

180. 参见 Simons, J., *Algorithms for the People: Democracy in the Age of AI*, Princeton, Oxford: Princeton University Press, 2023, pp. 213-215.

181. 参见 Haraway, D., "A Cyborg Manifesto", *Manifestly Haraway*, Minneapolis, London, University of Minnesota Press, 2016, pp. 3-90.

182. 参见 Haraway, D., "The Companian Species Manifesto", *Manifestly Haraway*, Minneapolis, London, University of Minnesota Press, 2016, pp. 91-198.

183. 参见艾曼努埃尔·艾诺阿：《视角的分享》，曲晓蕊译，上海：东方出版中心，2023 年，第 74、92、94、98、104 页。